China Knowledge：
金融与管理系列丛书
丛书主编　李志森

商业银行业务竞争与风险防范案例研究

陈作章　于宝山　戴子一　等著

苏州大学出版社

图书在版编目(CIP)数据

商业银行业务竞争与风险防范案例研究/陈作章等著. —苏州：苏州大学出版社，2018.9
(China Knowledge：金融与管理系列丛书/李志森主编)
ISBN 978-7-5672-2438-4

Ⅰ.①商… Ⅱ.①陈… Ⅲ.①商业银行-银行业务-案例②商业银行-风险管理-案例 Ⅳ.①F830.33

中国版本图书馆 CIP 数据核字(2018)第 114312 号

商业银行业务竞争与风险防范案例研究

陈作章 于宝山 戴子一 等 著

责任编辑 苏 秦

苏州大学出版社出版发行
(地址：苏州市十梓街1号 邮编：215006)
镇江文苑制版印刷有限责任公司印装
(地址：镇江市黄山南路18号润州花园6-1号 邮编：212000)

开本 700 mm×1 000mm 1/16 印张 14.5 字数 260 千
2018 年 9 月第 1 版 2018 年 9 月第 1 次印刷
ISBN 978-7-5672-2438-4 定价：45.00 元

苏州大学版图书若有印装错误，本社负责调换
苏州大学出版社营销部 电话：0512-67481020
苏州大学出版社网址 http://www.sudapress.com

序 一

  中国古代丝绸之路为当时沿途各国人民友好往来、互利互惠做出了贡献。如今"一带一路"倡议通过"丝绸之路经济带"和"21世纪海上丝绸之路"发展同各国的外交关系和经济、文化交流,构建人类命运共同体已经成为应对人类共同挑战的全球价值观,并逐步获得国际共识。

  新加坡在"一带一路"特别是"21世纪海上丝绸之路"中发挥着积极作用,并成为重要的战略支点之一。2015年新加坡对华投资占"一带一路"沿线64个国家对华投资总额的80%以上,中国对新加坡投资占中国对"一带一路"沿线国家投资总额的33.49%,中新贸易额占中国与"一带一路"沿线国家贸易总额的8%,新加坡的地位和作用凸显。

  继苏州工业园区和天津生态城之后,中新第三个政府间合作项目以"现代互联互通和现代服务经济"为主题,面向中国西部地区,项目运营中心落户重庆市,充分显示中新政治互信和经贸关系日益加强。

  新加坡作为"一带一路",特别是"海上丝绸之路"沿线重要国家,也是亚太金融、贸易、航运中心,其独特的地理位置和有目共睹的"软"实力,孕育了与"一带一路"交汇的巨大潜力和发展机会。新加坡是一个非常重要的金融中心,新加坡是大量资本聚集地之一,是全球第二大财富管理中心、第三大金融市场中心,也是最大的大宗商品交易中心。在东南亚所有项目融资中,有60%是由在新加坡运营的银行安排的。作为一个全球金融中心,新加坡既可帮助中国资本和贸易走出去,也可为中国引入外资发挥作用。随着中国资本市场的进一步开放,新加坡可为中国企业进入全球债券市场提供帮助。

  阿里巴巴在新加坡设立研究中心说明未来中新两国共同推动"一带一路"相关项目的前景十分广阔。"一带一路"倡议给中国经济、企业和金融机构带来很多机会,同时也给周边国家及区域经济体带来了一些机遇。世界各国都可以双赢模式共享发展成果。

新加坡是较早支持"一带一路"倡议的国家,中国对"一带一路"沿线国家的投资中有近三分之一均先流入新加坡,新加坡对中国的投资占"一带一路"国家对华投资总额的85%。新加坡现在正在打造四个平台以支持"一带一路"的发展。一是在金融方面,有很多中资企业到新加坡融资,这将为人民币率先在"一带一路"沿线国家实现国际化创造机会。二是在硬件设施方面,如正在推进的新加坡与苏州工业园区深度合作、重庆互联互通项目等。三是在三方合作领域,可为"一带一路"沿线国家的官员提供培训。四是在法务合作方面,可为国际商业纠纷提供帮助,新加坡已有完善的平台给企业提供这方面的服务。

在全球经济复苏不稳定,反全球化、民粹主义以及贸易保护主义抬头的背景下,新科技迅猛发展及地缘政治问题给世界经济发展带来巨大挑战,并且对世界各国就业市场带来巨大冲击。许多国家的企业,特别是中小企业,面临需求不振和成本居高不下等问题,迫切需要产业转型升级和开拓新市场。各国政府虽已采取许多鼓励措施帮助企业,并提高银行业对实体经济的支持力度,但中国银行业不仅要应对互联网企业的业务竞争,也要应对国内外同行业的业务竞争,其面临着许多亟待解决的问题和挑战,因此,需要从理论和实际上对这些难题进行深入探讨和研究。

China Knowledge 与苏州大学出版社合作出版的"金融与管理系列丛书"针对中国企业技术创新与金融业发展中的实践和理论问题进行深入研究,分析其原因并找到解决方案,这不仅对中国经济发展具有参考价值,而且对世界其他国家经济发展也具有借鉴意义。该系列丛书对增进国际经济发展与合作及学术交流具有推动作用。

新加坡中盛集团(China Knowledge)执行董事
赵中隆(Charles Chaw)

序 二

本书是"China Knowledge：金融与管理系列丛书"中的一本,该系列丛书由法国 SKEMA 商学院(SKEMA BUSINESS SCHOOL)苏州分校前校长李志森教授主编。第一辑系列丛书包括四部著作,其中《中国商业银行经营模式创新案例研究》一书主要研究了上市商业银行竞争力问题、商业银行收入结构多元化的影响问题、商业银行理财产品业务发展问题、商业银行个人金融业务营销问题、商业银行贷款风险评估机制问题及城市商业银行操作风险问题等;《商业银行业务竞争与风险防范案例研究》一书主要研究了商业银行电商平台业务创新问题、商业银行个人理财业务营销策略问题、城市商业银行核心竞争力问题、中小企业信用贷款业务风险控制问题、商业银行个人住房贷款违约风险管理问题及商业银行宏观信用风险压力测试问题等;《企业技术创新与金融市场优化案例研究》一书主要研究了民营企业技术追赶战略和发展模式问题、价值链拆分的双重商业模式的战略选择问题、FDI 影响技术创新中间传导环节问题、L 时装公司供应链管理系统问题、江苏省创业板上市公司成长性内部因素问题、再生能源项目 PPP 融资风险管理问题、D 证券公司资产管理问题、明星基金的溢出效应问题、股权结构对上市公司财务困境影响及融资融券对我国股市波动性影响等;《金融机构业务创新与金融市场监管案例研究》一书主要研究了民生保险互补共赢机制与制度创新问题、互联网金融产品创新与风险防范问题、互联网消费金融资产证券化问题、P2P 网贷平台风险与监管机制问题、小额贷款公司的法律监管与制度创新问题、寿险个人代理人制度创新问题、股权众筹发展与监管问题、期货市场套期保值有效性问题、社保基金投资绩效问题、可转债发行的公告效用及其影响因素问题等。

本套丛书以理论联系实际为指导思想,运用案例分析或实证分析的研究方法,主要针对中国金融体系中的金融机构和金融市场在经济发展新常态大背景下所面临的发展困境与金融创新中的实际问题和对策进行深入探讨与研究,从中找到具有可操作性的解决方案。这些研究成果可以较全面地诠释在中国特色社会主义市场经济发展中,中国金融机构和企业的创新发展路径,因此,这套丛书不仅对中国金融机构和企业等的高层领导者的经营战略决策具有重要的参考价值,也对相关专业本科生和研究生及MBA学员深入探讨理论和从事工作实践具有一定的指导和参考价值。这也是SKEMA商学院在国际化教育的战略下,使国际校区也可以提供"为本地制造"的教学服务。

目前,随着"一带一路"倡议的提出,金融机构和企业也需要探索和把握今后如何开展中国产业全球布局和投融资业务。因此,这些研究成果不仅对于中国学者和金融从业人员具有实际参考价值,而且对于"一带一路"沿线国家金融业和实体经济发展也具有重要借鉴意义。

法国SKEMA商学院(SKEMA BUSINESS SCHOOL)苏州分校前校长

李志森教授(Prof. Laubie Li)

前言

随着我国金融科技的飞速发展,金融机构将客户群体扩大至从前未获金融服务覆盖的群体。金融产品向追求体验至上转变,金融机构所提供产品和服务的重点也将从简单的标准化转变为创造个性化的体验。尤其是利用移动互联网渠道展开的网上银行业务量大幅度上升使得商业银行实体分支机构的重要性逐年下降。这些不仅使各商业银行之间的业务竞争加剧,商业银行与以第三方支付为代表的互联网金融机构之间也形成了激烈竞争的趋势。而未来人工智能、区块链和机器人流程自动化三项创新科技将给金融业带来深远的变化。

随着中国实体经济向工业4.0、共享经济演变,信息化、智能化和个性化将成为主流商业与生活模式。为顺应这一潮流,未来金融服务模式也将向3.0转型,从"产品和渠道为王",转变为以客户为中心。一方面,金融机构的实体网点功能向产品和服务的研究和生产中心、后台处理中心转型,所有的交易执行将通过智能渠道来完成。另一方面,金融服务也将融入生活,相关的支付、融资、保险等需求通过生活场景来挖掘。因此,未来的"新金融"服务模式,将包含"产品服务""应用场景""智能渠道"三大要素,而科技将是向"金融3.0"时代转型的重要支柱。

随着国际银行业的运行环境和监管环境发生巨大的变化,信用风险和市场风险以外的风险破坏力日趋显现,《巴塞尔协议Ⅰ》的局限性逐渐暴露出来。由于《巴塞尔协议Ⅰ》本身在制度设计上存在缺陷,同时随着经济金融全球化的进一步发展,金融创新层出不穷,金融衍生品大量使用,银行业趋于多样化和复杂化,信用风险以外的其他风险逐渐凸显,诱发了多起重大银行倒闭和巨额亏损事件;此外银行通过开展表外业务等方式来规避管理的水平和能力不断提高。因此,《巴塞尔协议Ⅱ》在最低资本要求的基本原则基础上,增加了外部监管和市场约束来对银行风险进行监管,构建了三大支柱——资本充足率、外部监管和市场约束,形成了对银行风险全面监管的完整体系。但2007年金融危机的爆发使得《巴塞尔协议Ⅱ》的问题也日益暴露出来,为应对金融危机，《巴塞尔协议Ⅲ》从银行个体和金融体系两方面提出了微观审慎监管和宏观审慎监管理念。2007年2月中国银监会发布了《中国银行业实施新资本协议指导意见》，标志着中国正式启动实施《巴塞尔协议Ⅲ》工程。按照中国商业银行的发展水平和外部环境，短期内中国银行业尚不具备全面实施《巴塞尔协议Ⅲ》的条件。而银监会确立了分类实施、分层推进、分步达标的基本原则。2012年6月银监会发布了《商业银行资本管理办法（试行）》，这对中国商业银行风险管理提出了更高的要求，因此，今后各商业银行如何推进风险防范与管理成为关注的焦点。

金融机构要提升自身业务竞争力就必须跟上金融科技发展的节奏。目前，金融机构不仅专注于系统升级，也着眼于相关解决方案，这除可提高客户服务质量外，还有助于金融机构提升效率、降低成本、强化安全性。这一切不仅对金融业从业者将产生巨大压力，也将对金融专业学生的学习产生巨大冲击。如果他们不能够在工作中发挥机器不可替代的作用，就将被新的金融科技冲击波所淘汰。因此，金融机构工作者需要具备扩大产品和服务的范围、拓展客户基础和更好地分析和利用现有数据的能力。在金融科技的竞争浪潮中，想要获得优势，金融机构需要的是复合型人才，其数字技能、商业头脑、管理能力缺一不可。因此，如何培养面向未来的人才，不仅是大学教育需要深入探究的问题，也是金融机构所面临的重要课题。本书针对上述问题进行了以下研究。

互联网金融冲击、利率市场化使现阶段中国银行业面临复杂而严峻的考验，迫切需要调整业务结构进行经营模式和服务模式的转型。银行涉足电商领域，自建电商平台是一种创新尝试，也是银行战略转型的重要突破口。目前，大部分银行都已建立起各具特色的电商平台，但仍处于初步发展阶段，存在许多缺陷与不足。通过对中国建设银行"善融商务"、交通银行"交博汇"、中国工商银行"融e购"三个银行电商平台进行业务比较，分析其在业务创新与经营管理方面的优劣，发现其拓展电商平台方面普遍存在的问题，并提出相应的对策与建议。

针对N国有商业银行Z分行个人理财业务开展的现状，分析其在产品设计与定位、市场定位和市场细分、个人理财产品的同质化现象、产品促销手段及营销团队建设等方面存在的主要问题与不足，设计出N国有商业银行Z分行个人理财产品的营销优化策略，包括细分客户市场，为客户提供适合其各自需要的产品和服务；实施品牌建设，丰富理财产品；设计主打产品，开展精准化营销；改进宣传策略，拓展销售渠道；树立全新的经营理念和服务手段，培养高素质客户经理队伍。希望通过研究能够对N国有商业银行Z分行决策层确立正确的理财产品营销策略并推出具体的个人理财产品与制度有所帮助。

随着苏州市民个人财富的积累和消费升级的需求，市民需要苏州商业银行提供更为优质的个人金融服务。虽然苏州Y商业银行在个人业务上通过多年努力，取得了较大的发展，但是在利率市场化、产品多元化、服务自动化和金融脱媒化等新形势下，苏州Y商业银行在客户细分维护、渠道自动化建设、产品服务创新、员工培训激励等方面及客户、渠道、产品、员工细分及匹配等方面仍存在诸多不足。如何有效利用市场营销策略，发展个人业务，对苏州Y商业银行的发展具有重要的现实意义。我们通过理论联系实际，分析苏州Y商业银行发展个人业务的不足之处，通过细分客户、渠道、产品和员工四个要素，并基于动态匹配视角分析四要素在个人业务中的匹配关系，确定相应的营销策略，对如何改进个人业务营销进行了探讨和研究，提出苏州N商业银行个人业务的营销策略。

中小银行是我国金融体系的重要组成部分，其发展日益成为人们关注的热点。但由于中小银行先天不足，加上激烈的行业竞争和严峻的外部挑战，如何提升中小银行的核心竞争力以谋求生存发展迫在眉睫。我们以B银行为研究对象，通过SWOT分析法，分析B银行的经营现状，得出B银行内部优势大于内部劣势，外部挑战大于外部机遇，处于SWOT分析中的ST区间，应该采用差异化发展战略，通过科学定位、产品创新、转变业务发展模式、建立产品定价体系、提高风险管理水平、加快人才培养等途径，增强其核心竞争力。

支持中小企业融资发展是现阶段商业银行大力发展的一个方向，在加大对中小企业信贷支持力度的同时，如何采取有效措施把握好中小企业信贷业务的风险，促进商业银行中小企业信贷业务的创新发展，改善中小企业信贷融资的渠道与环境，实现银企双赢，已成为当今社会一个亟待解决的普遍问题。在J银行S分行多年信贷工作积累的基础之上，结合"融资优序"理论、"信息不对称"理论、"信贷配给"理论、"关系型借贷"理论等，首先分析了我国中小企业融资现状及问题；然后引入工作中的真实数据，对S分行中小企业信贷业务全流程各环节的风控情况进行研究和分析，归纳出该行中小企业信贷业务"贷前—贷中—贷后"环节产生的问题及原因所在，并在分析问题和原因的过程中穿插若干个S分行的实际案例以佐证相关情况；最后有针对性地提出了相应的对策建议，以求从理论和实践上能有所突破。通过流程讲述问题，借助案例分析原因，弥补理论研究在实证方面的不足。结合银行对中小企业信贷业务风控问题提出对策，为S分行中小企业信贷业务发展提供建设性意见,为该行解决中小企业信贷问题提供决策支持。

分析国内商业银行的个人住房贷款风险管理现状,通过数据分析苏州地区四大国有商业银行个人住房贷款的发展状况和国内商业银行个人住房贷款业务的基本运作流程,分析其存在的主要违约风险点及风险管理问题。在此基础上,以H商业银行为例,对其违约风险管理模式和内容进行深入分析。一是将H商业银行的集中经营管理模式与事业部制模式、分散经营模式进行特征对比分析,指出集中经营管理模式的优劣。二是根据H商业银行贷前准入和贷后管理的两项实证研究结果重点阐述该行违约风险管理的内容,包括以实证结果对比分析H商业银行关于客户及贷款准入的标准和评级内容,根据样本找出违约风险的关键因素以及获取这些因素的方法;以实证结果研究H商业银行违约客户特点,深入分析该行贷后违约风险管理的重点。进而结合违约风险管理理论,根据风险管理中存在的问题,分别从主动违约和被动违约两个方面提出相应的管理对策和政策建议,从国家层面强调应加快和完善个人信用体系建设,建立个人破产制度;从商业银行层面强调应优化客户准入标准,实现贷后管理精细化,加强客户信息数据治理,推崇优化的集中经营管理模式,重点治理假按揭贷款等。我们希望通过分析和研究,给商业银行个人住房贷款违约风险管理提供新的思路和方法,并提出了风险管理中的风险补偿定价策略、管理成本分群策略、准入及贷后管理精细化策略。

以信用风险为视角、压力测试为主线,以SZ城商行为例,阐述压力测试在我国商业银行信用风险管理方面的研究与应用及对我国银行业进行信用风险管理的可行性。运用理论与实践相结合的方法,采用多元统计回归和主成分分析法,从信用风险管理、信用风险压力测试理论基础和信用风险压力测试实证分析三个不同角度进行研究,注重压力测试理论基础的研究和分析,进一步结合我国银行业监督管理委员会的管理要求和SZ城商行信贷业务实际状况、风险管理水平来构建信用风险压力测试模型进行实证分析。在研究分析中借助Wilson模型,利用统计分析的方法定量地研究在轻度、中度和重度宏观经济压力情景下对SZ城商行信贷资产不良率造成的影响,从而为SZ城商行的贷款政策、资本充足率水平和信用风险管理提供参考依据和理论支持。

著者

目录

英文摘要 /1

第一章 商业银行电商平台业务创新比较研究
　　　　——以建行、工行、交行为例 /5

　一、引言 /5
　二、电子商务与电子商务平台概述 /6
　三、典型商业银行电商平台比较 /9
　四、商业银行电商平台运营中的问题及原因 /15
　五、解决商业银行电商平台问题的对策建议 /16
　六、结论 /17

第二章 N国有商业银行Z分行发展个人理财业务营销策略研究 /18

　一、引言 /18
　二、相关概念界定与理论基础 /22
　三、N国有商业银行Z分行个人理财业务发展概况 /28
　四、Z分行个人理财产品营销存在的问题及原因分析 /35
　五、N国有商业银行Z分行个人理财业务的营销优化策略 /44
　六、结论 /53

第三章 苏州Y商业银行个人业务营销策略研究 /55

　一、引言 /55
　二、文献综述及相关理论 /58
　三、苏州Y商业银行个人业务现状及存在问题 /61
　四、苏州Y商业银行个人业务营销策略探讨 /72
　五、研究结论及展望 /88

第四章 B银行核心竞争力的SWOT分析 /89

　一、引言 /89

二、B 银行简介　／90
三、B 银行 SWOT 分析　／90
四、B 银行提升核心竞争力的对策　／99
五、结论　／103

第五章　J 银行 S 分行中小企业信贷业务的风险控制研究　／104

一、引言　／104
二、文献综述　／105
三、支撑本研究的相关理论及简要分析　／108
四、中小企业融资体系及现状分析　／109
五、J 银行 S 分行中小企业信贷业务现状分析　／115
六、业务数据分析　／120
七、J 银行 S 分行中小企业信贷业务问题与案例解析　／125
八、J 银行 S 分行中小企业信贷业务风险控制对策　／139
九、结论与展望　／147

第六章　我国商业银行个人住房贷款违约风险管理研究
——以 H 商业银行为例　／149

一、引言　／150
二、国内商业银行个人住房贷款违约风险管理现状　／156
三、H 商业银行个人住房贷款违约风险管理案例分析　／161
四、个人住房贷款违约风险管理对策和政策建议　／174
五、结论　／175

第七章　我国商业银行宏观信用风险压力测试现状分析
——以 SZ 城商行为例　／177

一、引言　／177
二、相关理论及文献　／180
三、商业银行信用风险压力测试的理论分析　／182
四、SZ 城商行宏观经济信用风险压力测试的实证研究　／200
五、SZ 城商行信用风险压力测试的现状与问题分析　／205
六、建立和完善 SZ 城商行信用风险压力测试政策建议　／209

参考文献　／211

后记　／218

英文摘要

Chapter 1: Comparative Study into Innovation on Commercial Banks' E-business Platforms: Case Study on China Construction Bank (CCB), Industrial and Commercial Bank of China (ICBC) and Bank of Communications (BC)

The impact brought by Internet finance as well as the marketization of interest rate made it challenging for the Chinese banking sector to maintain rapid growth. Hence, it is urgent to adjust business and service structures. It is a new move for banks to step into e-business market and it is regarded as a breakthrough of strategic transformation. Currently, most banks have established their own e-business platforms with various characteristics. However, these platforms are still in the initial stage with issues and shortcomings. This chapter compares Rongyigou from CCB, Jiaobohui from BC and Rongyigou from ICBC in terms of business structures. Pros and cons in terms of service and business innovation have been investigated. Managerial implications are posed accordingly.

Chapter 2: Investigation into Marketing Strategies of Personal Banking Services for Branch Z of Bank N

This chapter analyzes the issues of product design and positioning, market segmentation, homogeneity of personal banking products and inefficient team building based on the operational performance of Branch Z of Bank N. In order to solve these problems, marketing strategies are designed including customer segmentation and satisfing consumers with various needs, building the brand, providing more financial products and services, designing a special product to more efficiently pass the marketing communications to customers, improving the quality of staffs to provide customers with better products and better services. This chapter contributes to the research of Branch Z of Bank N and other banks about setting up proper marketing strategies and offering more financial products.

Chapter 3: The Study on the Marketing Strategies of the Personal Banking Services Offered by Commercial Bank Y in Suzhou

With the accumulation of personal wealth and the increase in the level of average consumption, the citizens of Suzhou need personal banking services of higher quality from Suzhou's commercial banks. Despite the success of commercial bank Y, it is still relatively weak in customer segmentation and relationship management, innovation of products and services, staff incentives and other aspects due to the marketization of interest rate, diversification of financial products, automation of services and the influence of mass media. It is of great importance for Bank Y in Suzhou to utilize various marketing theories to develop personal banking services. This chapter analyzes the shortcomings of Bank Y's personal banking services, and develops corresponding marketing strategies according to customer segmentation, distribution channels, products and staff development in a dynamic perspective. This chapter in turn discusses how to improve personal business marketing, and put forward the marketing strategies of Bank Y's personal business.

Chapter 4: SWOT Analysis on the Core Competitiveness of Bank B

Small and medium-sized banks are an important part of China's financial system, and its development has increasingly become the focus of attention. However, due to the inherent lack of experience, coupled with fierce competition in the industry and severe external challenges, how to enhance the core competitiveness of small and medium-sized banks in order to seek survival and development is crucial. In this chapter, Bank B is the research object. Through the SWOT analysis, combined with the operating status of Bank B, it is indicated that Bank B's internal advantage is greater than its internal weaknesses, and its external challenges are greater than its opportunities, so the bank falls into the ST interval of SWOT analysis. It should adopt a differentiated development strategy through scientific positioning, product innovation, and business development mode, transforming the establishment of product pricing system, improved risk management, speeding up the cultivation of talents and other ways to enhance its core competitiveness.

Chapter 5: Research on Risk Control of Credit Business of Small and Medium Sized Enterprises in Branch S of Bank J

To support the development of small and medium-sized enterprise (SME) financing is a trend of present commercial banks. Hence, it becomes an urgent task for banks to increase credit support for SME; to take effective measures to control the risk of SME credit business; to promote innovation and development of commercial banks SME credit business; as well as to improve the channels and environment of SME credit financing in order to achieve win-win business conditions.

Based upon the credit work experiences in Branch S of Bank J, the author combined different theories, including financing pecking order, asymmetric information theory, credit rationing and relationship lending, to analyze the financing status and problems of SMEs in China.

This chapter uses the real data from Branch S to examine the current SME credit business process regarding to the risk control. It sums up the problems and the reasons of the SME credit business from pre-approval to closing stage. It demonstrates the process of analyzing SME credit business problems and causes with practical examples. Finally, the corresponding countermeasures and suggestions are put forward.

Chapter 6: Study on the Management of Default Risks Involved in Personal Housing Loan: Case Study from Bank H

This chapter analyzes the risk management of individual housing loan practices about domestic commercial banks, including the development of data analysis, individual housing loans in Suzhou from four major state-owned commercial banks, and the basic operation process of individual housing loan business of these banks. This chapter points out the main points of the default risk and content of risk management. On this basis, commercial bank H is taken as an example to analyze its default risk management model and content. Firstly, this chapter analyzes the centralized management mode of commercial bank H and the mode of divisional organization, and points out its advantages and disadvantages about the centralized management model. Secondly, based upon the findings of empirical study of commercial bank H's loan access and loan management with a focus on the default risk management content, including the analysis of loan approval criteria and credit rating standard, key factors of default risk are identified. And then combined with the default risk management theory, this chapter puts forward the corresponding countermeasures and suggestions from the national level that we should speed up and improve the construction of individual credit system and personal bankruptcy system. Besides, commercial banks should refine the approval process of loans, improve post-loan risk management, improve the efficiency of collecting data to promote the centralized management model. We hope that through analysis and discussion, we could provide new ideas and methods for individual housing loan credit risk management of commercial banks with a focus on pricing strategy of fine compensation, such as cost grouping strategy and pre- and post-loan management.

Chapter 7: Pressure Test on Risk Management of Domestic Commercial Banks: Case Study from City Commercial Bank SZ

This chapter is based on the perspective of credit risks and pressure test, and discusses the development and implications of pressure test tools within domestic commercial banks as well as the feasibility of risk management. The research is conducted with city commercial bank SZ as an example.

The study connects theories and practice in risk management. Multivariate regression and factor analysis are utilized to analyze the theory in credit risk management and pressure test, and empirically test the pressure test. Also, a theoretical framework is set up to guide the implication of pressure test based on the operations and credit risk management of city commercial bank SZ as well as the policies issued by China Banking Regulatory Commission. In this study, Wilson model is utilized to quantify the effect of different macroeconomic environment on the poor credit ratio to support bank SZ in setting loan policies, improving capital adequacy ratio and general credit risk management.

第一章
商业银行电商平台业务创新比较研究
——以建行、工行、交行为例

互联网金融冲击、利率市场化使现阶段中国银行业面临复杂而严峻的考验，迫切需要调整业务结构以实现经营模式和服务模式的转型。银行涉足电商领域，自建电商平台是一种创新尝试，也是银行战略转型的重要突破点。大部分银行都已建立起各具特色的电商平台，但其仍处于初步发展阶段，存在许多缺陷与不足。本章通过对中国建设银行"善融商务"、中国工商银行"融e购"、交通银行"交博汇"三个银行电商平台进行业务比较，分析它们在业务创新与经营管理方面的优劣，发现其电商平台运营中存在的问题，并提出相应的对策建议。

一、引言

电子商务的快速发展成就了阿里巴巴、京东等新型电商的发展与壮大，但其发展对商业银行传统业务与服务产生巨大冲击，银行业原存贷款和中介业务受到严峻挑战。为改变这一困境以促进银行利润持续增长，我国商业银行纷纷开始拓展银行电商业务以适应互联网金融发展趋势。通过增加电子银行业务，包括ATM机、网上银行、手机银行、电话银行、电商平台等，提升网络金融服务质量。

商业银行构建电商平台可应对互联网金融运营商带来的业务量下降的冲击，以提升自身竞争力。我国商业银行电商平台业务正处于发展阶段，在业务拓展中既要面对激烈的同行业竞争，又要应对来自互联网金融运营商的压力，各银行须结合自身优势，在不断创新和改革中开展具有自身特色的电商业务。其中，中国建设银行"善融商务"、中国工商银行"融e购"、交通银行"交博汇"是创新性较强的三个电商平台，本章在对银行电商平台模式研究的基础上，对此三家银行电商业务进行比较分析，发现银行电商平台运营中亟待解决的问题，分析其原因并提出对策建议，为商业银行进一步改善电商平台业务提供理论参考。

二、电子商务与电子商务平台概述

（一）电子商务概述

1. 电子商务简介

电子商务是指在全球范围内以互联网为媒介进行商务活动，并以电子支付为手段，使消费者能在网上购物的网上交易，其中包括各种商务活动、交易活动、金融活动和相关综合服务。在电子商务模式中通过网上商品信息发布、完善的物流配送系统和方便安全的资金结算系统来保障交易顺利进行。根据参与主体的不同，电子商务可划分为以下几种模式：企业之间的电子商务活动，即 B2B 模式（Business-to-Business 模式）；企业与消费者之间的电子商务活动，即 B2C 模式（Business-to-Consumer 模式）；消费者与消费者之间的电子商务活动，即 C2C 模式（Consumer-to-Consumer 模式）。

电子商务将传统的商务流程电子化、数字化，可大幅度降低人力、物力等成本；使人们不受时间、空间等诸多限制，完成交易活动，从而大大提高了效率。

2. 国内电子商务的发展

随着互联网技术的快速发展，我国电子商务业务也在爆发式发展，已成为我国新兴产业之一，促进了我国经济的迅速发展。

图 1.1 显示，我国电子商务市场交易额呈大幅度上升趋势，据电子商务研究中心统计，截至 2016 年上半年我国电子商务交易额高达 10.5 万亿元，同比增长 37.6%，增幅上升 7.2 个百分点。其中 B2B 市场交易规模达 7.9 万亿元，网络零售市场交易规模达 2.3 万亿元。电子商务在金融交易活动中正发挥着重要作用，其大量数据信息中包括生产信息、交易信息与消费者信息，这些信息对我国社会经济的发展发挥着重要作用。

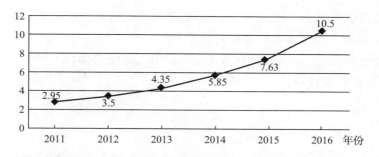

图1.1 2011—2016年上半年电子商务市场交易额(单位:万亿元)

(资料来源:《2016年(上)中国电子商务市场数据监测报告》。)

(二)电子商务平台模式

1. 电子商务平台的发展

电子商务平台(以下简称电商平台)是企业或个人建立的网上交易平台。它按照特定的交易流程与服务规范,为买卖双方提供第三方服务,其中包括买卖双方供求信息发布与搜索、交易的确立和支付、物流与售后等。企业、商家可利用电子商务平台所提供的网络基础设施、安全支付平台、管理平台等资源来降低成本、提高效率。消费者可通过搜索平台发布的信息,选购自己所需的产品和服务。

许多互联网企业以电子商务平台为基础开展金融业务。其中以阿里巴巴为代表的电商平台尤为突出,它在原有的业务基础上提供多方面的金融服务,创新推出面向小微型企业的贷款业务,并推出余额宝、花呗等业务,它向消费者个人提供小额贷款并获取巨大利润的同时也给商业银行的传统业务带来了巨大冲击。

2. 银行自建电商平台

为应对电子商务运营商的挑战,银行也尝试与电商平台相结合的金融创新模式,推出银行电子商务金融服务平台。通过自建电商平台来开发客户资源并为其提供多样化金融服务。中国建设银行"善融商务"、中国工商银行"融e购"、中国银行"中银易购"、交通银行"交博汇"、中国农业银行"e商管家"等银行系电商平台纷纷上线运营。

商业银行自建电商平台具有以下优势:一是商业银行本身具有丰富的客户资源,拥有大量优质的个人和企业客户,银行可通过开展有针对性的网上金融服务,向客户推广其电商平台。二是商业银行有雄厚的资金实力,可为更加广泛的客户提供网上金融服务。同时,银行电商平台也有其劣势,如缺少专业的电商人才,银行内部缺乏有效监管,相关法律法规尚不完善,等等。

3. 商业银行电商平台的模式

商业银行发展电商平台业务主要有以下三种模式:B2B 与 B2C 相结合模式、侧重 B2B 模式和网上商城模式(图 1.2)。

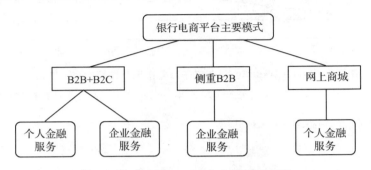

图 1.2　银行电商平台主要模式流程图

(资料来源:中国电子商务研究中心相关信息。)

(1) B2B 与 B2C 相结合模式

B2B 与 B2C 相结合模式是指银行自建包括 B2B、B2C 两种服务模式的电子商务平台。其中 2012 年中国建设银行推出的电子商务金融服务平台"善融商务"就是 B2B 与 B2C 相结合的模式,它既面向企业,也面向个人客户,主要提供产品信息发布、在线交易、支付结算、分期付款、融资贷款、资金托管、房地产交易等服务。交通银行推出的"交博会"、中国工商银行推出的"融 e 购"都属于 B2B 与 B2C 相结合的电商平台。

(2) 侧重 B2B 模式

B2B 银行电商平台是为企业与企业之间进行交易提供的服务平台,目标是打造核心企业上下游供应链金融生态圈。在 2013 年 4 月正式上线公布的中国农业银行电商平台"e 商管家"属于侧重 B2B 模式。"e 商管家"平台的服务对象主要是企业客户,该平台以其强大的网络和丰富的客户资源为基础,为企业提供集供应链管理、多渠道支付结算、线上线下协同发展、云服务等于一体的定制化电商金融综合服务。

(3) 网上商城模式

网上商城模式是商业银行开展电子商务业务的初始尝试,大多数银行在自己的官网上都拥有自己的网上商城,主要面向个人客户,为本行的专有客户提供便利的在线服务,如银行建立的积分商城、信用卡商城等,为个人客户提供购物积分抵现和信用卡分期付款等服务。

三、典型商业银行电商平台比较

（一）典型商业银行电商平台

1. 中国建设银行"善融商务"平台

中国建设银行于 2012 年 6 月 28 日，推出其自主建立并以金融服务为核心的电子商务平台"善融商务"，"善融商务"是将资金流、信息流和物流融合为一体，为客户提供专业化金融服务的电子商务金融平台。该平台面向广大企业和个人提供专业化的电子商务服务和金融支持服务。在电商服务方面，在商品批发、商品零售、房屋交易等领域，为客户提供信息发布、交易撮合、社区服务、财务管理、在线客服等配套服务；在金融服务方面，为客户提供从支付结算、托管、担保到融资的全方位金融服务。

中国建设银行"善融商务"下设有企业商城、个人商城和房 e 通三个板块。

（1）面向企业客户的企业商城

定位为独立的 B2B 平台，其服务范围包括专业市场、对公融资、资金托管三大部分。

（2）面向个人消费者的个人商城

定位为 B2C 平台，分为分期优选、融资中心、金融超市、地方特色、商旅服务、房 e 通六个部分，商家通过加盟入驻该平台，向消费者提供种类丰富的产品，而消费者可通过平台信息搜寻进行在线购物。

（3）房 e 通

将商业银行的金融服务业务衍生到商品房交易领域，主要有新房、二手房等的贷款业务，帮助客户在互联网上便捷地申请新房或二手房的贷款业务，还有住房基金等多种业务。

2. 中国工商银行"融 e 购"平台

"融 e 购"是中国工商银行于 2014 年 1 月 12 日正式运营的电子商务平台，通过邀请商家入驻的模式，邀请知名品牌入驻，汇集了汽车、名酒、食品、家电、服装、旅游、理财等多种商品与金融服务，涵盖近万件商品。"融 e 购"以"名商、名品、名店"为平台针对个人客户与企业客户开设了个人商城和企业商城，个人商城包括跨境馆、汽车城、购房中心、扶贫专区、企业采购等部分；企业商城包括商品市场交易、资产交易、集团采购、投资银行、工银聚等部分。"融e购"将平台支付与融资有机连接,将物流、资金流与信息流整合于一体。"融e购"在工行内部的定位并非单纯销售商品或者经营店铺,而是聚合客户和商户、连接交易和融资、提升客户黏性和活跃度。该平台致力于专业化和特色化服务,努力营造受用户喜爱的平台,其缺陷是平台交易用户都必须使用中国工商银行的网银,也就是说"融e购"只向那些中国工商银行网银用户开放。

3. 交通银行"交博汇"平台

"交博汇"是交通银行于2013年9月推出运营的电商平台。该平台属于B2B和B2C综合电子商务平台,企业可通过"交博汇"提供信息发布与推广、商品销售与促销、企业收款与融资等服务。"交博汇"共分为四部分,即企业馆、积分乐园、生活馆和金融馆。企业馆主要为企业提供线上销售及资金清算服务。积分乐园里展示出手机通信、电脑办公、影像数码、家居百货、美容护理、时尚配置、旅游度假等约30万种商品,顾客可通过积分兑换进行购物。其入驻商家为知名优质品牌商家,包括苹果、索尼、美蒂、周生生、宝洁等,顾客可享受丰富且安全的网购服务。生活馆主要包括商旅服务、生活服务、交通罚款、缴费服务四部分,让市民足不出户即可完成各项缴费业务。金融馆中展示了理财、保险和贵金属等投资理财产品。

(二)商业银行电商平台主要业务比较

从客户服务、业务框架、业务范围、业务创新等多方面对上述三家银行的电商平台进行了列表比较,具体如表1.1所示。

表1.1 商业银行电商平台比较表

商业银行名称	中国建设银行	中国工商银行	交通银行
电商平台名称	善融商务	融e购	交博汇
上线运营时间	2012年6月	2014年1月	2013年9月
业务框架	企业商城、个人商城、房e通	个人商城、企业商城	企业馆、积分乐园、生活馆、金融馆
客户定位	B2C个人客户与B2B企业客户	B2C个人客户与B2B企业客户	个人客户与企业客户
入驻条件	邀请知名品牌入驻	邀请知名品牌入驻,免收支付结算手续费和宣传推广服务费	邀请知名品牌入驻

续表

商业银行名称	中国建设银行	中国工商银行	交通银行
企业客户服务	企业融资、批发采购、在线销售	融资服务、销售推广、企业采购	企业贷款、资金清算、产品销售
个人客户服务	线上交易、个人融资	购物贷款、积分抵现、线上交易	在线购物、个人缴费、金融理财
业务范围	批发、零售、融资	商贸信息撮合、商品在线交易、集团采购、跨界贸易	线上销售、资金清算、在线融资
创新业务	跨境购、个人融资(快贷)、小微企业融资	跨境馆、逸贷	灵活使用,支持"积分+现金""积分+分期"支付

资料来源:"善融商务""融e购""交博汇"官网相关信息。

由表1.1可知,"善融商务""融e购""交博汇"存在许多共性。首先,均采用邀请商家入驻模式,以商户直营为主,入驻商户均为知名品牌,可最大限度杜绝假货,减少交易风险。由于银行系电商平台的商户入驻门槛高,因此导致产品种类不齐全,使平台交易受限。其次,均提供包括线上销售、融资贷款、金融理财等多方面的金融服务,业务范围与产品种类大同小异。

(三)银行电商平台业务创新比较

中国建设银行、中国工商银行和交通银行在平台业务创新领域均进行了多方面的探索与尝试。在融资服务创新方面,中国建设银行"善融商务"平台推出了种类丰富的融资产品,既有针对个人客户的,如快贷(对符合条件的个人客户提供1 000元到50 000元的消费贷款,客户线上自主申请,随借随还)、助业贷款(对从事生产经营的个人客户提供1 000万元以下的经营类贷款)、借贷通(将客户借记卡与贷款账户绑定,使客户可以在网银、其他电商、POS机等渠道使用贷款进行交易)、信用卡消费信贷;又有针对企业客户的融资服务,如小微企业快贷,其中包括快e贷[1]、融e贷[2]、质押贷[3]、税e贷[4]。中国

---

[1] 快e贷:是建设银行基于小微企业主个人在行内的金融资产、信用记录等信息向小微企业发放的快速、全流程网上自助的小额信用贷款。额度最高200万元,期限最长一年。

[2] 融e贷:是建设银行基于小微企业主个人在行内的金融资产、抵押房产、信用记录等信息,向小微企业发放的快速授信产品。额度最高500万元,期限最长一年。

[3] 质押贷:是建设银行基于小微企业主个人在行内的合格金融质押品、信用记录等信息,向小微企业发放的快速、全流程网上自助的小额质押贷款。额度最高500万元,期限最长一年。

[4] 税e贷:是建设银行基于小微企业纳税记录及财务数据、信用记录等信息,向小微企业发放的快速授信产品。额度最高500万元,期限最长一年。

工商银行"融e购"平台也推出了融e借(向符合条件的个人提供的信用贷款)、逸贷(为消费者提供信用类消费贷款,将网上购物与逸贷相结合)等业务。而交通银行"交博汇"并未推出具体的融资服务创新产品。表1.2为"善融商务""融e购"平台融资产品创新对比。

表1.2 "善融商务""融e购"平台融资产品创新对比表

产品名称	所属平台	贷款对象	额度	期限	贷款条件
快贷	善融商务	个人客户	最高5万元	不超过1年	在建行拥有金融资产、房贷或私人银行
助业贷款	善融商务	个人客户	最高1 000万元	不超过3年	拥有建行网银盾
快e贷	善融商务	小微企业客户	最高200万元	不超过1年	在建行有金融资产、信用记录
融e贷	善融商务	小微企业客户	最高500万元	不超过1年	在建行拥有抵押房产
质押贷	善融商务	小微企业客户	最高500万元	不超过1年	有合格金融质押品
税e贷	善融商务	小微企业客户	最高500万元	不超过1年	有良好纳税记录
融e借	融e购	个人客户	最高800万元	不超过5年	有稳定收入来源
逸贷	融e购	个人客户	最高20万元	不超过1年	消费满100元即可申请

资料来源:中国建设银行"善融商务"、中国工商银行"融e购"官网相关信息。

在支付手段创新方面,上述三家银行的电商平台均支持信用卡、网银支付,并都适时推出了信用卡分期、积分兑换支付等服务。其中交通银行的"交博汇"平台支持交通银行信用卡和借记卡支付,无须柜面开通网银,并推出了"积分+现金"支付和"积分+分期"支付功能。相对于"善融商务"和"融e购"来说,交博汇的支付手段更为灵活。

在市场拓展创新方面,工商银行"融e购"平台积极推动跨境电商与平台融合,上线"跨境馆",包括日本馆、法国馆、新西兰馆等二十多个分馆,由此拓展境外业务范围,扩大海外市场份额。建设银行"善融商务"与宁波保税区合作推出善融商务"跨境购"海外专区。而"交博汇"没有具体措施。表1.3为"善融商务""融e购""交博汇"业务创新比较。

表 1.3 "善融商务""融 e 购""交博汇"业务创新比较表

	善融商务	融 e 购	交博汇
融资服务创新	(1) 提供个人融资：快贷、助业贷款、借贷通、信用卡消费信贷 (2) 提供小微企业快贷：快 e 贷、融 e 贷、质押贷、税 e 贷	融 e 借、逸贷	暂无
支付手段创新	(1) 支持信用卡分期支付 (2) 支持积分抵现	(1) 支持信用卡分期支付 (2) 支持积分抵现	(1) 支持交行借记卡支付，无须开通网银 (2) 支持"积分+现金""积分+分期"支付
市场拓展创新	推出"跨境购"海外专区	开设"跨境馆"，包括二十多个分馆	暂无

资料来源："善融商务""融 e 购""交博汇"官网相关信息。

1. 中国建设银行"善融商务"的优势与不足

通过对表 1.2 和表 1.3 的比较分析可以看出，中国建设银行电商平台在融资服务创新方面独具特色，对比交通银行"交博汇"和中国工商银行"融 e 购"，它推出了涵盖范围广、种类丰富的融资产品，这些产品申请便捷，客户可在平台自助申请，在线审批效率高，随借随还，体现了电商金融高效率和低成本的特色。但在产品的申请条件方面还存在很多限制，比如快贷的申请条件是：申请人在该行拥有金融资产，或为私人银行客户，或持有住房贷款；助业贷款的贷款对象是个人网银盾客户，这些限制条件都使得该平台融资产品受众面窄，客户规模发展受限。另外，"善融商务"在支付手段和市场拓展创新方面还有待加强。

2. 中国工商银行"融 e 购"的优势与不足

在跨境业务市场拓展方面，"融 e 购"的"跨境馆"包括日本馆、法国馆、新西兰馆等二十多个分馆，比起"善融商务"的"跨境购"业务具有种类丰富、产品多样的优势，此外，中国工商银行作为我国市值最大的商业银行，拥有更广泛的全球网络覆盖优势和海外客户资源优势，这些都是"融 e 购"开展跨境电商业务的优势。但其仍存在不足，如网站页面布局不合理，跨境馆的页面上商品信息分布零散，客户体验不佳。

3. 交通银行"交博汇"平台的不足之处

相较于"善融商务"和"融 e 购"，"交博汇"在融资服务创新和市场拓展创新方面都没有具体的措施。点击其官网的"在线融资"链接，显示网页丢失,其金融馆中的理财产品、贵金属产品等项目也出现了链接失效的情况,可见"交博汇"平台缺乏有效管理和及时更新。比起"善融商务"和"融e购","交博汇"支持储蓄卡支付,无须开设网银,创新推出"积分+现金""积分+分期"支付,有较灵活多样的支付手段优势,但这方面的优势并不足以改善其最本质的问题,即缺乏对平台的有效管理与对产品的创新,在市场份额竞争中"交博汇"处于劣势。

(四)银行电商平台经营成果比较

"善融商务"的企业商城、个人商城的功能不断丰富,管理不断优化,荣获《银行家》杂志"十佳互联网金融创新奖"。"善融商务"于2016年6月末,累计发展商户5.96万户,累计发展会员1 638万个;上半年成交金额745.81亿元①。

作为国内第一大商业银行,中国工商银行"融e购"的市场份额最大,虽然"融e购"上线运营的时间较短,但据中国电子商务研究中心(100EC.CN)监测数据显示,2016年上半年,该行"融e购"实现了6 814亿元的交易额,半年就完成了京东全年的业务量(京东2015年全年核心交易总额为4 465亿元),直逼阿里巴巴旗下天猫加淘宝的8 370亿元②。

而交通银行的"交博汇"电商平台虽然提供多样化的业务服务,但在进入"交博汇"官网后,发现其金融馆和企业馆的链接失效,商品和服务信息疏于更新,商品交易量也很少,有的甚至为0,因此"交博汇"相比于"善融商务"和"融e购",并没有满意的经营效果和成绩。

根据电子商务研究中心公布的"2015互联网+银行分类排行榜",在2015年度的银行电商平台排名中,"融e购"居于首位,"善融商务"居于第二位,"交博汇"居于第四位。由于交通银行并没有在相关报表中对外披露其电商平台"交博汇"的具体交易数据,其发展也相对逊色于"融e购"和"善融商务",因此,以下只对"善融商务"和"融e购"进行横向比较(图1.3)。

---

① 资料来源:中国建设银行2016年上半年年报。
② 资料来源:中国电子商务研究中心数据监测。

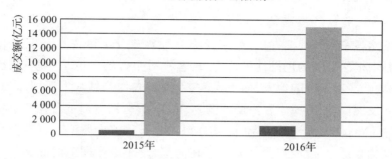

图 1.3 2015—2016 年中国建设银行"善融商务"与中国工商银行"融 e 购"平台成交额比较
（资料来源：中国工商银行、中国建设银行年报。）

由图 1.3 对比可知，2015 年至 2016 年"善融商务"与"融 e 购"的交易额都持上升趋势，在一定程度上可以说明这两个银行通过产品创新、市场拓展等措施，使自身电商平台获得了较好的发展。而从成交额来看，中国工商银行"融 e 购"无论是 2015 年还是 2016 年都远远超过中国建设银行"善融商务"，其数据差距相当大，"融 e 购"的市场份额远远领先于"善融商务"。总的来说，这三个银行电商平台的优劣排名（从优至劣）是：中国工商银行"融 e 购"、中国建设银行"善融商务"、交通银行"交博汇"。

四、商业银行电商平台运营中的问题及原因

（一）用户体验不佳，客户好感度低

根据相关互联网统计数据显示，中国工商银行"融 e 购"和中国建设银行"善融商务"成为 2016 年上半年十大热点被投诉平台中的两个，以"融 e 购"为例，在电子商务研究中心官网以"融 e 购"为关键词搜索，出现很多投诉信息，包括投诉发货缓慢、未发货无法取消订单、退货失败等。商业银行电商平台由于筹划时间仓促，开发基础薄弱，在结构和服务上都存在很多不完善的地方，平台主要出现的问题有：商品信息不全面，缺乏商品的详细说明和介绍；页面布局不合理，信息加载速度慢；物流缓慢，商品不能保证及时送达；售后服务存在缺陷；等等。这些都极大地消减了客户的热情度和好感度，使用户体验不佳。另外，银行电商平台大多采用邀请知名品牌入驻的方式，这使得平台的商家入驻门槛高，商家入驻受限，产品种类不齐全，用户无法"淘"到需要的商品，同一种商品可能只有一到两个商家提供，客户无法进行多家对

比选择,这也使客户的满意度低,购物体验不佳。

(二) 平台知名度低,营销手段单一

虽然各家银行都拥有几十年积累的优质客户资源和品牌认可度,但在消费者心中根深蒂固的仍是其传统业务,客户对银行的定位是存取钱、购买理财产品、购买基金等的地方,而不是购买食品、衣物等日常生活用品的地方。相比起发展成熟、有稳定客户群的淘宝、京东,银行系电商平台在市场份额竞争中并不占优势,无论是"善融商务""融e购"还是"交博汇",其普及程度和知名度均较低,一般客户仍优先选择在淘宝、京东进行网上商品交易。银行对其电商平台的宣传方式,主要是宣传手册陈列、网点海报展示、网点人员附带介绍,并未充分利用社交媒体进行广泛传播。

(三) 平台发展不成熟,缺少专业技术和经验

虽然各家银行在电子银行业务方面的技术已经相对成熟,但银行转战电商平台是最近几年才开始的,仍然处于探索阶段,缺少技术和经验的支持,在平台的发展和创新上欠缺多方面考虑。比如,在支付渠道上缺乏灵活性、便捷性不佳,除"交博汇"其他两个银行电商平台在支付时都需要开通网银,而"交博汇"也只支持本行储蓄卡免费开通网银,比起方便快捷的支付宝,银行电商平台的支付渠道发展仍不成熟。另外,平台融资业务发展也不成熟,以"善融商务"为例,无论是个人融资产品还是企业融资产品,在申请条件方面有很多限制,使产品受众面窄,客户规模受限。对于仍在探索阶段的银行系电商平台,普遍都存在缺少成熟的技术开发团队的问题,无法满足商业银行电商平台金融业务服务后续拓展与改善的要求。

五、解决商业银行电商平台问题的对策建议

(一) 紧跟市场需求,全方位推广与宣传

随着电子商务的迅猛发展和竞争的加剧,商业银行应坚持利用自身优势,深化改革,拓展电商平台业务,适应市场发展需求,在创新平台业务、服务的同时,加强专门营销人员配备,积极主动营销。通过社交媒体、广告宣传、网点推荐、客户挖掘等多方手段,做到线上、线下全面推广宣传。利用如今社交媒体传播广泛的优势在门户网站、微信、微博等平台进行推广与宣传。

(二) 加大电商品牌建设力度,提高客户认知度

商业银行可采取相应措施来进行品牌建设。对同业竞争业务应进行改

革,可根据自身特色和业务定位制定出独具特色的品牌发展战略;对已拥有的电商品牌进行优化管理,加大对品牌内涵、品牌质量、品牌宣传方面的运营管理。通过建立能获得大众好评的电商品牌来赢得客户的信赖。

(三)增强客户体验,加大产品创新

商业银行想要大力发展电商平台就必须增强客户体验,一方面应从网站页面优化、交易流程、功能服务等多方面进行优化。如可增加平台上商品信息介绍,对商品进行具体说明与展示,对商品的评价系统和物流配送系统进行全面改进,包括改善售后服务、及时回复用户反馈、耐心处理售后问题等,使客户拥有愉快的服务体验。另一方面要创新产品,适应市场需求变化,为客户提供满足个性化需求的产品,可通过市场调研、数据分析等方式,根据不同目标客户研发针对性产品,从产品多样性上增强客户体验。

(四)重视人才储备,打造专业化研发团队

应加大对电子专员的培养,挖掘创新型的专业技术人才。各家银行的电商平台都仍处于起步阶段,在平台业务拓展方面,没有一个专门的数据分析团队,专业技术较大型的电商平台相对薄弱。因此,银行要打造优质的电商平台,迫切需要引进专业技术人才,可通过外部招聘与内部培养相结合的方式构建金融科技专业人才库,努力打造一个涉及电子商务、计算机、物流管理、市场营销、法律风险等多个专业领域的技术运营团队。

六、结论

本章对"善融商务""融e购""交博汇"三个平台进行了比较研究,包括业务范围、客户服务、业务创新、经营效果等方面的比较,发现"善融商务"和"融e购"对于平台进行了较多的业务创新,取得了一定的成果,而交通银行的"交博汇"发展较差,竞争能力薄弱,主要原因在于其疏于管理,缺少产品创新,而商业银行电商平台发展的重中之重依然是对产品业务的创新,应打造一个专业的技术团队,有针对性地发展具有核心竞争力的产品。

第二章 N 国有商业银行 Z 分行发展个人理财业务营销策略研究

本章主要针对 N 国有商业银行 Z 分行个人理财业务开展的现状,分析其产品设计与定位、市场定位和市场细分、个人理财产品促销手段及营销团队建设等方面存在的主要问题与不足。并针对存在的问题提出了 N 国有商业银行 Z 分行个人理财产品的营销优化策略,其中包括细分客户市场,为客户提供差异化产品和服务;以品牌建设丰富理财产品;设计主打产品,开展精准化营销;调整宣传策略,拓展销售渠道;树立全新的经营理念和服务手段,培养高素质客户经理队伍。通过本章研究可为 N 国有商业银行 Z 分行和其他商业银行改进理财产品营销策略提供理论参考。

一、引言

(一) 选题的背景和意义

1. 选题的背景

我国商业银行个人理财业务始于 20 世纪 90 年代中后期,如今中国理财市场已初具规模,个人理财不仅影响着中国金融机构的资产负债结构和经营绩效,而且深刻影响着中国公众的经济生活,个人理财业务已成为金融业发展的增长点,各金融机构均将发展个人理财业务作为抢占市场份额、获取中间业务收入的重要手段。

个人理财业务作为一项新兴业务,可为商业银行带来投资管理、信托、咨询、收购、产品与服务组合等多元化经营机会,实现商业银行盈利由传统的存贷利差模式向服务和收益多元化模式转变,并已成为现代国际知名商业银行利润率最高、成长性最快、最具发展潜力的战略性核心业务。然而我国商业银行个人理财业务才刚刚起步，个人理财业务开展中存在许多问题尚未解决。同时，随着中国经济发展进入"新常态"、资本市场的发展和互联网金融的冲击，商业银行利润大幅下降，如何才能使商业银行理财产品适应新时代发展的需要是各商业银行亟待研究的重要课题。

随着我国居民财富的不断增长，以及人们对财富管理理念的不断深化，可以预测到个人理财服务是一个蕴含巨大机遇和广阔前景的市场，个人理财服务业务的发展将是商业银行今后业务发展的主要方向。选择 N 国有商业银行 Z 分行个人理财业务营销策略作为本研究的课题，通过系统性的研究，结合笔者在 N 国有商业银行 Z 分行的工作实践，探索适合我国商业银行发展个人理财业务的营销策略，以实现扩大盈利空间、提升竞争能力的目标。

2. 研究的目的和意义

第一，我国商业银行个人理财业务收入占银行个人中间业务收入比重偏小，且发展速度缓慢，许多业务及配套措施仍不成熟。西方发达国家商业银行在服务理念、产品设计、客户细分和客户关系管理等方面具有先进的经验值得借鉴。

第二，长期以来商业银行首先将企业客户作为它重点发展的对象。而实际上随着个人财富的增长，个人客户已成为银行重要的业务来源。尤其是在一些富裕地区，个人业务量已超过了企业业务量，因此个人理财业务具有很大的增长潜力。

第三，受金融脱媒、存贷利差压缩和金融监管当局对商业银行经营风险监管力度加大等影响，原利差盈利模式难以为继，商业银行迫切需要探索一种资本占用少、经营风险低、附加值高的经营新模式。作为商业银行向高等级客户提供理财咨询、理财分析、理财规划方案获取收益的个人理财业务，适应商业银行经营转型的需要。

本研究以 N 国有商业银行 Z 分行为案例，分析我国商业银行的经营环境和个人理财业务的发展现状、存在的问题，在此基础上提出适合 N 国有商业银行 Z 分行个人理财产品的营销策略，帮助 N 国有商业银行 Z 分行决策层确立正确的理财产品营销策略，为 N 国有商业银行 Z 分行个人理财产品提出有效方案，以实现 N 国有商业银行 Z 分行和客户"双赢"的目标。

(二) 国内外研究现状

1. 国外研究现状

个人理财业务在美国、日本等发达国家开展的较早,这些国家商业银行推出的个人理财业务种类繁多,对个人理财的相关研究也十分深入。

G.维克托·霍尔曼和杰利·S.诺森布鲁门在《个人理财计划》中通过实例分析等方法较为清晰地描述了个人理财计划的制订过程,并对各种理财工具分别进行了详细的介绍,在此基础上对投资者应该怎样去选择适合自己的理财产品做了说明。

夸克·霍和克里斯·罗宾逊所著的《个人理财策划》中理财策划的描述较为完整。其中详细地介绍了货币的时间价值、预算、目标设定、风险管理、税收策划、保险、抵押融资、债务管理、投资原则和时间、退休计划、职业道德等开展个人理财业务的必备知识,同时也详细地介绍了发达国家及地区商业银行的理财经验,既有一定的理论深度,又有较强的可操作性。

玛丽·安娜·佩苏略所著的《银行家市场营销》把银行个人理财业务与市场营销学结合起来,对个人理财业务创新与市场细分间的关系以及营销战略与市场定位间的关系进行了深入研究。

杰克·R.卡普尔、李·R.德拉贝和罗伯特·J.休斯所著的《个人理财》详细地描述了个人理财的基本含义,介绍了投资理财的操作手段、具体步骤和使用方法,强调了个人理财的重要性,同时还全面地介绍了投资者应该如何使用理财工具来确保自身的财产安全。

2. 国内研究现状

银行个人理财业务在我国是从20世纪90年代才发展起来的,近十几年以来才陆续有学者对其进行研究,其研究层面大概可以分为以下几点:

(1) 对个人理财业务发展的必要性和前景的研究

易世德和刘曦(2011)认为随着我国国民收入的增加,理财需求也相应增加是商业银行必须开展个人理财业务的推动力。周田新和刘丽(2004)指出,我国商业银行个人理财业务还处于起步阶段,但发展前景十分广阔。银行可通过细分客户市场,加快理财产品的创新步伐,以提升理财人员的综合素质,更好地开展银行理财业务。姜晓兵、罗剑朝、温小霓(2007)认为自从加入WTO后我国商业银行竞争加剧且商业银行正处于微利时代,这就要求我国商业银行应开展新业务,以提高核心竞争力,发展个人理财业务。周海彤和王霖(2012)指出,我国商业银行个人理财业务发展中还存在许多问题需要解决。赵书阳(2015)认为,国外商业银行个人理财业务占其营业总额的17%以上,随着我国市场经济和改革开放不断深化,我国商业银行个人理财业务收支比率也必将向着国际商业银行收支比率靠拢。

(2)对个人理财业务发展的现状研究

张琳娜、赵剑锋、张靖琳等(2010)指出,我国金融业实行的分业经营管理体制中,理财规划师整体素质偏低是直接影响我国商业银行个人理财业务创新力度的重要因素。韩一婧(2009)指出自从我国加入WTO后,金融市场对外开放的程度也逐渐扩大,致使外资银行进驻我国市场,并且凭借其先进的管理理念和雄厚的资本,争夺我国商业银行的市场份额,个人理财业务将成为其与我国银行之间争夺的业务领域。张娜(2012)指出随着传统储蓄业务量迅速下降,银行必须开展具有潜力的个人理财业务才能提高其核心竞争力。芦靓赤(2015)认为,随着我国居民财富的不断增加,商业银行个人理财业务规模也会不断扩大,银行在扩展业务中应不断增大宣传力度,增加交易的便利性以适应新兴互联网金融的发展趋势,但是在这些方面仍存在着产品服务同质化、风险评估流于形式等问题。

(3)对个人理财业务开展过程中问题的研究

胡维波(2004)指出,银行个人理财业务在我国发展前景十分广阔。但我国金融管理体制及相关法律法规都不适应商业银行个人理财业务的发展。王洪敏(2008)认为,商业银行的中间业务较以往有了较快的发展,尤其是个人理财业务在银行所有业务中占比逐渐增加,但我国商业银行个人理财业务并不能适应客户需要。师一鸣(2012)指出个人理财业务已经成为商业银行竞争的焦点,但在开展个人理财业务过程中商业银行存在管理理念落后、内部控制制度不完善等一系列问题,这都制约着个人理财业务的健康发展。张志卫(2015)认为,我国商业银行个人理财业务虽得到较快速的发展,但仍然存在个人理财业务市场定位不准确、客户流失严重、理财产品的创新度不足、同质化现象严重等问题,如何有效解决这些问题,促进个人理财业务的顺利发展,是商业银行业务发展过程中须首要考虑的问题,并据此提出了改善建议。

(4)对个人理财业务的对策研究

忽诗佳(2018)分别从金融法规及政策、商业银行的营销能力、银行工作人员的整体素质、银行硬件设施及操作系统四个方面对我国商业银行个人理财业务发展提出了对策建议。赖悦(2001)指出我国商业银行个人理财业务的创新能力不强、个人理财业务范围过窄,导致各银行理财产品同质化严重。商业银行应加强对理财产品的创新设计,并把握自身优势,对其个人理财业务精准定位。李朝信(2013)认为我国商业银行个人理财业务的需求正在快速增加,理财产品的销售规模也在逐渐增大,但理财产品的售后服务缺失,专业的理财规划师短缺。商业银行应提高服务质量,加强与客户的信息交流,提高理财产品含金量,真正做到以客户利益至上,确保个人理财业务能够可持续健康发展。刘小娟(2008)提出个人理财业务的开展需要商业银行与其他金融机构合作,扩大理财业务范围,为客户提供具有针对性的服务,以此来提高理财产品品牌效应。张玉南(2015)认为个人理财业务必将成为我国商业银行未来业务发展的重要组成部分,随着公众对金融服务的要求越来越高,迫切需要对客户的个人财富进行管理,做好个人理财业务,因此商业银行应优化理财产品,打造专业化的理财团队,完善相关立法监管,建立完整的风险防范体系,以提升商业银行核心竞争力。

二、相关概念界定与理论基础

首先,对个人理财业务、个人理财产品、个人理财产品分类、市场营销策略的相关概念进行界定。其次,从市场营销策略、金融创新、现代营销、全面风险管理的角度阐述相关理论基础。最后,对商业银行个人理财业务的营销含义进行分析。

(一)相关概念界定

1. 个人理财业务

个人理财业务,又称财富管理业务,是发达国家商业银行利润的重要来源之一,它是商业银行利用其所掌握的客户信息与个人理财产品,分析客户自身财务状况,通过深入了解和发掘理财客户需求,制定客户财务管理目标和计划,并有针对性地帮助客户选择或为其量身定制个人理财产品来实现客户理财目标的一系列服务过程。

在2005年9月银监会出台的《商业银行个人理财业务管理暂行办法》中,也对"个人理财业务"进行了界定,"个人理财业务是指商业银行为个人客户提供的财务分析、财务规划、投资顾问、资产管理等专业化服务活动"。按照管理运作方式,商业银行个人理财业务一般分为理财顾问服务和综合理财服务。本章所研究的个人理财产品指的是其中的综合理财服务。

2. 个人理财产品

银行个人理财产品按照在2005年9月银监会出台的《商业银行个人理财业务管理暂行办法》中的标准解释,是指商业银行在对潜在目标客户群分析研究的基础上,针对特定目标客户群开发设计并销售的资金投资和管理计划。在个人理财产品这种投资方式中,商业银行只是接受客户的授权管理资金,投资收益与投资风险由客户承担或客户与银行按照约定方式共同承担。

3. 个人理财产品分类

我国国有商业银行推出的个人理财产品可根据本金与收益是否保证,分为保本固定收益产品、保本浮动收益产品与非保本浮动收益产品三类。此外,也可以按照投资方式与方向的不同,将个人理财产品分为新股申购类产品、银信合作产品和结构型产品等。

4. 市场营销策略

市场营销策略是指企业以目标顾客需求为出发点,通过收集顾客需求量及购买力等相关信息,有计划地组织企业各项经营活动,通过实施协调一致的产品策略、价格策略、渠道策略和促销策略,为目标顾客提供满意的商品和服务而实现企业目标的过程。

(二) 理论基础

1. 市场营销策略相关理论

美国学者杰罗姆·麦卡锡(Jerome McCarthy)在1960年提出了4Ps理论,被营销理论界广为接受,4Ps营销策略从复杂的营销变数中找到产品、价格、渠道、促销四个重要的因素,实施产品策略、价格策略、渠道策略、促销策略,使其从单纯的因素上升为一组策略,从而更好地适应日益复杂的营销环境。

随着市场营销策略理论不断丰富,出现了6Ps策略、10Ps策略,这些都是营销策略的扩展,其核心仍是4Ps。近50年来,每位营销经理在策划营销活动时,均从4Ps理论出发考虑问题。

1990年美国学者罗伯特·劳特朋(Robert F. Lauterborn)首次提出了用4Cs取代传统的4Ps,即顾客、成本、便捷、沟通四个方面,为营销策略研究提供了新的思路,相比而言,注重以消费者需求为导向的4Cs比以市场为导向的4Ps在理念上有了很大的进步与发展。然而从企业和市场未来发展趋势看,4Cs抑制了企业的主动性和创造性。

到了20世纪90年代中期,美国著名学者唐·舒尔茨(Don E. Schultz)提出了 4Rs 理论,阐述了市场营销策略的 4 个全新要素,即关联、反应、关系、回报。4Rs 理论主要以市场竞争为导向,概括了营销的新框架,它将一个企业的营销活动上升到宏观经济和社会层面来考虑,提出企业要与顾客及其他利益相关者建立起长期、稳固的合作关系,强调关系营销而不只是市场交易。20 世纪 90 年代末有学者提出的 4Vs 营销策略为企业培养和构建企业核心竞争能力指出了具体途径,是现代企业市场营销策略的新亮点。

2. 金融创新理论

(1) 技术推进理论

技术推进理论的主要代表人物是韩农(T. H. Hanuon)和麦道威(J. M. McDowell),该理论的观点是,新技术的出现及其在金融领域的应用,是促成金融创新的主要原因。特别是计算机和电信设备的新发明及其在金融领域的广泛应用,是推动金融创新的重大因素。

(2) 制度改革理论

制度改革理论的主要代表人物是戴维斯(S. Davies)、塞拉(R. Scylla)和诺思(D. C. North)。该理论认为金融制度是经济制度的一个组成部分,而金融创新应该是一种与经济制度相互影响、互为因果的制度改革。基于这种理论,金融体系中任何因制度改革而引发的变动都可以看作是一种金融创新。

(3) 约束诱导理论

约束诱导理论的代表人物是西尔伯(W. L. Silber)。该理论认为金融机构回避或摆脱其内部和外部的制约是其进行金融创新的根本原因。金融机构发明各种新的金融工具、交易方式、服务、产品和管理方法的目的就在于摆脱或逃避其所面临的种种内部和外部制约。这些制约促使金融机构不断进行金融创新。

(4) 规避管制理论

规避管制理论的主要代表人物是凯恩(E. J. Kane)。该理论认为,金融创新主要是由于金融机构为了回避政府的管制,获取利润而引起的。各种形式的政府管制与控制,在性质上与隐含税收无异,都阻碍了金融机构得到获得利润的机会。因此,金融机构会通过创新来规避政府管制。当金融创新危害到金融稳定与货币政策时,政府当局会加强管制,此时新的管制又会导致新的金融创新,两者不断交替,形成一个相互推动的进程。

3. 现代营销理论

(1) 社会营销观念

所谓社会营销观念,是指企业在其经营活动中必须承担起相应的社会责任,必须保持企业利益、消费者利益和社会利益的一致性。企业是营利性组织,处于经济循环系统之中,同时企业也是社会生活中的一员,处于整个社会系统之中。所以,企业的营销活动不仅受到经济发展规律的制约,同时也受到社会规律的制约。随着企业营销活动不断复杂,企业的营销行为对社会生活的影响也变得越来越大。首先是企业提供的产品或服务及其宣传方式会直接影响社会成员的生活方式和思想意识。其次是企业在生产经营或营销过程中产生的一些污染会对社会环境造成影响。基于此,企业在营销过程中需要兼顾企业的自身利益、顾客利益和社会效益,实现企业、经济、社会的共同发展。随着企业营销实践不断发展,社会营销观念已经逐步被企业接受。一方面,越来越多的企业认识到,如果企业在其营销活动中不顾社会利益,损害社会利益的话,必然会面临社会公众和舆论的压力而影响企业的进一步发展。另一方面,近年来社会对于环境保护和健康消费的重视程度不断提高,使得政府对损害社会利益的营销行为惩罚得越来越严厉。这都迫使企业不得不通过树立良好的社会形象及主动协调企业与社会各方面的关系来改善自身的营销环境。

(2)整合营销观念

20世纪90年代后半期,"整合营销"开始成为企业的一种全新的营销观念。整合营销是指企业在营销过程中必须调动其所有的资源,有效地协调各部门,努力提高对顾客的服务水平和顾客满意度。当满足顾客需要成为企业经营活动的中心之后,企业内部资源的协调配置就成为提高企业经营效益的关键。但在现实生活中,由于企业内部不同部门在为顾客提供利益满足的认识和行为上存在不一致,就导致企业的整体营销目标无法顺利实现。如产品研发部门和生产部门会抱怨销售部门过于迁就顾客的利益,而忽视公司的利益;不同地区的销售部门为了完成销售指标而相互"窜货",破坏企业的统一价格政策;营销部门的营销行为无法得到其他部门的支持和配合等。企业越来越认识到依靠加强企业内部的组织和协调,来提高营销资源的利用效率的重要性。

整合营销作为市场营销的一种策略思想,是从市场营销策略组合的思想逐步发展而来的。营销策略组合在理论上指出了系统协调对于实现企业目标的重要性,而整合营销理论则进一步阐述了如何通过加强内部协调,激发所有部门的团队精神,来实现这种系统协调。整合营销理论强调两个方面,一是企业内部各部门必须围绕企业总体营销目标加强彼此协调;二是各部门(不仅是营销部门)的成员都必须树立为顾客利益考虑的思想观念。整合营销理论的形成和发展体现了系统哲学理论在企业营销观念发展方面的不断深化。

(3) 关系营销观念

"关系营销"观念是20世纪70年代由欧洲的服务营销学派和产业营销学派提出的,主要观点是,企业要进行顾客关系管理,通过建立长期稳定的顾客关系来提高顾客忠诚度,提高企业的市场竞争力。关系营销观念强调企业开展营销活动不仅是为了实现与顾客之间的某种交易,而更应是为了建立一种对双方都有利的长期稳定的客户关系。关系营销观念的提出和发展促使市场营销哲学有了很大的发展,突破了交易营销的思想局限,使培养忠诚顾客和关系资产的积累成为企业在市场上取得竞争胜利的焦点。

4. 全面风险管理理论

1997年亚洲金融危机爆发,世界金融业开始动荡,人们也开始认识到金融风险往往是以复合形式存在的,并且具有相互联动性。风险管理不应仅是对单个业务的单个风险进行管理,而应从系统整体角度对所有风险进行综合管理。在这种背景下,全面风险管理理论应运而生。

全面风险管理理论要求风险管理系统不仅处理市场风险或信用风险,还要处理其他各种金融风险,涉及的范围包括这些风险涉及的资产与资产组合,以及承担这些风险的各种业务单位,从个人到机构整体,从分公司到总公司,从国内市场到国际市场。

全面风险管理理论还处于不断发展和完善的阶段,但随着经济的发展,它必将成为各大金融机构进行风险管理的标准方法,它也体现了风险管理的发展趋势。

(三) 商业银行个人理财业务营销含义

1. 商业银行个人理财业务营销的内涵

商业银行个人理财业务营销的对象是个人客户,通过提供优质服务和理财产品的方式获得客户认同,以客户为服务中心,注重满足客户的理财需求、获得客户的接纳和认可,通过实施综合性的营销策略实现银行的经营目标。

2. 商业银行个人理财业务营销的特点

(1) 注重人性化和情感营销

个人理财业务营销要求所有营销人员面对不同的个人客户时,应能够迅速判断出客户的个性化需求,有选择地将银行的个人理财业务推荐给客户,从而最大限度地满足客户的有效需求,为客户提供更人性化的服务。同时,与一般银行营销相比较,由于客户对个人理财产品和服务不仅注重其"功能价值",还非常注重"情感价值"。这就要求银行在个人理财业务营销上"以质取胜"的同时,必须注重加入人性方面的情感价值,通过附加某种特定的文化和品位,使之与目标客户群体的价值观、信仰等产生共鸣,成为客户的情感价值归宿。人性化、面对面的营销方式相对于广告、营业推广等营销方式更具力度和针对性,营销效果更好、更有效。

(2) 注重品牌营销

与一般银行营销相比,品牌营销在个人理财业务营销中较其功能营销更显重要。由于个人理财业务的同质性,不同的商业银行提供的同一类型的个人理财产品在功能上几乎相同,顾客在选择个人理财产品或服务的时候关注的往往不是个人理财业务功能带来的服务盈利或便利,而是其熟知的满意的品牌。另外,随着个人理财新品的不断开发与品种的逐渐繁多,客户在众多的选择中做出购买决策的时候更多地会受到品牌的影响。国内商业银行个人理财业务较知名的品牌有"金葵花""理财金账户""乐当家""沃德财富"等。当顾客需要个人理财服务时,不会花太多的时间和精力去了解和比较各行个人理财产品的优劣,他最终的购买行为很大程度上是基于品牌的影响力。

(3) 注重营销管理

我们所说的金融服务营销管理是指金融组织以营销为经营核心的经营管理。金融营销管理过程主要包括由市场信息分析与寻找市场机会、确定营销目标与选择目标市场、营销策略组合与制订营销计划、营销计划的实施与控制四个过程。

个人理财业务的营销最主要的任务是建立有效的营销服务管理体系。个人理财业务营销纵向上涉及总行、分行、支行和网点,横向上涉及个人银行、信用卡、会计、办公室等众多部门,只有建立有效的管理体系才能使全行各个部门共同协作,银行个人理财业务营销管理工作才能稳步、有序地向前推进,才能提高个人理财业务的市场竞争能力。例如,在服务体系上建立了总行个人金融规划部、分行个人金融业务部、支行客户服务组、网点服务平台等。

3. 我国商业银行个人理财业务营销的重要性

个人理财业务已经成为我国商业银行之间竞争的一个新焦点,积极开展理财产品营销对于银行、客户和市场都有重要的意义。

首先,对商业银行本身而言,加强个人理财业务的营销可以优化银行自身的业务结构,增加业务收入、吸收优质的个人客户资源,提升自身竞争力。个人理财业务基本不构成风险资产,而且具有风险低、业务范围广、经营收益稳定等特点,可以调整以贷款为主的业务结构和以存贷差为主的收入结构。个人业务的发展还能挖掘出优质的个人客户资源,从而增强自身的竞争力。

其次,对客户而言,商业银行加强个人理财业务的营销可以更好地满足客户的理财需求,在很大程度上促进和推动客户理财目标的实现。商业银行通过各种营销策略的运用,可以更好地为客户提供财务规划服务、理财咨询服务等方式帮助其制定理财目标和理财规划,这对客户理财规划的执行和评估具有重要作用。

最后,对市场而言,商业银行通过营销策略的运用进一步促进个人理财业务的发展,能够使商业银行更好地发挥金融市场功能,促进社会资源的优化配置。商业银行利用自身的信息优势,能实现对市场信息的专业化处理、客户资金的专业化投资和理财规划的专业化服务。

三、N 国有商业银行 Z 分行个人理财业务发展概况

个人理财服务正在成为国内外银行同业的竞争焦点,面对这一激烈的竞争态势,N 国有商业银行 Z 分行的个人理财服务水平已远远跟不上形势的发展需要,为了增强零售渠道服务功能,从根本上改善对零售优质客户的服务水平,稳固并发展个人理财客户,有必要对 N 国有商业银行 Z 分行个人理财业务的现状进行分析,从而找出问题的所在,为个人理财业务总体发展战略的制定奠定必要基础。

(一) N 国有商业银行 Z 分行概况

1. 区域经济概况

N 国有商业银行 Z 分行位于中国大陆东部,长江下游南岸,所在地区是中国综合实力最强的县级市之一,在百强县市排名榜位居前列,在经济、文化、金融、商贸、会展、服务业和社会建设等领域成就显著,辖区面积 999 平方千米,其中陆域面积 777 平方千米,拥有 2 个国家级开发区,辖 8 个镇和 1 个现代农业示范园区、1 个旅游度假区。截至 2014 年,该市常住人口 125.25 万人,流动人口 61 万人,不管是 GDP 总值还是人均 GDP 排名都在全省 62 个县

区内居前三。

Z分行所在市虽然只是一个县级城市,但大量的民营企业和"藏富于民"的环境,把这里培育成一片金融沃土。"十二五"期末,该市生产总值达到2 230亿元,五年年均增长8.1%;公共财政预算收入174.2亿元,年均增长8.5%;全社会研发投入占地区生产总值比重达到2.59%,综合实力保持在全国同类城市第一方阵。随着外资银行纷纷入驻,市内商业银行在迎来巨大发展机遇的同时,也面临着严峻的调整压力。

2. N国有商业银行Z分行概况

N国有商业银行Z分行是所在市的四大国有商业银行之一。多年来,N国有商业银行Z分行一直致力于建立"城乡联动、融入国际、综合经营"的大型商业银行,以"自加压力、敢于争先、追求卓越、行健致远"为企业精神,在经济新常态背景下金融同业激烈竞争中取得了较好的经营业绩,在系统和同业中树立了领先优势和品牌形象,被誉为"系统商业化经营的一面旗帜"。2015年年末,全行存款余额达3 932亿元,全行贷款总量达3 019亿元,市场份额连续多年保持同业第一。管理部依靠自身的品牌、良好的信誉、优质的服务以及先进的企业文化,在地区树立了富有生机和活力的新形象,取得了物质文明和精神文明的双丰收。在未来N国有商业银行Z分行中间业务将有较快发展,中间业务(如IP电话、银证转账等)由各分行根据业务需要增设;同时,个人信贷等业务将得到大力加强。在N国有商业银行Z分行的收入中,对公业务的收入占比最大,达到60%～70%;未来N国有商业银行Z分行将加强发展个人信贷业务,届时个人信贷的收入也将会有一定的增长;国际业务不是N国有商业银行Z分行的强项,业务发生频次较低,各营业部平均每天也只有几单,营业收入很低,将来N国有商业银行Z分行也不会将国际业务作为主要发展方向,未来其收入大幅增长的可能性较小。

N国有商业银行Z分行认真贯彻落实N国有商业银行总行"大零售"战略,结合当地实际情况,做出了"四个强化"的个人理财产品发展战略部署:一是强化客户拓展,不断夯实发展基础;二是强化理财产品与储蓄存款互动,不断扩大市场领先优势;三是强化创新发展,不断提升个人理财产品市场竞争力;四是强化服务品质提升,不断改善客户理财服务体验。

(二)N国有商业银行Z分行个人理财业务发展现状

1. N国有商业银行Z分行个人理财业务的产生

2006年10月,N国有商业银行Z分行选择业务、人员基础较好的HQ支行为作业试点,开始建设首家个人理财中心。通过银证通、自助交易终端等设施,使理财中心具备了外汇、股票、黄金、债券等交易功能,同时还可以针对高端客户开展一对一的咨询服务。为了能够顺利地开展业务,取得良好的示范效应,Z分行选派业务全面,具有较高综合素质的人员参加总行举办的中国金融理财师(AFP)培训班,领会总行开展个人理财业务的战略设想和具体措施,来指导N国有商业银行Z分行的个人理财业务的发展。HQ支行(个人理财中心)的建立标志着N国有商业银行Z分行个人理财业务的开始。

2. N国有商业银行Z分行个人理财产品介绍

N国有商业银行Z分行个人理财产品种类颇多,可以将其归纳为以下六大类。

(1)"本利丰"理财产品(保本型)

这项理财产品是N国有商业银行自主发起的,以其在银行间的债券市场、优质的信托融资项目和货币市场的金融资产作为支撑,其投资对象为国债、央行票据及政策性金融债券,故无信用风险,市场风险亦相对较低,因此是具有较高收益率的保本理财产品。其特点是安全性高,期限灵活,投资稳健,适合保守型、谨慎型、稳健型、进取型和激进型投资者。

(2)"安心得利"理财产品(非保本型)

该产品是由N国有商业银行自主发起的具有较高收益的非保本浮动收益理财产品,属于相对固定期限理财产品。其金融资产支撑为N国有商业银行在银行间的债券市场、货币市场、优质信托项目、商业票据以及银行存款,通过合理的资产配置,在追求更多收益的同时又注意降低风险。该产品的特点是期限多样,运作科学,风险较低,适合谨慎型、稳健型、进取型和激进型投资者。

(3)"安心快线"理财产品(非保本型)

这项理财产品是N国有商业银行自主发起的超短期开放式理财产品,以其在银行间的债券市场、优质的信托融资项目和货币市场的金融资产作为支撑,通过合理资产配置,在追求灵活投资、随时收益的同时,有效降低风险,属于具有较高收益的非保本浮动收益理财产品,投资周期通常低于三十天,并且投资者可在存续期内自主赎回或申购此产品以满足自身需要。其特点是期限短且灵活,运作科学,安全适度,适合谨慎型、稳健型、进取型和激进型投资者。

(4)"汇利丰"理财产品(保本型、部分保本型)

这项理财产品也称作"汇利丰"本外币结构性存款,即由N国有商业银行提供的与利率、汇率、商业价格、股票指数或信用体信用状况挂钩的存款，银行向客户提供保证本金的承诺，客户需要承受一定的利率、汇率、商品价格、股票指数或信用体信用状况风险。该产品分为"保本型"和"部分保本型"，"保本型"产品将投资分散到汇率、利率、股票、商品等多个市场以分散投资风险；"部分保本型"产品则是在分散投资风险基础上追求更大潜在收益，但同时承担较高风险。这项产品的特点是多样投资，多样设计，本金保障，适合对收益要求较高，并对汇率、利率、股票和商品市场等金融市场走势具有认识并有能力承担一定风险的投资者。其中"保本型"产品适合谨慎型、稳健型、进取型和激进型投资者，"部分保本型"产品适合进取型和激进型投资者。

（5）"境外宝"理财产品（非保本型）

"境外宝"实际上是指由合格的境内机构投资者即 QDII（Qualified Domestic Institutional Investor）代替客户开展的境外理财业务,具备资格的商业银行、基金公司或证券公司接受投资者的委托,使用投资者的本外币资金在境外从事规定金融产品的投资活动,使投资者拥有更多投资空间,分享更多投资收益。其特点是多样化,自由组合,专业运作,投资安全。这类理财产品比较适合于拥有闲置资金,期望获得较高收益并且可以承受本金损失风险的投资者。

3. N国有商业银行Z分行个人理财产品的营销方式

在设计出产品之后,N国有商业银行Z分行主要采取以下营销策略推广个人理财服务。

（1）内部营销

在每次推出个人理财产品之前N国有商业银行Z分行都会在内部的改造和营销方面花费很多时间,包括人员的培训、设置统一构架和统一思想等。

（2）外部营销

N国有商业银行Z分行以全国统一的服务质量和统一的品牌标示,以网上电影或新闻发布会等多元化的方式来强调其个人理财产品的品牌形象。另外,N国有商业银行Z分行还不断扩大产品的开发,不断丰富各种理财产品的外延和内涵。N国有商业银行Z分行建立客户经理制度,加强与客户的交流与互动,通过社会调查、短信以及直接外调等途径将想法告知客户,对客户的反馈意见认真听取,不断完善个人理财产品和服务。

4. N国有商业银行Z分行个人理财业务的利润贡献度

2014年,N国有商业银行Z分行在大市范围内综合考核排名第二,具体数据如下。

(1) 个人存款

本外币个人存款余额为680.1亿元,较年初净增24.08亿元,在大市全行各项存款存量占比为68.02%,在全省系统中占比为10.01%。日均增量为657.53万元,日均增量及总量均居全省第二,在该地区同业中位居第一。

(2) 个人贷款

各项个人贷款余额为146.49亿元(不含协议透支),比年初净增21.46亿元,在全国重点城市行排名第三。其中农户贷款比年初净增1.66亿元,均增量1.16亿元,综合绩效考核在全省排名第一。

(3) 对私理财产品

个人理财产品销售额达1 064亿元,其中开放式产品占423亿元,全省排名第二;日均余额120.31亿元,其中开放式产品占21.48亿元,日均余额全省排名第三;个人理财中间业务收入5 036万元。

(4) 代理基金业务

偏股型基金余额为28.22亿元,居省内第二位;基金保有户数为31万户,比上季末增加1.2万户;客户数为3.99万户,以上三项指标分别占全省的11.93%、8.39%和7.86%。在大市系统内,Z分行偏股型基金余额占比为47.53%,排名第一。

(5) 贵金属业务

贵金属销售量(白银销售量按1/5折算)为902.87千克,共实现贵金属销售收入998.7万元。

(6) 中间业务

个人中间业务收入达到14 526万元。其中,理财服务类中间业务收入(剔结算)为8 049万元;个人人民币结算业务收入为6 477万元。

(7) 贵宾客户管理

个人贵宾客户数为16.3万户,比年初新增1.97万户,累计实现金卡以上有效管户16.1万户,在全省重点行排名第一。金卡以上贵宾客户金融资产达701亿元,年日均存款达1.92亿元,比年初新增65亿元。

(8) 个人财务规划业务

全年为私人银行级别(金融资产达1 000万元)贵宾客户做理财规划方案63个,客户采用达48个,采用率达76.2%,成为方案采用率最高的分行。

5. N国有商业银行Z分行机构与人员配置

分行的个人理财业务的机构设置为1个个人金融部、1个财富中心、12

个镇级支行。个人金融部配置1正3副总经理分管存贷款、理财、网点建设与管理三大板块；部门共有16位员工，分管三大板块具体业务。分行财富中心面积2 300平方米，配置6名CFP理财经理专职为全行230多名私人银行级别的贵宾客户服务。镇级支行设置一名副行长分管个人金融板块，设一个个人金融部、十多个网点支行；镇级个人金融部设置以部门经理为首的产品经理4~6名；网点支行设行长、大堂经理、个人客户经理各1名，再按实际情况决定是否设置理财经理。全行共有网点行长132人、个人客户经理100人、理财经理25人、大堂经理108人、柜员654人，其中全行有10人为持证CFP、152人为持证AFP。具体的资源与人员配置结构关系如图2.1所示。

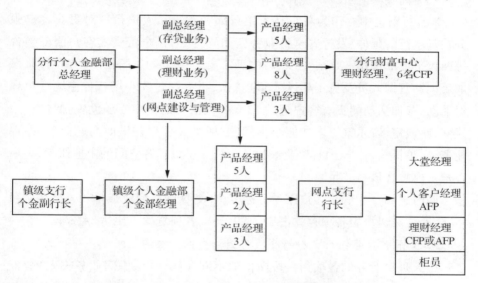

图2.1　Z分行个人理财业务的机构与人员配置结构关系图

（资料来源：Z分行个人理财业务与人员配置实际情况。）

6. N国有商业银行Z分行个人理财业务的客户群体

（1）低端客户

N国有商业银行为四大行之一，其Z分行与其他三家银行相比，明显的优势就是网点覆盖面广，最小型的镇级支行有7个网点，最大型的镇级支行有18个网点，而其他三家平均每个镇只有2~3个网点，因此政府很多关系民生的资金，如退休金、低保金都放到N国有商业银行发放，以方便居民领取。另外，其全国各个地区的分支机构也有网点分布广的优势，因此市里大部分民营企业的工资发放都放在N国有商业银行，以方便民工汇款回乡。该客户群为分行创造的结算手续费收入占整个结算收入的30%。

（2）中端客户

在其地区四大国有商业银行中，N国有商业银行跟政府及相关部门的关系最为密切（具有几十年的悠久历史），政府及财税等相关部门大部分的行政事业收费、地税国税等税费的代收都在该行进行，这让居民、个体、中小民营企业都习惯来N国有商业银行办事，很自然的，他们的收入积累也会留存在该银行。因此，Z分行在每年农历年末，个人业务中的定期存款、个人理财产品销售、贵金属销售等都十分火爆，这也是其他金融机构最想抢夺的中产阶层业务。

（3）高端客户

Z分行财富中心作为总行私人银行部和省行私人银行部对贵宾客户服务在基层行的延伸，发挥着全行业务营销支持平台、全行贵宾客户服务平台等两大平台的作用。自成立以来，协助各支行组织213场内部营销培训，参加培训的营销人员及员工超过7 500人次，举办超过320场各种主题客户理财活动，参加活动的贵宾客户超过12 000人次。财富中心还设置咖啡室、洽谈室、座谈室、音乐室等多功能小房间，方便贵宾客户在里面沟通业务、办理业务，这种模式，让N国有商业银行Z分行成了贵宾客户间的中枢纽带，高端客户更愿意在该行驻足。

同时把高、中、低端客户作为目标客户，使N国有商业银行Z分行在所在市22家金融机构中各项存款占比达29.3%、各项贷款占比达34.8%。

7. N国有商业银行Z分行个人理财业务的考核激励机制

个人理财业务的各项指标按岗位的不同大部分（除中间业务收入）分配到一线员工，而一线员工的收入有40%~60%与个人理财业务的各项指标的完成情况挂钩。直接营销的客户经理（大堂经理、个人客户经理、理财经理）的收入有50%~70%与个人理财业务的各项指标的完成率挂钩。二级分行一线员工的岗位工资与计价绩效工资的结构比例如表2.1所示。

表2.1 二级分行一线员工的岗位工资与计价绩效工资的结构比例

岗位等级	岗位目标工资	
	岗位工资	计价绩效工资
柜员	40%~60%	60%~40%
直接营销的客户经理	30%~50%	70%~50%

资料来源：N国有商业银行Z分行个人理财业务实际考核标准。

综上,零售金融是N国有商业银行的核心战略,是N国有商业银行的生命线和立行之本,也是各项业务发展的基础。个人理财产品营销为N国有商业银行"大零售"战略的重要组成部分,Z分行围绕N国有商业银行"大零售"战略展开工作,个人理财产品的发展就是要从更宽视野、更广领域、更深层次整合发展资源,依托综合化、国际化发展趋势,进一步做大个人理财产品规模,打造N国有商业银行个人理财产品升级版。

四、Z分行个人理财产品营销存在的问题及原因分析

总体而言,大多数商业银行的个人理财业务不够专业,创新不足,品牌策略不突出,营销体系不健全。比较好的银行业务种类会丰富一些,也会有针对不同客户群的理财规划,但营销策略的总体滞后制约了个人理财业务的快速发展。为了拓宽盈利空间,提高竞争实力,N国有商业银行Z分行应当深刻反思,剖析个人理财产品营销存在的具体问题,才能提出切实可行的营销对策。

(一)N国有商业银行Z分行个人理财产品营销中存在的问题

1. 高端客户占比低

从客户数量来看,近年来,N国有商业银行Z分行个人客户逐年递增,截至2016年上半年,N国有商业银行Z分行个人客户为498.44万户,其中,有效客户数为361.75万户,有效客户在N国有商业银行系统内占比达10.9%。按客户贡献星级分类,四星级及以上客户659万户,居地级市系统首位,占分行个人客户总规模的比重为13.22%;按客户金融资产总额划分,中、高端客户以及私人银行客户合计284万户,其中金融资产100万元以上的财富客户为14.6万户,个人金融资产800万元以上的私人银行客户为5 788户,占N国有商业银行地级市系统内私人银行客户总数的16.52%。N国有商业银行Z分行2013—2016年个人客户分类结构情况如表2.2和表2.3所示。

表2.2 N国有商业银行Z分行个人客户分类结构表(按星级分类)

(单位:万户)

客户结构	2013年	2014年	2015年	2016年上半年
无星客户	6.57	7.47	11.59	13.67
准星客户	16.74	17.69	18.62	19.18
三星客户	8.18	9.22	9.98	10.41

续表

客户结构	2013 年	2014 年	2015 年	2016 年上半年
四星客户	303	333	366	375
五星客户	155	169	207	216
六星客户	45	49	59	63
七星客户	4	4	5	5
合计	538.49	585.78	677.19	702.26

资料来源：N 国有商业银行 Z 分行统计数据。

表 2.3　N 国有商业银行 Z 分行个人客户分类结构表（按金融资产分类）

（单位：万户）

客户结构	2013 年	2014 年	2015 年	2016 年上半年
普通客户（资产 5 000 元以内）	190.59	203.68	267.59	281.86
潜力客户（资产 5 000～5 万元）	59.6	63.7	68.1	68.8
中端客户（资产 5 万～20 万元）	203	222	236	241
高端客户（资产 20 万～100 万元）	75	85	92	96
财富客户（资产 100 万～800 万元）	10	11	13	14
私人银行客户（资产 800 万元以上）	0.3	0.4	0.5	0.6
合计	538.49	585.78	677.19	702.26

资料来源：N 国有商业银行 Z 分行统计数据。

　　N 国有商业银行营销模式还属于"坐商"范畴，主要是客户主动上门建立关系、办理业务，银行缺乏对市场的主动性开拓，易导致新客户增长缓慢、中高端客户占比偏低和客户结构优化效果不明显等问题。随着市场竞争和外部形势的变化，该模式已经成为制约个人理财产品营销的主要因素。特别是在网点资源不丰富的郊县，如果不能很好地解决由"坐商"向"行商"的转型问题，个人客户资源规模扩张和结构优化就无法实现。在调查中发现，是否能配备一位好的客户经理，并充分发挥其网点流动服务的作用，将决定是否能有效推动个人理财产品营销。

2. 整体联动合力有待加强

虽然 Z 分行行长是高端客户的推销员，客户经理是企业客户的推销员、理财师，柜员是大众客户的推销员，但这种全员营销并未形成有效合力的营销系统。例如，金融产品的核心部分还是储蓄产品，每个银行都有揽存款的任务，一线业务岗位任务尤其繁重。当储户到现金窗口办理存取款业务时，工作人员就会劝说客户继续存款或者购买保险。理财中心的员工则希望现金窗口的工作人员能向客户宣传其他的理财产品，比如基金或者理财账户等。但现金窗口的员工认为自己的任务完成起来都比较困难，更不用说帮忙宣传跟自己没有关系的业务。理财中心的员工都从事过窗口业务，深知现金窗口有客户资源的优势，但现在现金和理财分别在两个服务区域，虽然现金区可以把存款额在1万元以上的客户名单给理财区，但打电话向客户介绍理财产品效果并不好。理财中心的员工觉得现金窗口的员工没有帮助他们完成任务，而现金窗口的员工则觉得你们的任务为什么要我们帮助完成，我们的任务又由谁来帮助完成呢？

从N国有商业银行Z分行营销实践来看，各部门之间资源整合不够、信息共享不充分、境内外联动不多，营销资源较为分散，不利于发挥整体优势和营销合力。多个部门分头营销同一个客户或同一客户的不同部门，造成"多对一"甚至"多对多"的营销格局，使得部分客户重复营销、过度营销，部分客户无人营销或维护。如何强化联动机制，变"单打独斗"为"团队作战"，充分发挥N国有商业银行Z分行庞大的客户资源优势，提升其内部个人客户资源的价值贡献和产品覆盖率，是个人理财产品营销需要解决的体制机制问题。

3. 综合营销效果不理想

N国有商业银行Z分行"个人理财就是卖产品"的观念仍未得到根本扭转，重收入、轻客户，重存量、轻挖转，以客户为中心的经营理念尚未有效确立。在实际工作中，客户经理往往不太重视对客户需求的研究、不太重视宣传引导、不太重视客户的服务体验，按产品挑客户，找客户卖产品，往往会导致客户经理能力相对单一，交叉销售和综合营销效果不明显。从调查结果来看，N国有商业银行Z分行四种以上的理财产品交叉销售率不高，客户个性化、多样化的理财服务需求及客户资源的综合价值挖掘被忽视，这势必影响和制约个人理财产品营销的持续健康发展。

4. 市场拓展效率低

从市场拓展模式看，N国有商业银行Z分行个人理财产品营销主要以单一客户突破为主，偏重于"单一触点"营销，信息搜集成本偏高，投入产出效率和效果较低，不利于新市场、新客户集群拓展，不能很好地适应个人理财产品竞争发展的需要。面对庞大的客户市场和激烈的市场竞争，等客上门、被动防守不行，零星分散出击、临时摆摊设点也不会取得好的效果。在网点和人员等资源相对刚性约束的前提下，需要改变传统的市场拓展模式，运用强大的信息资源和数据挖掘技术,加强市场调研和客户分析,寻找重点客户群体和新兴市场,聚焦特点鲜明、需求共通的客户群体,综合运用网点、客户经理、自助设备、网上银行、电话银行等渠道资源,进行集群式营销和个性化服务。

5. 行商动力不足

考核是指挥棒,将会引导和激励员工的行为。N国有商业银行Z分行的考核方式还是以存量为主的传统考核方式,侧重对客户经理维护的客户数量、理财产品等业务规模进行考核。按照这种考核导向,客户经理营销一笔金额大、期限长的理财产品,或者维护几个大的客户,就可以使考核连续几年都能达标,客户经理就不愿意、也不需要"走出去",这势必影响客户经理综合能力的培养和提高,也不利于整体市场竞争力的提升。存量考核进一步强化了"坐商"模式,客户经理没有动力走出网点,没有积极性主动开拓新客户、新市场,容易造成客户规模增长和结构调整缓慢。因此,只有从根本上改变考核模式,降低存量业务在绩效考核中的比重,突出增量贡献,才能极大程度上推动客户经理走出去,有效激发经营潜能。

(二) Z分行个人理财产品营销问题的原因分析

1. 产品设计及定位方面表现出对普通客户的营销不足

N国有商业银行的理财产品主要有"安心利得""本利丰""金钥匙·如意组合""金钥匙·安心得利"等。N国有商业银行Z分行2015年个人理财产品如表2.4所示。

表2.4 N国有商业银行Z分行2015年个人理财产品一览表

名称	产品类型	销售日	期限	预期年化收益率	收益类型	起购金额
"安心得利"定向人民币理财产品	封闭	12.24—12.24	109天	4%	非保本浮动收益	0
"本利丰"定向人民币理财产品	封闭	12.24—12.24	25天	3.15%	保证收益	0
"金钥匙·安心得利"2015年第337期人民币理财产品(周四我最赚)	封闭	12.24—12.24	68天	4.3%	非保本浮动收益	5万元
"金钥匙·安心得利"2015年第338期人民币理财产品(贵宾专享)	封闭	12.23—12.28	84天	4.4%	非保本浮动收益	10万元

续表

名称	产品类型	销售日	期限	预期年化收益率	收益类型	起购金额
N国有商业银行"进取·收益分级型"2015年第12期私人银行人民币理财产品	封闭	12.22—12.28	360天	4.45%	非保本浮动收益	10万元
"安心得利"2015年第5期人民币理财产品B款	封闭	12.22—12.24	90天	4.4%	非保本浮动收益	100万元
"安心得利"2015年第5期人民币理财产品A款	封闭	12.22—12.24	90天	4.4%	非保本浮动收益	5万元
"金钥匙·如意组合"2015年第252期看涨沪深300指数人民币理财产品	封闭	12.18—12.29	34天	3.9%~4.6%	非保本浮动收益	5万元
"金钥匙·如意组合"2015年第253期看涨沪深300指数人民币理财产品	封闭	12.18—12.29	62天	4%~4.6%	非保本浮动收益	5万元
"金钥匙·如意组合"2015年第254期看涨沪深300指数人民币理财产品	封闭	12.18—12.29	90天	4%~4.6%	非保本浮动收益	5万元
"金钥匙·如意组合"2015年第334期看涨沪深300指数人民币理财产品	封闭	12.18—12.24	181天	4%~4.6%	非保本浮动收益	5万元
"金钥匙·如意组合"2015年第334期人民币理财产品（贵宾专享）	封闭	12.18—12.24	56天	4.3%	非保本浮动收益	10万元

资料来源：N国有商业银行Z分行推广理财产品资料。

从对近期各股份制商业银行在售理财产品的结构分析看，绝大多数股份制商业银行将理财产品发展的重点放在高收入群体及高净值客户上，产品设计也根据这部分人的需求定制，表现为对普通客户的营销不足，而实际上更需要理财规划的恰恰是这部分人。根据银监会相关规定："商业银行应综合分析所销售的投资产品可能对客户产生的影响，确定不同投资产品或理财计划的销售起点。保证收益理财计划的起点金额，人民币应在5万元以上，外币应在5 000美元（或等值外币）以上；其他理财计划和投资产品的销售起点金额应不低于保证收益理财计划的起点金额，并依据潜在客户群的风险认识和承受能力确定。"从而人民币理财产品的门槛被设置为5万元，但几乎在所有的银行，对同一款理财产品，由于起购金额的不同，存在着两种不同的收益,通常购买起点为 20 万元及以上的,比购买起点为 5 万元的收益高约 0.1~0.3 个百分点。部分股份制商业银行经常推出起点在 100 万元及以上的理财产品,参考年化收益率更高,此类产品将大多数普通客户拒之门外,无形中减少了潜在客户群体而增加了银行理财产品的成本支出。

反观近期以来得到快速发展的一些第三方支付机构所发行的理财产品,如阿里巴巴公司推出的"余额宝"、网易公司推出的"现金宝"、腾讯利用微信平台推出的"理财通"、苏宁推出的"零钱宝"、同花顺公司推出的"收益宝"等产品许多实现了"1 元起购",同银行理财产品相比,由于大大降低了购买门槛,受到了大众的追捧。如支付宝与天弘基金合作的"余额宝"上线仅一个月,资产规模已逾百亿元,三个月后,资产规模就突破了 500 亿元,余额宝开户用户超过 1 600 万,累计申购的货币基金规模达 1 300 亿元,成为用户数最大的公募基金和中国最大的货币基金,其发展速度震惊了金融界。余额宝与银行理财产品相比,能随时赎回用于其他消费和转出,收益比银行活期存款利息更高,而且余额宝对用户的最低购买金额没有限制,一元钱就能购买,由此大受欢迎,据其公布的数据显示,余额宝大多数客户的购买金额都不过万元。

由此可见,普通公众的理财热情及需求远未被满足,如果国有商业银行也能适度开发更低门槛的理财产品,或者更关注普通投资者的需求,多设计开发普通投资者都能进入的理财产品,其市场空间可能更大。

2. 缺乏准确的市场定位和有效的市场细分

个人理财产品和服务的营销获得成功的基础和前提是进行准确的市场定位和有效的市场细分。但 N 国有商业银行 Z 分行并没有对个人理财市场按照不同客户的性别、年龄、风险偏好和资产规模等因素进行合理的细分。N 国有商业银行 Z 分行也没有在个人理财产品的市场定位上做出明确的界定,没有严格依据自身优势和区域经济的特点定位客户。存在的主要问题表现为:向不同年龄阶段的客户销售同一类产品;忽视顾客结构差异,仅关注顾客的数量;没有对个人理财客户进行有效的分类和筛选,没有准确识别目标顾客,这些影响了个人理财产品的营销效果。

另外,N 国有商业银行 Z 分行尚未建立起完整的客户信用信息库,银行不能准确地核实个人理财客户信息,使银行无法有效防范信贷风险,从根本上讲,对 N 国有商业银行 Z 分行个人理财业务拓展形成阻碍。N 国有商业银行 Z 分行正在积极地探索如何建立个人信用档案。在进行个人信用数据挖掘方面,N国有商业银行Z分行担当着领头羊的角色,它为客户建立了非常详细的信息资料库,并为全国范围内个人信用信息库的建立打下了坚实的基础。

3. 个人理财产品同质化问题严重

2004年10月,中国光大银行率先在国内推出了人民币理财产品而备受瞩目,其产品收益率也一路攀升。但随后其他银行也纷纷效仿,当以中国银行为首的四大国有银行加盟人民币个人理财市场,相继推出各种人民币个人理财产品时,个人理财市场却很快从浪尖滑落到了谷底。仔细研究其原因,主要是由于我国商业银行推出的个人理财产品在品种上存在高度同质化的问题,这已经成为制约个人理财业务发展的首要瓶颈(参见表2.5)。

表2.5 四大国有商业银行个人理财产品对比

国有商业银行名称	个人理财产品
中国银行	(1) 中银货币理财计划之日积月累:主要投资于货币市场,为投资者提供类似于活期存款的流动性,是一款现金管理产品 (2) 中银精选基金理财计划:非保本浮动收益型理财产品 (3) 自动滚续理财产品:保本型结构性理财产品的自动续约业务 (4) 贵金属销售
中国工商银行	(1) 基金产品:股票型、混合型、债券型、货币型 (2) 债券产品:记账式国债、储蓄式国债(凭证式) (3) 理财规划:购房、购车、子女教育、家庭财务等 (4) 贵宾服务
中国建设银行	(1) 利得盈:信托型、债券型、IPO新股申购型、成长基金型 (2) QDII:代客境外理财业务,非保本浮动收益型 (3) 大丰收:主要面向个人客户的新型组合理财产品,产品能够满足客户追求流动性和稳定收益的理财需求
N国有商业银行	(1) 本利丰:债券型、信托型、新股申购型、挂钩型等 (2) 汇利丰:保本保收益型、保本浮动收益型 (3) 个人综合理财服务:受客户委托与授权进行投资 (4) 黄金、保险、债券、期货、外汇、基金 (5) 贵宾服务、第三方托管、保险箱、风险评估

资料来源:四大国有商业银行网站相关信息。

通过对表2.5中内容进行仔细对比会发现,四大国有商业银行推出的个人理财产品在本质上没有太大区别,大多都是由"期限+利率"组合而成的产品,与这些个人理财产品挂钩的主要是债券、股票、利率、汇率等,这些个人理财产品在本质上与储蓄存款虽没有区别,但其预期收益率要比存款利率稍稍高出一些,这是国有商业银行变相争夺储蓄存款的手段。相比之下,香港的商业银行的个人理财业务及产品要比上述商业银行丰富得多。香港的汇丰银行普遍能够为客户提供全方位的投资服务,包括股权、期权、证券买卖、月供股票计划、代理基金买卖、债券买卖、贵金属买卖,此外还有港币定期存款、退休保险计划、信托服务、按揭贷款、工商业贷款、进出口押汇以及专门为女性设计的信用卡等,几乎涉及了客户可能提出的所有的个人理财需求,同时在产品宣传设计上非常人性化,言简意赅地列出此产品的优势和客户最可能关心的问题。

国有商业银行要想在激烈的市场竞争中站稳脚跟,必须本着"以客户需求为中心"的原则,根据不同的个人理财客户的个性化、多元化的需求,关注国内外市场的动态变化,设计出具有自己特色的人民币个人理财产品。只有这样才能吸引客户、回报客户,使客户获得较高的投资收益,这也是国有商业银行守住市场,站稳脚跟,扩大经营空间的唯一途径。

4. 产品促销缺乏有效手段

促销就是营销者向消费者传递有关本银行及产品的各种信息,说服或吸引消费者购买其产品,以达到扩大销售量的目的;常用的促销手段有广告营销、人员推销、网络营销、营业推广和利用公共关系营销;国有商业银行也可根据实际情况及市场、产品等因素选择一种或多种促销手段的组合。

第一,促销手段较为单一,其中应用最多的就是关系营销、广告营销和人员推销。

第二,偏好在广播、电视、报纸、杂志等媒体上大规模投放广告,认为加大宣传就是促销,而忽视了与客户面对面的双向沟通。理财产品的销售过程也是为客户选择投资理财方式的过程,因而客户更注重的是与专业理财人员沟通过程中的体验,而非单向传播的广告宣传。

第三,各银行仍然习惯于守株待兔式地坐等顾客上门,而不是主动为客户提供更专业、方便的上门服务,缺乏创新意识和开拓意识。

第四,存在惰性思维,缺乏整体规划以及科学的营销策略的研究,倾向于摊派销售任务,搞全员营销,为所有员工分派营销任务。每到季度末或年末等重点时间点,为增加业绩数字采取拉存款、分任务、送礼品等低层次的促销手段。

第五,宣传作为促销手段之一,其成本低,效率高,但银行管理层并没有重视宣传工作。例如,N国有商业银行Z分行理财产品发布基本靠网点张贴的传单和客户的口传,极可能漏掉一些大客户和潜在客户。N国有商业银行Z分行有一个网站,栏目有新闻、内部员工通知、下载中心等,而理财专栏在右下角,很不起眼,其内容仅仅是一些过期的基金代理知识、代理基金行情及代理保险的基本知识,对目标受众定位不明确。

5. 营销团队建设投入不足

从业务结构看,对公业务仍然是我国绝大部分商业银行收入的主要来源之一,是金融服务创新的重要载体,也是通过交叉销售促进商业银行零售业务发展的强大推动力。个人零售业务投入大、见效慢、收益低,因而N国有商业银行Z分行长期以来对个人零售业务的重视不足,特别是在营销团队建设上明显投入不足。

(1) 专业的金融理财师人员不足

相对巨大的居民理财需求,我国金融理财师职业队伍建设滞后。所谓金融理财师,是能够正确分析和评估客户的财务状况并根据客户收入情况和风险承受能力,为客户量身定制合理理财方案的专业人士。为了保证金融理财师的服务质量,维护市场秩序,国际上通行的做法是成立自律性、非营利、非政府的专业资格认证机构,通过对达到一定专业水平和道德水准的金融理财人员进行认证管理,提高行业公信力。

随着我国居民家庭财富的快速增长,资产管理、财富安全、保险规划、子女教育、养老保障等各种财富管理服务也越来越受关注。这种财富管理服务不是简单地推荐客户购买几期理财产品,而是需要根据客户的生命周期为其规划金融资产投资安排,提供差异化和个性化的综合性理财服务,金融理财师正是从事这一职业的专业人员。

(2) 个人客户经理人员不足

N国有商业银行Z分行取得金融理财师资格证的员工只有8人,远不适应个人金融业务规模,而且大部分取得金融理财师资格和参加过理财经理培训的专业人才仍未能发挥应有的作用。零售客户经理的缺乏也制约了理财产品营销的开展。发展零售业务投入人员多、成本高、耗费精力大,收益却不如对公业务,因而零售客户经理队伍建设较为缓慢。各大型国有商业银行人均利润指标考核严格,人员配备较少,各基层网点配备的零售客户经理就更少,很难由专人开展零售业务营销。可见,如果缺少零售业务考核政策上的支持,各行发展零售业务的积极性就低,进而直接影响理财产品的营销。

五、N 国有商业银行 Z 分行个人理财业务的营销优化策略

N 国有商业银行 Z 分行应积极学习和吸收国内外同行的先进经验,精心做好细致周密的市场调研,在调研市场营销环境的基础上分析竞争对手及客户,制定科学动态的营销策略,健全奖励和激励制度,调整考核分配制度,细分市场,确定目标客户,提高理财品牌的知名度,进一步巩固和发挥在个人金融业务领域的专业性和服务态度等方面的优势,更好地满足或超前满足客户的需求,才能在竞争中抢得先机,在市场中赢得主动。

（一）细分客户市场,提供合适的产品和服务

1. 建立客户信息档案

客户经理应建立和维护良好的客户关系,首先应从客户信息入手,通过对客户信息的收集、整合、管理与利用,深入挖掘潜在客户群体,锁定目标客户,然后分析目标客户的理财需求,制定个人理财规划及产品配置组合策略,以达到长久建立和维护客户关系的目标。

例如,香港恒生银行在对个人理财客户群体归类的基础上,推出不同的客户分层策略。针对风险偏好者且风险承受能力较强的高资产客户推出高风险、高收益的"优越理财";针对风险承受能力一般的中资产客户推出风险和收益均居中的"悠闲理财"和"翱翔理财";针对风险承受能力较低的普通客户则推出风险和收益都较低的"纵横理财"。这种客户分层策略使得恒生银行的个人理财业务收入占到总体盈利额的 49%,并且被《金融亚洲》评为最佳本地银行和扩展理财业务最有效的银行。

N 国有商业银行 Z 分行应像香港恒生银行那样,在对个人理财客户群体进行细分,并划分出不同细分市场的基础上,有针对性地提供适合他们需求的理财产品和服务,提高理财产品的利润贡献率。

2. 挖掘目标客户

客户挖掘是在细分客户和收集客户信息的层面上展开的,包括对现有客户挖掘和潜在客户挖掘两方面。对现有客户的挖掘,换而言之就是对现有客户潜在需求的挖掘,比如,可以根据客户家庭生命周期的不同阶段对客户资产的流动性、收益性和获利性给予客户不同的配置建议,帮助客户选择适合的银行理财产品、保险、信托、信贷等综合理财套餐,实现精准化营销。表 2.6

显示了家庭生命周期各阶段的理财重点。

表2.6 家庭生命周期各阶段的理财重点

	家庭形成期	家庭成长期	家庭成熟期	家庭衰老期
夫妻年龄	25~35岁	35~55岁	55~60岁	60岁以后
保险安排	提高寿险保额	以子女教育年金储备高等教育学费	以养老险或递延年金储备退休金	投保长期看护险或将养老险转即期年金
核心资产配置	股票70% 债券10% 货币20%	股票60% 债券30% 货币10%	股票50% 债券40% 货币10%	股票20% 债券60% 货币20%
银行理财产品	预期收益高 风险适度	预期收益较高 风险适度	风险较低 收益稳定	风险低 收益稳定
投资工具	存款、股票、基金定投;意外险、重大疾病险	自用房产投资、股票、基金、黄金、养老险、定期寿险	多元投资组合,降低投资组合风险	固定收益的理财产品、债券基金、国债等
信贷运用	信用卡 小额信贷	房屋贷款 汽车贷款	还清贷款	无贷款 反按揭

资料来源:N国有商业银行Z分行个人理财业务生命周期各阶段的理财重点。

3. 维护深化客户关系

客户关系维护是指通过营销活动、业务操作、日常服务以及其他有目的、有计划的活动,建立、保持、改善、深化与优质客户之间的密切联系,避免客户流失,深度挖掘销售机会,提高客户在国有商业银行的业务比例,并且通过满意的优质客户引荐其他优质客户,达到提升客户价值,提高客户满意度与忠诚度的目标。在现代商业银行的市场竞争中,"以客户为中心"的经营理念要求国有商业银行要真正把经营管理的重心放在客户身上,通过加强对客户关系的维护,提高客户与银行间的持续合作关系,不断深化服务内涵,加快产品的创新速度,逐步建立稳定的忠诚客户群体。

(二)实施品牌建设,丰富理财产品

1. 丰富理财产品种类

1997年与旅行者公司的合并契机使花旗银行真正成为一个银行金融百货公司,花旗银行个人金融产品层出不穷、已近万种,业务范围涵盖股票、债券、基金、保险、期货、信托等多个领域。图2.2为花旗银行个人理财产品结构。

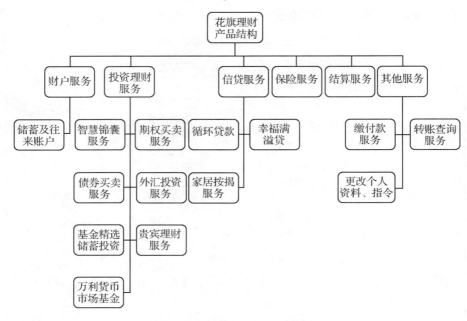

图 2.2　花旗银行个人理财产品结构

（资料来源：花旗银行个人理财产品结构。）

花旗银行提供的复合型理财产品多种多样、综合性强，可以满足客户储蓄、投资、资产保值增值和风险防范等多样化理财需求。花旗银行依靠所提供的全面多样的产品来满足客户多样化的需求，并使顾客对银行产生依赖关系，从而牢牢拴住客户，保持客户资源。

N 国有商业银行 Z 分行可以在学习国际市场投资理念、理财产品与服务的基础上，结合本行具体情况与我国金融市场的特点，有选择地加以吸收和借鉴，从而较快地丰富理财产品和服务类型，提高理财产品的竞争能力。

2．基于品牌认知的产品设计与管理

产品的品牌是企业的无形资产，在银行业竞争日益激烈的形式下，银行个人理财产品的品牌战略已成为银行参与现代市场竞争的强有力的手段，因此，N 国有商业银行 Z 分行应该积极进行个人理财产品的品牌设计与管理，同时还应该注重个人理财产品和服务的个性化设计。对于品牌的设计与管理而言，国有商业银行可以从下列几个角度考虑。

（1）要从品牌定位和符号设计出发，建立品牌，并通过品牌的知名度和美誉度管理来提高客户的忠诚度

在品牌定位方面，大多数商业银行会从品牌的功能上和客户心理情感两

个方面来考虑,品牌功能代表银行产品能给客户带来的利益的承诺,包括核心服务、便利服务和辅助服务,而品牌情感代表银行产品能给予客户某些方面的情感满足。相对银行功能品牌来说,情感品牌是难以模仿的,这也是很多银行更重视情感品牌定位的原因。

国有商业银行的个人理财产品品牌建设可大致分为品牌定位、品牌培育、品牌延伸和品牌维护四个部分,它们是一个不可分割的有机整体,构成了个人理财产品品牌营销的"四角型"架构,如图2.3所示。

图2.3 国有商业银行个人理财品牌建设"四角型"架构

(资料来源:相关参考资料。)

(2) 重视品牌符号设计

重视品牌符号设计,能给客户带来最直接的视觉效果,它是银行进行品牌宣传的出发点,也是个人理财产品营销的重要策略之一。例如,中国建设银行通过对众多应征稿件的评审才选出"乐得家"理财的品牌符号,形成区分其竞争对手的标志,品牌符号在银行品牌形象建设方面起到巨大的推动作用。

(3) 重视品牌知名度和美誉度的管理

国有商业银行还要重视品牌知名度和美誉度的管理,提高品牌在社会公众中的认知度,加深客户对本行品牌的印象和好感,同时给中高端客户配以优先、优惠的理财服务,并提供私人的投资顾问和投资秘书,使他们对银行品牌形成偏爱与信任,从而提高这些客户对品牌的忠诚度。

3. 大力推行个性化理财产品服务

N国有商业银行Z分行个人理财产品存在严重同质化现象,使客户常常游走于其他银行,比较其他银行新推出的个人理财产品,以便在其所购买的个人理财产品到期之后能快速取出资金购买别的理财产品,导致客户资金向其他银行转移现象严重。因此,为了使客户保持忠诚度,N国有商业银行应大力推行个性化理财产品与服务。

N国有商业银行应加强对个人理财客户和个人理财市场需求的分析,增强个人理财产品的针对性,提高个人理财产品的实效性,从而提高商业银行个人理财产品营销的效率。商业银行可以通过问卷调查、定期回访、理财沙龙、聘请专业机构进行专项调查等方式来及时了解、跟踪客户的理财产品动态需求情况。然后,根据最新客户需求调查,对客户需求进行分层次整合,研发新理财产品,构建能全面满足不同价值和不同风险承受能力客户的理财服务需求的理财产品体系。

4. 定期开展产品运营态势分析,做好理财产品竞争力评估

在产品策略执行期间,要定期开展产品运营态势分析和产品竞争力评估,加强产品生命周期管理,准确把握产品市场表现和发展趋势,有针对地创新和优化产品,加强营销,改进服务,提升产品经营管理水平。对市场表现不佳、客户认同度低的产品,经过一定的评价程序后应进行下线处理,优化产品资源配置,建立满足市场、客户需求的个人理财产品体系。

(三) 设计主打产品,开展精准化营销

N国有商业银行Z分行只有先确定目标客户,实现准确的市场定位,根据定位精准设计相应的理财产品,用产品创新引导和创造客户需求,才能使营销工作事半功倍。

1. 设计适合农村顾客的理财产品

随着我国经济社会的发展,农村的一部分居民收入水平逐步提高,也产生了个人理财方面的需求。农村个人理财市场还处于相对空白的状态,国有商业银行如果能够提前进入并占领这个市场,将有助于国有商业银行个人理财业务的长远发展。要开发适合农民顾客的个人理财产品,必须充分考虑城乡差别,针对农村居民的经济、生活和金融知识水平,开发符合农民个人理财需要和理财心理、操作简单易行且风险低、收益比较稳定、随时能赎回的个人理财产品。例如,可针对农民普遍关心的子女上学、养老问题,适当降低教育储蓄产品的准入条件,设计出专门针对农民客户养老的理财投资产品等。而对于个人资产较多,风险承受能力较强的农民顾客可加大开放式基金、分红保险等个人理财产品的宣传力度。

同时,国有商业银行要注重帮助农民了解金融知识、建立家庭个人资产档案、制订个人资产增值计划、传递各种理财投资信息等,帮助农民顾客理性选择适合自己的理财投资方式。

2. 丰富养老理财产品

鉴于我国逐步进入老龄化社会的趋势,对于退休人群的理财产品购买力

也不能忽视,可针对城市有消费能力的退休人群,以应对通胀、保值增值为特点,设计风险较低、收益稳定的中长期理财产品。针对老龄客户群体,丰富基金、保险产品种类。以基本养老保险、企业年金基金、职业年金基金、个人养老储蓄资金为核心,以养老基金积累、投资管理、收益分配、支付管理为主线,以个人综合养老保障账户为载体,加快优化养老金综合管理平台;以养老财务规划、投资理财产品、个人权益信息管理为重点,重点构建覆盖各类渠道、支撑多种模式的个人养老理财产品。

3. 整合支持小微企业主的融资和理财产品

深入研究小微企业经营特征,整合支持小微企业主的融资和理财产品。统一管理、统筹推动个人经营性贷款、小微企业贷款业务与理财产品的联动,创新适应不同行业、不同成长阶段小微企业特点的理财金融信贷产品,研究将基金、贵金属等新型质押物纳入信贷质押物范围,与保险公司合作拓宽保单质押贷款范围,全面盘活小企业主金融资产,满足小企业主融资加理财需求。

(四) 改进宣传策略,拓展销售渠道

1. 活用营销策略

(1) 网点

N国有商业银行Z分行应重视网点在营销宣传方面的阵地作用,认真梳理网点营销宣传资源,充分利用电子显示屏、网点电视、自助机具屏保、灯箱等网点资源开展营销宣传;研究不同宣传资源的不同特点,根据不同特点投放不同广告,根据各个阶段重点营销相关产品;在网点张贴海报、派发宣传折页,或者将产品宣传内容印制在银行卡对账单中,由网点向个人客户邮寄宣传;还可以在网点举办理财讲座等活动,提升客户对理财产品的关注度。

(2) 电视、广播、报刊和户外广告等传统媒体

N国有商业银行Z分行应充分安排好传统媒体资源的广告投放,实行对重点理财产品宣传的生命周期管理,产品投产前就要做好产品宣传规划,按照规划时间表推进产品在各传统媒体的宣传工作,确保产品宣传优先或至少同步于产品市场推广计划。也可以着重就自己银行理财品牌形象进行宣传,广告形式可以是宣传图片、视频或文字,使其品牌形象和产品服务深入人心,提升客户的认同感。对于有轮船、机场、地铁、公交等广告投放资源的地方,国有商业银行也应充分利用起来,从客户的视觉、听觉、心理感受等方面全方位开展宣传,加深公众对银行理财产品的认可,引导客户的理财行为。

(3) 互联网

N 国有商业银行 Z 分行可在相关网站上投放广告,应更加适应互联网金融的发展,通过通俗易懂、公众容易接受的宣传方式,在网站、微信、论坛等营造宣传声势,提高理财产品社会认知度。应紧密关注网络社会热点,并结合制造话题,选择契合的理财产品大张旗鼓地通过互联网进行宣传,提升市场影响力。

2. 大力发展网上营销

根据中国银行业协会发布的《2013 年度中国银行业服务改进情况报告》显示,依托互联网与新兴技术,2013 年中国银行业互联网金融发展迅猛。2013 年新兴微信银行成长迅速,交易总量达 850.76 万笔,交易总额达 6.65 亿元,个人客户达 290.94 万户,企业客户达 4.46 万户;公司加个人理财年末余额达 10.21 万亿元,同比增长 43.6%。2013 年中国银行业平均离柜业务率达 63.23%,较上年同比提高 8.86 个百分点,银行业金融机构基本建成由网上银行、手机银行、电话银行、电视银行、微信银行等构成的全方位的电子银行服务体系。具体来看,截至 2013 年年末,全行业手机银行交易总额达 12.74 万亿元,同比增加 9.08 万亿元,增长 248.09%;手机银行交易总量达 49.8 亿笔;手机银行个人客户达到 4.58 亿户,同比增长 55.5%。

以上数据表明,互联网金融切实地影响着未来银行业的发展,N 国有商业银行只有跟上这种形势才能生存与发展。理财产品购买的便利性是客户重点考虑的因素之一,因此,营销渠道的网络化、电子化建设至关重要。N 国有商业银行 Z 分行更应积极利用互联网和移动支付技术,弥补线下网点少的不足,开发更多的互联网金融产品,尤其是可在手机、平板电脑等移动终端上消费的金融产品,适应客户金融消费习惯的改变。

3. 善于运用第三方平台的销售力量

N 国有商业银行应利用自有渠道销售理财产品。该行应及时转换思维方式,主动与同业银行、券商、保险机构以及国内大型电商集团开展合作,将理财产品放在更大的平台上销售,甚至借助第三方平台开展电子商务金融综合服务,进一步丰富业务销售渠道。借鉴德国、荷兰等国家推出完全依托网络和自助设备实现产品销售和服务的"直销银行",以极低的成本实现业务快速扩张的经验。国有商业银行应抓住互联网金融带来的机遇,加快理财产品创新,借助虚拟网络突破网点局限,实现规模报酬递增和边际成本递减,从而创造出更多的价值,借力互联网大潮迎头赶上,在个人理财产品竞争中确立自己的竞争优势。

4. 积极开展各类与客户的双向沟通活动

N国有商业银行Z分行应积极开展各类与客户的双向沟通活动,在提升理财品牌知名度的同时,增进投资者教育,提高理财风险应对能力。大多数人知道理财产品有风险,但出于对国有商业银行的信任,认为它们的产品不可能出现风险,这种思维对于理财市场的稳健、可持续发展是最大的隐患。因此,银行应积极做好投资者教育工作,增加理财产品透明度,强化风险提示,使客户能自行承受投资风险,从而在选择理财产品时更加理性,能关注理财产品背后的挂钩资产,而不是一味只追求收益率。理性的投资者加上银行以诚信为本的营销策略,才是实现理财产品市场健康、可持续发展的根本路径。国有商业银行可通过定期举办各类投资讲座,组织策划金融知识普及宣传活动和有影响力的营销宣传活动等,以教育促营销,加深客户对投资业务和理财产品的认识。

5. 推进公私业务联动

虽然N国有商业银行在不断推动零售业务的开展,但从实际情况看,其对公业务规模及收入仍占银行总收入的绝大部分,是利润的主要来源,零售业务规模占比较低,而依托对公业务扩展零售业务则为一个较好的发展策略。对于股份制商业银行来说,尽快扩大基础客户群规模,积累优质客户是发展个人理财业务的基本前提。每一个企业客户背后,都关联着许多个人客户,企业员工、高管人员都是个人理财产品销售的优质目标客户。因此,可学习国外银行同时服务企业及企业高管人员的分层服务方式,依托股份制银行快速发展的对公业务,推进公私联动,在为企业客户提供融资服务的同时,通过开立代发工资户、为该企业员工甚至是员工家属提供理财服务等形式快速扩大基础客户群,积累优质客户,为个人理财业务的发展奠定基础。

重视对中小企业的服务营销,加大对中、小、微型企业的信贷支持力度,以此发展大批中小企业主及个体工商户客户。长期以来,各银行聚焦于对大型企业客户、驻地央企等的争夺,而对中小企业提供的信贷规模有限。国有大型商业银行对中小企业重视不够,而中小企业恰是股份制商业银行的市场机会,尤其对于成立较晚的中小型股份制商业银行,凭借灵活的机制和创新的服务,增加对中小微型企业的信贷支持,既符合国家金融政策导向,强化了银行对实体经济的融资支持,又可储备大批潜在的优质个人客户资源。中小企业主及个体工商户等客户群较普通个人客户有更多的金融理财需求,具备一定的资金实力,是银行营销各类金融理财产品的理想人群。

(五)提高经营理念和服务质量,培养高素质客户经理队伍

1. 统一思想,提高认识

在员工中树立全新的市场意识和营销观念。引入新的客户服务理念,优化客户结构,增加优良客户是商业银行发展战略的重要内容。在实施客户经理制的过程中,首先必须统一全体员工尤其是各级管理人员的思想,使大家充分认识到实施客户经理制是实现国有商业银行"再造"的重要手段,涉及银行业务流程的每一个环节和每一个员工。全体员工都必须认真学习市场营销理论,提高对实施客户经理制重要性和紧迫性的认识。另外,要强化市场意识、客户意识、竞争意识,加强工作中的协调和配合,树立"二线为一线、一线为客户"的观念,克服工作作风不严谨、服务观念陈旧、发展意识淡薄等问题,积极深入市场、深入客户,以市场份额和客户满意度为标准,创造性地开展工作,为顺利实施客户经理制奠定良好的基础。

2. 改造业务流程,完善客户经理制的组织架构

以业务流程整合为重点,建立以客户为中心的市场营销机制,构建以客户经理制为主要标志的商业银行组织架构。在开展对外业务时,对同一客户实现各种金融业务一站式服务,即所有业务联系统一由客户经理负责;而在银行内部业务管理中,把对同一客户的调查、评估、信用评定、贷后检查、台账管理及综合授信等职能合并,避免多头管理,提高信息资源的利用效率和工作效率。建立与客户经理制相对应的产品经理制和风险经理制,在产品管理部门设置产品经理,在风险控制部门设置风险经理,为客户经理搭建工作平台。后台部门简化操作程序、提高审批效率,提供高效、优质的柜面结算和高科技金融服务手段,为客户经理提供业务支持。

3. 动态管理,对客户经理实行对等配置、竞聘上岗

客户经理与客户的对等配置,是确保银行对客户进行优质服务的实质要素。凡由国有商业银行提供信用、承担风险的法人客户和优质个人客户均应配备客户经理。要按照客户回报率、客户社会地位及风险状况等因素确定客户质量等级,根据客户质量等级配备相应等级的客户经理。对重点客户和核心客户要配备高级客户经理和客户经理小组。建立和完善客户经理任职资格考试、等级考核、竞聘上岗、末位淘汰制度,实行等级化管理。在客户经理配备中,坚持把思想好、素质高、能力强的优秀员工选拔到客户经理岗位,不断壮大客户经理队伍,增强客户经理的整体实力。

4. 完善考核体系，建立与绩效挂钩的薪酬分配机制

完善考核体系，建立与绩效挂钩的薪酬分配机制是实施客户经理制的重要内容。应按照责、权、利相匹配的原则，建立与客户经理制相配套的考核激励机制，将客户经理的收入和等级晋升与个人业绩联系在一起，根据客户经理对银行效益的贡献度，确定其绩效工资，实现多劳多得，拉开收入分配差距。要改革现有的考核方式，建立以客户经理小组和客户经理个人为考核单位的考核体系。客户经理的薪酬分配采取基本保障、绩效考核、全额浮动的方式。客户经理基本生活保障金和职级津贴按月发放，绩效工资以量化考核指标（包括资产业务、负债业务和中间业务完成情况）为依据，并实行部分薪酬延期发放的模式。

5. 强化培训，全面提高客户经理整体素质

建立和完善客户经理培训制度，对客户经理进行全面培训是提高客户经理整体素质、顺利实施客户经理制的重要一环。只有构筑客户经理终身教育体系，才能不断提高客户经理综合素质与业务技能，为客户提供持续、优质、高效的金融服务。

客户经理培训可实行积分制，由客户经理管理部门负责为客户经理建立培训档案，培训积分作为客户经理能否续聘的重要依据。培训以实用为主，兼顾人力资源潜能开发和商业银行业务发展需求。培训力求形式多样，满足客户经理素质差异和工作性质要求，因地制宜、因材施教，可采取集中培训、专题调研、网上培训等灵活多样的方式。要突出开拓创新素质培训和职业道德教育，培养客户经理的创新意识、爱岗敬业精神和优质服务意识。

六、结论

本章在借鉴金融、市场营销的理论知识的基础上，以 N 国有商业银行 Z 分行为个案进行研究，以点到面，全面分析了国有商业银行个人理财业务在营销方面的具体问题，主要结论如下：

第一，对 N 国有商业银行 Z 分行个人理财产品的营销现状予以分析，包括 Z 分行个人理财业务的发展战略、现有个人理财产品的相关介绍，以及 N 国有商业银行 Z 分行个人理财产品的经营概况和营销方式。

第二，剖析了我国国有商业银行在个人理财产品的营销方面普遍存在的问题。以 N 国有商业银行 Z 分行为例，分析得出我国国有商业银行在个人理

财产品营销现状方面主要存在高端客户占比低、整体联动合力不强、市场拓展效率低以及行商动力不足等问题。

  第三,对国有商业银行个人理财产品营销在现阶段所暴露出来的问题进行了较为全面客观的分析,主要从产品的设计与定位、市场定位和市场细分、个人理财产品的同质化、产品促销手段以及营销团队的建设五大方面进行了有力的分析。

  第四,为国有商业银行在加大个人理财业务的营销方面提出了具体的优化策略,主要包括细分客户市场、实施品牌建设、强化理财产品的设计定位、改进宣传策略以及树立全新的经营理念与服务手段等。

第三章
苏州Y商业银行个人业务营销策略研究

随着苏州市民个人财富的积累和消费升级的需求,市民需要苏州商业银行提供更为优质的个人金融服务。虽然苏州Y商业银行在个人业务上通过多年努力取得了较大的发展,但是在利率市场化、产品多元化、服务自动化、金融脱媒化等新形势下,苏州Y商业银行在客户细分维护、渠道自动化建设、产品服务创新、员工培训激励等方面及客户、渠道、产品、员工细分及匹配等方面仍存在诸多不足。如何有效利用市场营销策略理论发展个人业务,对苏州Y商业银行的发展具有重要的现实意义。本章通过理论联系实际,分析苏州Y商业银行发展个人业务的不足之处,通过细分客户、渠道、产品、员工四个要素,基于动态匹配视角分析四要素在个人业务中的匹配关系,确定相应的营销策略,对如何改进个人业务营销进行了探讨和研究,提出苏州Y商业银行个人业务的营销策略。

一、引言

(一)研究的背景

2015年3月1日起,中国人民银行下调金融机构人民币贷款和存款基准利率。金融机构一年期贷款基准下调0.25个百分点至5.35%,一年期存款基准利率下调0.25个百分点至2.5%,同时结合推进利率市场化改革,将金融机构存款利率浮动区间的上限由存款基准利率的1.2倍调整为1.3倍,其他各档次存贷款基准利率及个人住房公积金存贷款利率相应调整。利率市场化的进程使我国商业银行个人业务竞争日趋激烈。在西方发达国家银行的收入结构中,个人业务份额和利润贡献率通常都在50%以上,发展个人业务成为现代商业银行调整结构、分散风险、稳定收入、提升竞争力的重要手段。美国银行业的收入和利润增长主要来源于个人业务,花旗集团、JP摩根大通、美洲银行、第一银行、华盛顿互助等大型银行集团个人业务收入对总收入的贡献率都在60%以上,华盛顿互助银行更是高达90%。

自2012年开启利率市场化后,国内各大银行纷纷提出向零售银行转型的经营战略,中国银行业对个人业务的重视达到了一个新的高度,其原因在于各大银行都发现个人业务是一项稳定、低风险、高收益的业务。国际银行业发展的历程已证明个人业务收入在银行总收入中的占比上升是大趋势。国内个人业务以极快的速度发展,截至2013年年末,理财资金余额为99 182亿元,相比2007年年底的5 300亿元,资产规模增长了近18.7倍。近年来银行理财平均收益率保持在4.0%~6.0%,远高于同期CPI涨幅,实现了理财客户资产的保值增值,有效维护了投资人利益。随着房地产业的发展,个人贷款业务也迅速增长,业务规模逐年增加,至2013年年末,个人住房贷款余额为9万亿元,同比增长21%。另外,商业银行代理基金、代理保险、贵金属买卖等中间业务也快速发展,个人中间业务收入高速增长。

近年来,苏南地区经济快速发展,居民收入大幅提高,个人业务也随之成为苏州Y商业银行一项较为重要的利润来源。从个人业务的服务对象来看,个人客户相对分散且单笔业务的金额较小,但由于客户数量庞大,个人业务总规模非常可观。在经营规模相同的情况下,个人业务的风险性相对较小,能实现质量、效益和规模的协调发展。从存款来看,居民储蓄更加稳定,不易流失,流动性小,风险比较低。相对于公司贷款,消费贷款中不良贷款占比较小,有利于进一步提高银行总资产的质量。在银行业激烈的市场竞争中不确定因素时刻都在增加,银行个人业务的发展将有利于银行资产结构的优化,进一步提高存款的稳定性,降低银行整体风险,提高银行盈利水平,最终实现银行的可持续发展。因此,个人业务的发展符合苏州Y商业银行业务发展的趋势。

(二) 研究的意义

苏州Y商业银行个人业务在快速发展的同时,也面临了发展的瓶颈和严峻的挑战,急需调整营销策略。

1. 新技术广泛应用改变个人业务原有经营形态

以互联网为代表的新技术发展风起云涌。互联网金融的蓬勃兴起,正改变着商业银行的个人业务格局。互联网金融大量分流银行个人汇款消费类业务、储蓄个贷业务,互联网企业还直接获取了个人客户身份、账户、交易和物流信息,使银行的个人客户群体缩小。这给传统个人业务造成前所未有的压力,不仅在渠道上影响着传统个人业务产品和服务结构,而且影响银行个人融资渠道,使一部分资金开始脱离银行,出现个人业务金融脱媒现象。"如果银行不改变,我们就改变银行",马云的这句话几乎成了互联网金融的口号。类似的,还有"传统银行如不改变,就是21世纪快灭亡的恐龙",这句话伴随着互联网金融热度的上升而广为传播。

2. 产品同质化导致卖方市场变弱

2012年6月8日,中国人民银行将金融机构存款利率浮动区间的上限调整为基准利率的1.1倍,将金融机构贷款利率浮动区间的下限调整为基准利率的0.8倍。2014年11月,央行将存款利率浮动区间的上限调整为基准利率的1.2倍。2015年3月,央行再次将存款利率浮动区间的上限调整为基准利率的1.3倍。利率市场化的进程逐步加快,多家银行纷纷将利率一浮到顶,争夺存款。而随着以余额宝为首的各种互联网金融理财产品的推出,存款理财化趋势越发明显,短时间内余额宝规模就超过2 500亿元,客户数超过4 900万户,天弘基金靠此一举成为国内最大的基金管理公司。通过余额宝,用户不仅能够得到收益,还能随时消费支付和转出,各大银行在利率上浮及互联网金融的冲击下,存款竞争呈白热化。

3. 客户理财需求提升,资产多元化趋势明显

在房地产市场长效调控政策预期下,居民对房地产投资、投机热情有所降温,闲置资金保值增值愿望强烈,金融理财需求更趋多元化。2013年,国内银行业理财产品销售规模超过30万亿元,同比增长49%;余额超过10万亿元,同比增长31.5%。信托规模超过10万亿元,同比增长34%。投资基金资产规模超过3万亿元,同比增长7%。贵金属品种越来越丰富,全国黄金消费量1 176.5吨,同比增长41%,历史上首次突破千吨大关。面对利率市场化、互联网金融打破传统金融业垄断、居民投资多元化等新形势,商业银行必须不断完善个人客户服务,创新个人业务产品,才能在激烈的市场竞争中站稳脚跟。

所以,研究商业银行个人业务的营销策略对于苏州Y商业银行更好地发展个人业务,使个人业务成为各行的新的利润来源有着革命性的重要意义。本章围绕苏州Y商业银行个人业务营销中的渠道、产品、客户、员工等现状,

分析了个人业务营销中存在的问题。并通过细分渠道、产品、客户、员工等要素,动态匹配营销要素提出一些营销方法和对策,改善苏州Y商业银行的个人业务营销工作。

二、文献综述及相关理论

(一) 文献综述

国内很多学者对商业银行个人业务营销有较深入的研究。马蔚华在《银行个人业务营销技巧》一书中指出,我国商业银行个人业务得到了迅速的发展,尽管个人业务市场竞争异常激烈,但营销水平仍然处于低级阶段,如对客户细分不够,仅以财富多少来划分,产品仍以银行推销为主。作者在阐述我国商业银行个人业务发展趋势的基础上,结合实践,对商业银行个人业务营销的要点进行了前瞻性的总结,提出了许多建设性的见解。万建华在《金融e时代:数字化时代的金融变局》一书中阐述了信息技术和互联网对商业银行的影响,特别是个人业务,有前所未有的广度和深度营销。新技术改变了商业银行的渠道,移动互联让渠道直接连接到客户手中,产品宣传、产品销售都发生了翻天覆地的变化。原来缓行的个人业务,如今插上了信息技术、互联网及移动互联的强有力的翅膀,商业银行如果不跟上渠道、宣传、产品、客户体验的颠覆性变化的潮流就有消亡的风险。刘凤军、张屾在《刍论金融产品创新与银行营销模式变革》一文中指出随着经济金融全球化进程的不断加快,中资外资商业银行竞争激烈。变革营销模式,即由企业主导型向市场主导型转变,是我国商业银行适应市场竞争需要的必然选择。而产品创新成为银行营销模式转变的具体表现。然而,我国商业银行金融产品创新过程中还存在着许多亟待解决的问题,如产品创新的整合性不强、市场营销与产品研发缺少互动、配套机制有待完善等。基于此,本章提出了完善金融产品创新机制、有效实现营销模式转变的对策建议。

(二) 商业银行个人业务界定与相关理论

1. 个人业务的概念和特点

商业银行个人业务分为个人负债业务、个人资产业务和中间业务。

个人负债业务主要为储蓄存款业务,即城乡居民将暂时不用或结余的货币收入存入银行或其他金融机构,又称储蓄。储蓄分为活期储蓄和定期储蓄。

个人资产业务主要为房贷与非房贷业务。房贷业务是指由购房者向银行填报房屋抵押贷款的申请,并提供如身份证、收入证明、房屋买卖合同、担保书等规定必须提交的合法证明文件,银行经过审查合格,向购房者承诺发放贷款,并根据购房者提供的房屋买卖合同和银行与购房者订立的抵押贷款合同,办理房地产抵押登记和公证,银行在合同规定的期限内把所贷出的资金直接划入售房单位在该行的账户。非房贷业务主要为个人助业贷款业务,即向从事合法生产经营活动的自然人,包括个体工商户经营者、个人独资企业投资人、合伙企业合伙人、小企业主等发放贷款,帮助其开展生产经营。

中间业务分为理财业务、代理业务、汇兑业务等,该类业务通过提供产品服务赚取手续费。商业银行个人中间业务品种较多,有理财产品、国债、贵金属、基金、汇兑服务等。

个人业务的特点是客户数量多,服务难度大,业务风险较小,收入较为可观。如苏州Y商业银行个人客户数以百万计,受员工数量限制,面向全部客户提供优质服务的难度较大。而客户数量的分散也带来业务的分散,单笔业务平均金额较小,涉及风险较小,汇总后收益相当可观。

2. 个人业务相关理论

(1) 资本资产定价模型

资本资产定价模型(Capital Asset Pricing Model,简称CAPM)是由美国学者夏普(William Sharpe)、林特尔(John Lintner)、特里诺(Jack Treynor)和莫辛(Jan Mossin)等人在资产组合理论的基础上建立的,是现代金融市场价格理论的支柱,广泛应用于投资决策和公司理财领域。在为客户提供个人业务时,通过资本资产定价模型来评估产品的风险和收益情况,以决定是否适合向相应风险承受能力的客户推荐。

(2) 家庭财务生命周期理论

按照家庭财务生命周期的划分,将个人工作有收入时作为家庭财务生命周期的起点。

按照家庭生命周期的理论,对于一般人来说,其财务生命周期中必须经过单身期、家庭形成期、家庭成长期、家庭成熟期、家庭衰老期五个阶段。

单身期:指从参加工作到结婚时期,一般为1~5年。这一时期的青年人几乎没有经济负担,收入较低,承担风险的能力较强。

家庭形成期:指从结婚到新生儿诞生时期,一般为1~5年。这一时期是家庭的主要消费期,经济收入增加且生活稳定,家庭已经有一定的财力和基本生活用品。为提高生活质量往往需要较大的家庭建设支出,如购买一些较高档的用品。贷款买房的家庭还须承担一笔比较大的开支,即房贷月供款。

家庭成长期:指从子女出生到上大学时期,一般为 18~25 年。在这一阶段里,家庭成员不再增加,家庭成员的年龄都在增长,家庭的最大开支是生活费用、医疗保健费用、教育费用,财务上的负担通常比较繁重。同时,子女的自理能力增强,父母精力充沛,又积累了一定的工作经验和投资经验,投资能力大大增强。

家庭成熟期:指子女参加工作到家长退休时期,一般为 15 年左右。在这一阶段里,家长的工作能力、工作经验、经济状况都达到高峰状态,子女已完全自立,债务已逐渐减轻,理财的重点是扩大投资。

家庭衰老期:指退休以后的时期。这一时期家庭生活的主要内容是安度晚年,投资的花费通常比较保守。

在为客户提供产品服务时,要充分考虑客户的家庭财务生命周期所处的阶段。

3. 市场营销理论

(1) 营销的 4P 理论

4P 理论为一种营销理论,即 Product,Price,Place,Promotion,取其开头字母即为 4P。其中文意思为产品、价格、渠道、促销。杰瑞·麦卡锡(Jerry McCarthy)教授在其《营销学》(《Marketing》,第一版出版于 1960 年左右)一书中最早提出了这个理论。

(2) 市场营销 4C 理论

4C 营销理论(The Marketing Theory of 4Cs)是由美国营销专家劳特朋教授在 1990 年提出的。与传统营销的 4P 相对应的 4C 理论以消费者需求为导向,重新设定了市场营销组合的四个基本要素,即消费者(Customer)、成本(Cost)、便利(Convenience)和沟通(Communication)。它强调企业首先应该把追求顾客满意放在第一位,其次是努力降低顾客的购买成本,然后要充分注意到顾客购买过程中的便利性,而不是从企业的角度来决定销售渠道策略,最后还应以消费者为中心实施有效的营销沟通。

(3) 市场细分理论

市场细分是市场营销学中一个非常重要的概念,市场上主流商业管理教育等均对市场细分这一概念给予了不同程度的关注。市场细分的概念是美国市场学家温德尔·史密斯(Wendell Smith)于 1956 年提出来的。市场细分理论按照消费者欲望与需求把因规模过大导致企业难以服务的总体市场划分成若干具有共同特征的子市场,处于同一细分市场的消费群被称为目标消费群,相对于大众市场而言这些目标子市场的消费群就是分众。市场细分理论是第二次世界大战结束后,在美国众多产品市场由卖方市场转化为买方市场这一新的市场形式下企业营销思想和营销战略的新发展,更是企业贯彻以消费者为中心的现代市场营销观念的必然产物。

细分营销要素:一是对目标客户进行细分。市场营销对象细分化,找准不同客户群体的市场需求定位。二是对目标产品进行细分。市场营销客体细分化,找准产品的特征,产品适合的客户群体。三是对市场渠道进行细分,找到合适的市场营销媒介、通道,将合适的产品通过合适的渠道销售。四是对市场营销者进行细分。市场营销者自身的资源优势、能力细分化,选择合适的市场营销者开展市场营销工作。

4. 匹配稳定理论

匹配稳定理论主要解决合理配对问题,即尽可能恰当地匹配不同的市场主体。比如,学生须与学校相匹配,不同的客户和不同产品相匹配。怎样才能使匹配尽可能有效地完成?劳埃德·S.沙普利(Lloyd S. Shapley)使用合作博弈的方法来研究和比对不同的匹配方法。关键问题在于保证一个配对是稳定的,所谓稳定,指的是两个主体都无法找到比当前匹配的主体更佳的匹配对象。沙普利和他的同事找到了GS算法(Gale-Shapley Algorithm),这种方法能确保匹配是稳定的。阿尔文·E.罗斯(Alvin E. Roth)意识到沙普利的理论计算结果可以让实践中重要市场的运作方式变得更清晰。在一系列的经验性研究中,罗斯和他的同事证明了特定市场机制成功的关键是稳定性。罗斯后来成功地通过系统性的实验室实验支持了这个结论,他还帮助重新设计了现有的制度,帮助医生和医院、学生和学校、器官捐赠者和患者之间进行配对。可以通过匹配稳定理论来指导市场营销中市场要素之间的有效匹配。

三、苏州Y商业银行个人业务现状及存在问题

苏州Y商业银行通过向面广量大的个人客户提供金融产品和服务,在合规经营的前提下,获得合法收入。个人业务的特点是客户人数众多,产品种类复杂,渠道新旧不一,员工素质参差不齐。通过调研,苏州Y商业银行目前个人业务营销工作中存在着较多的问题,具体从渠道、客户、产品、员工四个营销要素论述如下。

(一) 苏州 Y 商业银行个人业务发展现状

苏州 Y 商业银行个人业务市场份额存量在苏州地区位居第一,个人客户数量众多,拥有约 500 万名个人客户,约 50 万名个人贵宾客户,约 1 500 名私人银行客户。苏州 Y 商业银行产品线较全,存款、理财、贷款、汇款等业务齐全。该行拥有约 5 000 名员工,约 300 个营业网点。

1. 苏州 Y 商业银行客户现状

4C 营销理论中,客户即为顾客(Customer),企业必须首先了解和研究顾客,根据顾客的需求来提供产品;同时,企业提供的不仅仅是产品和服务,更重要的是由此产生的客户价值(Customer Value)。随着经济的发展,中国家庭和个人的财富在迅速积累。个人客户已经成为商业银行举足轻重的客户资源。波士顿咨询公司(BCG)发布的《2014 年全球财富报告》指出,2013 年,中国私人财富仅次于美国。2013 年,全球私人财富增长 14.6%,总额达到 152 万亿美元,增幅高于 2012 年的 8.7%。亚太地区(不包括日本)私人财富增长为 31%,达 37 万亿美元,这与中国富人的贡献密不可分。招商银行和全球领先的管理咨询公司贝恩公司联合发布的《2015 中国私人财富报告》中指出,2015 年中国个人可投资资产 1 千万元人民币以上的高净值人群规模已超过 100 万人,全国个人总体持有的可投资资产规模达到 112 万亿元人民币。

苏州 Y 商业银行客户数量巨大,截至 2013 年年末已拥有超过 50 万户的个人高价值客户,银行卡发卡量超过了 1 300 万张。广大的客户为苏州 Y 商业银行提供了大量的存款、贷款、汇兑、理财等业务,为苏州 Y 商业银行创造了大量的利润。但是随着客户结构的变化、客户需求的多样化,苏州 Y 商业银行在人力资源、技术手段、服务理念及方式等方面的短板因素逐渐显露,苏州 Y 商业银行在服务营销能力的持续提升上遇到了瓶颈。银行对广大个人高价值客户分群不细、服务差异化不明显,高端客户未得到有效维护,广大大众客户又没有系统性的开发,客户体验变差。苏州的银行多达 50 家以上,如果银行不能维护好客户,则会面临同业争夺客户的竞争威胁。

2. 苏州 Y 商业银行渠道现状

商业银行是提供金融产品和服务的营利性机构,产品和服务的提供需要借助各种渠道实现。在 4P 营销理论中,渠道(Place)的产生是因企业并不直接面对消费者,而是注重经销商的培育和销售网络的建立,企业与消费者的联系是通过分销商渠道来进行的。个人业务作为面广量大的一类业务,更是要依赖渠道,很大程度上说,渠道的多少、便利程度、完善程度以及运营的效率,体现了商业银行的市场竞争力。有人甚至提出"渠道为王"的观点,从某些角度看,也不为过,没有渠道,就无法营销。

苏州 Y 商业银行通过多年发展,构建了以营业网点为主体,其他自动化设备为配套的线上线下渠道。苏州 Y 商业银行共有网点近 300 个,平均每个网点配备员工 10 名左右;同时,苏州 Y 商业银行投放了大量的自助取款机、存取款一体机、自助缴费机、远程签约机;另外,网上银行、手机银行、电话银行使用数量也得到了大幅提升。表 3.1 为银行渠道一览表。

表 3.1　银行渠道一览表

银行渠道	渠道名称
传统渠道	高柜柜台
	低柜柜台
	自助银行
	理财中心
电子渠道	手机银行
	网上银行
	电话银行
	微信银行

资料来源:苏州 Y 商业银行渠道现状。

3. 苏州 Y 商业银行产品现状

在 4P 营销理论中,产品(Product)要素要求经营者注重开发的功能,要求产品有独特的卖点,把产品的功能诉求放在第一位。而个人金融产品是联结银行和客户的纽带,也是银行客户开发与管理的工具。因此,应特别重视对银行产品的管理。银行只有不断进行产品创新,才可能满足客户不断变化的需求并维持银行稳健发展。银行开发产品应坚持营利性、安全性和流动性相结合的原则。一般而言,营利性较好的产品其风险性也较高,这样的产品流动性较差、安全性较低;有较好的流动性、安全性的产品往往营利性较差。所以,银行须提供差异化产品以满足不同风险和收益偏好的客户的需求。另外,产品的价格(Price)也是 4P 营销理论的要素,应根据不同的市场定位,制定不同的价格策略。银行产品的价格具体体现为金融产品的收益率和利率等回报率形式,随着个人金融产品的逐步开放,个人储蓄、理财产品、个贷产品的回报率开始参差不齐,如何制定一个合理的回报率,也是个人业务营销策略中需要研究的重点。

苏州 Y 商业银行作为大型商业银行,个人业务产品丰富齐全,囊括储蓄、个人贷款、个人中间业务等多种产品。在市场竞争下,产品日益复杂,储蓄产品逐步被各类理财产品取代,且理财产品竞争激烈,收益率逐步提升,大大增加了商业银行的经营成本。个贷产品也从简单的房贷,发展到气球贷、置换贷、接力贷等多种贷款产品。中间业务更是新品不断,从传统的汇兑业务,发展到代理基金、实物贵金属等代理业务,业务品种多而全。

4. 苏州 Y 商业银行员工现状

在产品同质化的竞争形势下,商业银行存在产品竞争,优质的服务通常成为竞争的手段。谁的服务好,谁就能更适应顾客的需求。在日趋激烈的市场竞争中,商业银行对员工的综合素质提出了越来越高的要求,要求员工金融知识丰富、产品熟悉度高、服务技能高、服务态度好。优秀的员工成为个人业务营销中一个关键的要素。4C 理论中,Communication(沟通)取代 4P 理论中对应的 Promotion(促销)。4C 营销理论认为,企业应通过与顾客进行积极有效的双向沟通,建立基于共同利益的新型企业与顾客关系。不再是企业单向地促销和劝导顾客,而是在双方的沟通中找到能同时实现各自目标的途径。而有效沟通必须由优秀、专业的员工来实现。

苏州 Y 商业银行拥有 5 000 余名员工,分别处于管理岗、营销岗和操作岗等岗位。在对员工的日常考核中采用平衡计分卡考核模式,各个层级之间采取分层考核模式。在多年对年轻人才的培训下,苏州 Y 商业银行的员工队伍呈现高学历和年轻化,但仍存在不少问题。

(二)苏州 Y 商业银行个人业务存在的问题

1. 苏州 Y 商业银行客户分类较粗

(1)客户分类维度单一,无法精准营销客户

苏州 Y 商业银行个人客户有数百万名,而银行仅从个人客户的金融资产存量这个角度对个人客户进行了的分类。表 3.2 为个人客户按金融资金分类表。

表 3.2 个人客户按金融资产分类表

年日均金融资产	客户所属类型
5 000 元(含)以上,1 万元(不含)以下	有效客户
1 万元(含)以上,10 万元(不含)以下	潜力客户
10 万元(含)以上,100 万元(不含)以下	金卡客户

续表

年日均金融资产	客户所属类型
100万元(含)以上,500万元(不含)以下	白金卡客户
500万元(含)以上	钻石卡客户
600万元(含)以上	私人银行客户

资料来源:《苏州Y商业银行个人贵宾客户管理办法》。

但仅通过客户的金融资产对客户分类无法有效识别客户,为客户提供良好的金融服务,无法做到对特定客户群实施有针对性的特色产品营销。如银行为客户提供一个经济形势分析讲座活动作为客户增值服务,在进行客户邀约后,往往发现客户来的不多。所以,在客户细分这一工作上需要进一步提升,可通过不同的方式对客户进行细分,如通过客户的兴趣爱好进行细分,建立投资爱好者客户群、高尔夫爱好者客户群、旅游摄影爱好者客户群、美容养生爱好者客户群等;通过客户职业进行细分,建立企业主客户群、企业高管客户群等。有了详细的客户细分,才能有针对性地进行客户营销。

(2)客户营销策略和措施针对性不强

虽然苏州Y商业银行已按照金融资产对客户进行细分,但其后对这些客户所采取的营销策略和措施针对性不强。如苏州Y商业银行的钻石卡客户、白金卡客户、金卡客户在银行贵宾室同样需要排队等候,有时贵宾室内排队人数比大堂排队人数还多;金卡客户、白金卡客户、钻石卡客户购买金融产品时,享受的收益率几乎一致;另外,各种客户在购买贵金属、基金等产品时,手续费优惠也无明显差别。由于未能为不同等级客户提供差异化金融服务,客户体验较差。

(3)客户风险分类流于形式,容易引起纠纷

苏州Y商业银行在产品销售过程中,将客户风险承受能力分为保守型、谨慎型、稳健型、进取型和激进型五个类型。风险问卷从客户的客观风险承受能力和主观风险偏好两个角度来对客户的风险承受能力进行测评,包括客户的存量资金、流量资金、学历、投资经历、对本金损失等风险事件的认识等。通过风险测评将客户分为五个风险等级,在形式上较为清晰地从风险承受能力对客户进行了细分。但是在实际操作过程中,客户和银行工作人员对该项工作执行不认真,风险测评流于形式,为了多销售理财产品,将客户可承受风险等级往产品销售要求的风险等级靠,导致客户按风险细分结果不真实,风险分类不能真实反映客户的风险承受能力。最近几年出现了较多的客户理

财产品亏损事件,客户表示强烈不满,联合起来在银行门口进行维权活动,其主要原因是银行在进行产品销售时,对客户的风险承受能力测评流于形式,并没有真正评估出客户的风险承受力,将较高风险的产品销售给了风险承受能力较弱的客户,产生了产品和客户不匹配的现象,导致了银行的声誉受损。

2. 苏州Y商业银行渠道使用与客户不匹配

（1）网点渠道容量与个人高端客户需求不匹配

从来苏州Y商业银行营业网点办理业务的个人客户中,随机邀请3 000名个人客户参加问卷调查,其中接受调查的个人客户为2 689名,最后整理出填写完整、较为有效的问卷2 350份,统计其在网点办理业务的感受,具体如表3.3所示。

表3.3 2 350份客户满意度调查问卷统计结果

选项(可多选)	小计(人数)	选项占比
办理业务迅速快捷,安全性高	282	12%
员工服务态度好,办理业务时充分告知业务产品风险	1 598	68%
员工服务态度不尽如人意,有待改善	188	8%
营业网点少,存取款不方便	893	38%
人多排队长,服务窗口少	2 185	92.98%
有效问卷份数	2 350	

资料来源:苏州Y商业银行某网点随机问卷调查结果。

从苏州Y商业银行个人客户调查来看,认为办理业务迅速快捷,安全性高的占12%;认为员工服务态度好,办理业务时充分告知业务产品风险的占68%;认为员工服务态度不尽如人意,有待改善的占8%;认为营业网点少,存取款不方便的占38%;认为人多排队长,服务窗口少的占92.98%。问卷结果表明个人客户非常在意网点的业务办理效率,个人客户普遍认为在网点渠道办理业务效率低,等待时间长,并且营业网点少,办理业务不方便。

苏州Y商业银行渠道中,网点数近300个,在苏州地区是网点最多的一家商业银行。由于网点众多,客户在办理存取款、汇兑结算、申请贷款等业务方面均非常方便,个人和企业客户很多选择苏州Y商业银行作为其开户行。网点渠道虽然能提供多功能的营销服务,但银行营业成本非常高。一个普通网点涉及的成本有房租、人工费、水电费、物业费等,平均一年成本在200万元左右。由于网点渠道成本高昂,商业银行不能无节制地增加营业网点。

一个营业网点一天的业务量中,简单业务如存款、取款等占了较大的比重,而理财、贷款等复杂业务占比较小。随机抽取苏州Y商业银行某营业网点一天的业务量,对其业务比重进行统计,结果如表3.4所示。

表3.4　苏州Y商业银行某支行某日业务分类与占比

业务种类	业务笔数	占比
存取款业务	227	57.04%
挂失等业务	8	2.01%
理财业务	67	16.83%
汇款业务	84	21.11%
贷款业务	4	1.01%
其他如咨询业务	8	2.01%
合计	398	100.00%

资料来源:苏州Y商业银行某支行某日业务随机抽样调查的统计结果。

从表3.4中可以看出,网点渠道繁忙,无法快速满足所有个人客户的业务需求,其业务比重中,占比最大的仍是存取款、汇款等简单业务,而理财、贷款等复杂业务占比较小。

对苏州Y商业银行贵宾客户的问卷调查(有效问卷为100份)反映了贵宾客户对银行不满意的方面,具体如表3.5所示。

表3.5　苏州Y商业银行贵宾客户不满意度调查

对银行服务不满意的方面(可多选)	选择人数	占比
网点拥挤、业务办理慢	47	47%
收费过高	38	38%
服务态度差	5	5%
增值服务少	23	23%
贷款门槛高	56	56%
不太清楚	19	19%

资料来源:苏州Y商业银行贵宾客户满意度调查统计结果。

从以上调查可见,个人客户对网点渠道的不满集中在办理速度上。从网点办理业务的占比看,网点办理了大量简单业务,导致贵宾客户对于网点渠道处理业务的效率非常不满。

(2)网点细分不足,网点资源与地域客源不匹配

苏州Y商业银行拥有近200个全功能物理网点渠道,但物理渠道成本高

昂,在实际运行中,随着环境的变化,网点渠道和客户资源逐步不匹配,较多网点出现客户流量较少、网点员工工作不饱和、业务量无法覆盖成本的现象。

苏州 Y 商业银行的部分地区网点过密,与客户资源不匹配的问题突出。如表3.6所示,苏州 Y 商业银行的太仓支行和姑苏支行网点平均服务有效个人客户仅为5 301人和5 623人,而昆山支行和园区支行网点平均服务有效个人客户却为11 438人和11 393人,相差一倍以上。在绘制部分地区个人金融生态图时,经常发现三千米内存在重复的本银行其他网点。这种布局容易造成内部竞争。个人客户资源丰富的网点,客户大量排队,仅仅能完成客户的金融交易,无法进行有效营销;空闲网点业务量不足,存在营销渠道浪费的现象,因此,网点资源投入与客户资源的匹配有待进一步完善。

表3.6 网点渠道数与有效个人客户数的比较

支行名称	网点渠道数	有效个人客户数	网点平均有效客户数
常熟支行	26	321 232	12 355
张家港支行	20	253 953	12 697
昆山支行	19	320 271	16 856
太仓支行	15	116 625	7 775
吴江支行	17	187 258	11 015
吴中支行	13	181 419	13 955
姑苏支行	12	101 220	8 435
新区支行	7	90 098	12 871
园区支行	7	113 931	16 275
相城支行	9	112 053	12 450

资料来源:苏州 Y 商业银行2014年客户统计数据。

(3)电子渠道使用率低,未能有效匹配广大客户需求

苏州 Y 商业银行电子渠道得到大力发展,电子渠道业务交易量占总业务量的60%以上。

电子渠道的发展大大缓解了网点柜台渠道的压力,但是电子渠道存在大量的无效产品,如表3.7所示。对于较大容量的电子渠道,需要培训客户,使客户掌握电子渠道(如网上银行、手机银行)的使用方法,提高电子渠道的有效性,从而与广大普通客户的金融交易需求有效匹配。

表 3.7　苏州 Y 商业银行使用电子渠道客户数统计

电子渠道名字	注册签约客户数	实际使用客户数	有效使用率(实际使用客户数/注册签约客户数)
网上银行	201.3 万	58.6 万	29.1%
手机银行	216.7 万	22.5 万	10.4%
微信银行	5.5 万	0.32 万	5.8%

资料来源:苏州 Y 商业银行 2014 年电子银行客户统计表。

3. 苏州 Y 商业银行产品与客户不匹配

(1) 产品细分不足,无法细致匹配客户需求

苏州 Y 商业银行针对个人客户,开发了较多的产品,具体如表 3.8 所示。

表 3.8　苏州 Y 商业银行个人客户产品简介表

产品名称	产品简介	满足客户需求	产品优势	产品不足
"稳赢"系列理财产品	产品期限分为活期、一个月、两个月、三个月、半年、一年,产品收益为 2.45% ~ 5.5%	满足客户资金理财需求	收益率相对较高	定期产品无法提前支取,流动性较差
"支付通"系列支付产品	通过支付通汇款,手续费低,到账速度快	满足客户支付结算需求	到账速度快	相比支付宝,仍有一定手续费,不能全面覆盖水、电、煤气、苏州通等代理业务
"个贷优"系列个人贷款产品	为个人客户提供住房按揭、购车贷款、综合消费贷款、小企业流动资金贷款	满足客户住房、购车等消费及小企业经营资金需求	利率相对优惠	申请手续较为烦琐

资料来源:苏州 Y 商业银行网站产品介绍页面。

从表 3.8 可见,该银行产品开发仍显不足,需要进一步细分,满足客户更多的细分需求。人们走进一家银行,成为该银行的客户,必然对银行有相应的金融需求。需要仔细分析个人客户的金融需求,从客户资金的"收入、支出、结余、不足"四个角度考虑,为客户提供满足其细分需求的产品。一是满足客户收入资金需求的产品。如普通客户的代发工资自动入账产品、限售股解禁理财产品、转账电话自动收款产品等收入类产品,为个人客户提供便利优惠的资金收入一揽子细分产品,方便客户资金入账。二是满足客户支付资金需求的产品。网络支付方便快捷,如"支付宝"有较为完善的支付功能,能

满足客户手机话费支付、水电煤气费支付、网络购物支付等各种支付需求,而苏州 Y 商业银行还没有为个人客户打造满足其支付细分需求的个人支付体系,如客户无法通过苏州 Y 商业银行来向苏州地铁卡充值、部分区域无法代缴水费等。另外,随着网络支付的广泛使用,网上购票、网上购物等支付方式占据了个人客户支付中的较大比重,需要对个人客户网络支付渠道进行研究,为客户提供网上互联的支付体系,通过完善便捷的支付产品体系满足个人客户的支付需求。三是满足个人客户资金结余理财需求的产品。Y 商业银行尚未根据客户的风险承受能力,为客户提供量身定制的理财产品,理财产品细分不足;为客户资产保值增值提供理财规划方案的能力不足;理财产品的推出不能完全匹配客户的理财需求。四是满足个人客户资金不足需求的产品。个人客户总有各种资金使用需求,而针对这些客户需求的产品尚少,而且申请手续复杂。需要开发网上便捷贷款,方便个人客户获取银行临时周转资金,通过该类产品来满足资金不足的个人客户的需求。

(2)产品设计与客户理财需求不匹配

首先,产品创新速度与客户理财需求不匹配。如今金融产品创新日新月异,苏州 Y 商业银行是一家大型商业银行的分行,虽然自身具备产品创新的授权,但每个产品的创新都要通过上级行的审批,效率较低。结果是其他行推出了许多高收益的新产品,苏州 Y 商业银行却无法及时跟进,失去了很多的商机。另外,苏州 Y 商业银行产品创新的边际效用较低,在竞争过程中,也有个别产品创新较快,但竞争对手很快进行模仿,推出类似的个人金融产品,导致苏州 Y 商业银行产品的优势逐步丧失。

其次,产品定价速度与客户理财需求不匹配。2012 年,政策允许利率浮动,面对中小银行迅速提出的利率一浮到顶的政策,苏州 Y 商业银行反应迟钝,决策迟缓。而中小股份制银行、农村商业银行大肆宣传个人存款利率一浮到顶,吸引了大量的个人客户。苏州 Y 商业银行流失了较多个人客户及资金。

最后,产品设计额度、风险等级、定价等与客户理财需求不匹配。收益率和风险度比较合适的产品,往往额度不够,难以满足广大个人客户的需求;而风险度类似、收益率较低的产品往往滞销。这说明产品风险收益设计、额度设计与个人客户实际的理财需求不匹配。表 3.9 为苏州 Y 商业银行 2014 年 10 月三款理财产品销售情况表。

表 3.9　苏州 Y 商业银行 2014 年 10 月三款理财产品销售情况表

产品名称	产品风险等级	产品预期收益率	产品额度	实际产品销售时间
稳赢 1 号	中低	4.80%	10 亿元	6 天
稳赢 2 号	中低	5.00%	6 亿元	2 天
稳赢 3 号	中低	5.20%	5 亿元	15 分钟

资料来源：苏州 Y 商业银行理财产品销售统计表。

（3）产品设计未针对细分客户群体

客户的年龄、职业、投资偏好不同，按其不同的金融需求可将客户分成不同的群体。苏州 Y 商业银行从市场竞争和自身研发能力出发推出一系列金融产品，往往不能有针对性地满足某一个客户群体的需求。在激烈的竞争形势下，必须将客户分得越来越细，针对各个细分客户群体推出相应的产品组合，才能满足客户群体的需求以占领市场。

4. 苏州 Y 商业银行营销员工与客户需求不匹配

（1）营销人员细分不足，考核机制细化不足

苏州 Y 商业银行针对营销人员采用"平衡计分卡"考核方法，各个上级行部门均通过计分考核来推动业务。营销人员精力有限，由于公司业务金额大、收益高，营销人员往往重视公司业务、轻视个人业务。另外，"平衡计分卡"考核方法仅考核到基层网点，仍未对每个前台营销人员进行业务量考核，前台营销人员的工资仍有平均分配的现象存在。

（2）营销人员销售任务与客户需求不匹配

对于销售什么产品，营销人员长期执行上级行的销售任务，任务指标与客户需求之间的矛盾较大。营销人员仍在从事推销工作，方案营销、个性化营销仍不到位。营销人员在营销服务、数据分析、业绩考核等方面缺乏有效系统支持，业务管理效率不高，跨业务和系统的客户信息挖掘及分析利用能力薄弱，业务处理效率依然较低。

（3）营销人员的业务素质与客户日益提高的理财需求不匹配

从事个人业务的员工需要有较高的素质、较强的营销理念和多方面的理财知识。苏州 Y 商业银行培训了约 600 名金融理财师、约 100 名国际金融理财师，这些资质培训对员工的个人学历及知识层次要求较高。但个人业务相对公司业务回报较低，大量理财师在从事个人业务后，由于表现良好而转岗至公司业务部门或提拔成领导，理财师大量流失。从事个人业务的营销人员整体业务技能和金融知识水平有所下降，无法满足个人客户对于银行理财师

的需求。

四、苏州 Y 商业银行个人业务营销策略探讨

通过分析苏州 Y 商业银行在客户、渠道、产品、员工细分及匹配等方面存在的诸多不足后,运用所学的知识并结合实际工作中的经验,从客户、渠道、产品、员工四个方面,提出苏州 Y 商业银行个人业务的营销策略。

(一) 细分客户,把握客户,匹配资源

创新客户服务手段,实施客户精细管理,首先应做到对客户的细分,通过不断细分客户群体,来把握各个客户群体的需求,匹配适合该客户群体的营销资源,如渠道、产品、员工等,实现对个人客户的有效维护。在客户管理上,从"粗放式"向"精细化"转变。粗放式管理已造成过度开发与管理空白并存的问题,优质客户和潜力客户的价值未能得到最大化发掘。在客户金融知识提升、市场竞争加剧的大趋势下,银行需要进一步细分客户,以差异化的精准服务来建立忠实客户细分群体。

(二) 针对客户群设计金融创新产品

分析存量个人客户已经购买的苏州 Y 商业银行的金融产品,来对个人客户进行客户细分。而分析客户金融产品,需要借助信息技术,利用大数据技术与互联网金融服务细分客户,挖掘客户需求。客户金融产品的分析将有效增强个人业务的发展活力。通过科技系统整合利用客户在苏州 Y 商业银行的全方位信息,把客户数据转化为有效的决策支持信息,提升客户经理的管户能力。利用大数据技术对客户在银行留下的"金融痕迹"进行深度挖掘,通过客户已经购买的金融产品准确识别客户风险偏好、产品持有、行为模式和人生阶段。围绕"猜你喜欢",依托系统智能,确定"客户需要购买的下一个产品",提高客户金融产品的交叉销售率。

(三) 从客户风险属性来细化客户群

为每一位客户做好风险测评。投资有风险,不同承受能力和风险偏好的客户,应选择不同的投资产品或投资组合。必须通过风险偏好测试,帮助个人客户更好地了解自己的风险偏好和风险承受能力。一般银行的风险测评问卷从四方面开展,一是客户的存量资金,一般客户拥有的存量资金越多,客户客观上能承受风险的能力越强,得分越高;二是客户的流量资金,客户单位

时间资金流入越大,客户赚钱能力越强,客户客观上能承受风险的能力越强,得分越高;三是客户的风险认知程度,通过问卷提问,获得客户对于本金亏损程度造成的心理波动幅度,来评判客户的主观风险认知能力,客户越能理性认识风险和收益的关系,得分越高;四是客户的受教育程度和知识水平,一般客户受教育程度越高、知识水平越好,主观风险承受能力越高。在充分认识客户的风险承受能力的基础上,根据风险偏好及承受能力对客户进行分类,一般将客户分为保守型客户、稳健型客户、进取型客户和激进型客户四种,对不同的客户进行风险等级评价,才能根据客户类型为其匹配相应风险等级的产品。为保守型客户提供国债、储蓄等低风险产品;为稳健型客户提供银行低风险理财产品、货币基金等;为进取型客户提供中等风险理财产品,如债券基金等;为激进型客户配置中高风险理财产品和股票型基金等。通过对客户进行风险承受能力的分类,可以最大限度地将合适的产品销售给适合的客户,最大限度地避免因客户产品出现本金或收益的波动而产生纠纷。

(四)以客户生命周期细化客户群

每个客户都处在不同的生命周期中,不同生命周期中的客户有着不同的客户价值、教育程度、财富来源、风险偏好、投资经验、财务目标、兴趣爱好等。通过细分个人客户的生命周期,可有的放矢地开展服务创新与产品创新,有针对性地为个人客户提供个性化、差异化服务,切实提高个人客户关系营销管理水平,有效提升客户的满意度、忠诚度与贡献度,从而获得持续、稳定增长的超额利润。

对于每一位客户来说,其财务生命周期中必须经过无巢期、筑巢期、满巢期、离巢期、空巢期五个阶段(表3.10)。

表3.10　个人生命周期财务特征表

财务生命周期	周期所处时间	该生命周期财务需求特点
无巢期	参加工作到结婚时期,一般为1~5年	这一时期的青年客户几乎没有经济负担,收入较低,承担风险的能力较强,消费观念紧跟潮流,注重娱乐产品和生活必需品的消费
筑巢期	从结婚到新生儿诞生时期,一般为1~5年	这一时期是客户主要消费期,经济收入增加且生活稳定,已经有一定的财力和基本生活用品;为提高生活质量往往需要较大的家庭建设支出,如购买一些较高档的用品;贷款买房的还要承担一笔比较大的开支,即房贷月供款

续表

财务生命周期	周期所处时间	该生命周期财务需求特点
满巢期	指从小孩出生到其上大学,一般为18~25年	这一时期的客户往往需要购买住房和大量的生活必需品,常常感到购买力不足,对新产品感兴趣,并且倾向于购买有广告的产品;客户的家庭成员不再增加,家庭成员的年龄都在增长,家庭的最大开支是生活费用、医疗保健费用、教育费用,财务上的负担通常比较繁重;子女的自理能力增强,父母精力充沛,又积累了一定的工作经验和投资经验,投资能力大大增强
离巢期	子女参加工作到家长退休这段时期,一般为15年左右	这一阶段里客户自身的工作能力、工作经验、经济状况都达到高峰状态,可能购买娱乐品和奢侈品,对新产品不感兴趣,也很少受到广告的影响;子女已完全自立,债务已逐渐减轻,理财的重点是扩大投资
空巢期	退休以后	这一时期的主要内容是安度晚年,客户收入大幅度减少,消费更趋谨慎,倾向于购买有益健康的产品;投资的花费通常比较保守

资料来源:相关参考资料。

在为客户提供产品服务及理财规划时,要充分考虑客户的家庭财务生命周期所处的阶段,参考表3.11为客户配置合适的产品。

表3.11 个人客户各个生命周期的产品配置建议表

周期	无巢期	筑巢期	满巢期	离巢期	空巢期
夫妻年龄	18~25岁	25~35岁	35~55岁	55~65岁	60岁以后
保险	人身意外险	随家庭成员增加提高寿险保额	以子女教育年金储备高等教育学费	以养老险或递延年金储备退休金	投保长期看护险 养老险转即期年金
信托	无	购屋置产信托	子女教育金信托	退休安养信托	遗产信托
核心资产	较少,以娱乐消费为主	股票70%	股票60%	股票50%	股票20%
		债券10%	债券30%	债券40%	债券60%
		货币20%	货币10%	货币10%	货币20%
信贷	信用卡	信用卡 小额信贷	房屋贷款 汽车贷款	还清贷款	无贷款

资料来源:相关参考资料。

(五)从其他角度细分客户

苏州Y商业银行按照客户资产量这一维度对客户进行分类,并且以此维度来分析客户,但采用该方法已很难有效识别客户的真实价值。比如,有10

万元存款的政府机关领导或企业高管,就很容易被归到普通大众客户之中。但这些客户的动员能力很强,口碑效应明显,服务好这些关键客户,既能带动大量个人高端客户,有时也能起到以私带公的效果。要按照财务状况、业务需求、职业背景、兴趣爱好、行为习惯等,对客户实施多维度细分,准确定位客户价值,并匹配相适应的产品与服务。尤其是要识别出资产量不大但影响力巨大的优质客户(如政府官员、公司高管等),给予其高水平的客户体验,以辐射和带动更多客户。另外,通过客户的兴趣爱好,组建不同的客户俱乐部,一方面可以为客户整合人脉资源;另一方面,也可以通过俱乐部形式进行有针对性的分群维护、分群营销。应细分客户理念、经历、偏好与兴趣差异,借鉴国内外知名银行的成功经验,结合国内外经济金融政策与客观经济金融环境变化,立足于国际国内两个市场,从满足客户多元化金融与非金融服务需求出发,挖掘客户的潜在金融服务需求,增强服务的前瞻性,为客户提供投资咨询、在离岸金融服务、资产配置、合理避税、流动性管理、辅导上市、财务管理、家族信托、第二代财富管理教育等高价值的高端客户个性化服务,分主题开展俱乐部式服务营销活动,为客户提供广袤的人脉资源服务,以增强银行客户的黏性与忠诚度。

(六)细分渠道,引导客户,分类营销

渠道在银行的营销活动中扮演着重要的角色,渠道是银行向客户提供产品和服务的载体,客户通过渠道体验银行的产品和服务。

1. 细分渠道类型,分类引导客户

苏州 Y 商业银行的渠道主要分为传统网点渠道和电子银行渠道。传统网点渠道中,为个人客户提供服务的有高柜柜台、低柜柜台、自助设备、理财中心、财富中心、私人银行等;电子银行渠道分为网上银行、电话银行、手机银行、微信银行等,如图 3.1 所示。

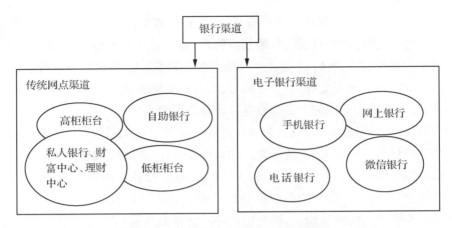

图 3.1　银行传统网点与电子渠道示意图

（资料来源：相关参考资料。）

对于面广量大的普通客户，主要通过推荐个人客户使用电子银行渠道来为客户提供服务。在银行网点开设网银体验区，网点大堂经理为每一位来网点办理业务的个人客户介绍网上银行，使客户了解网上银行功能齐全，能办理大多数理财、汇款、缴费等业务，安全方便，客户可在家、单位自助办理业务。另外，引导客户在自助设备进行存取款业务，使客户了解小额存取款在自助设备上办理更方便快捷。

对于贵宾客户，可以引导客户使用网点低柜、理财中心、财富中心和一些电子银行渠道。简单的理财业务，可以通过低柜处理，如购买中低风险的理财产品，办理银证第三方存管等。而相对复杂的中高风险的投资类产品，可以通过理财中心、财富中心办理。理财师在理财中心为客户介绍经济金融形势，了解客户的金融需求，解释各类产品的风险收益，为客户推荐相对复杂的适合客户自身需求的金融产品。

对于高端私人银行客户，可以介绍客户使用私人银行、自助设备、网上银行等渠道。私人银行作为服务高端私人银行客户的高端渠道，专门面向富有阶层，为其提供个人财产投资与管理，一般需要拥有至少 100 万美元以上的流动资产才可申请开设此渠道。私人银行服务的内容非常广泛，包括资产管理服务、保险服务、信托服务、税务咨询和规划、遗产咨询和规划、房地产咨询等。每位客户都有专门的财富管理团队，包括会计师、律师、理财和保险顾问等。一般来说，私人银行为客户配备一对一的财富顾问，每个财富顾问身后都有一个专家团队做服务支持；通过一个财富顾问，客户可以打理分布在货币市场、资本市场、保险市场、基金市场和房地产、大宗商品和私人股本等的各类金融资产。因此,必须细分银行的各类服务渠道,为不同类型的客户匹配相应的服务渠道(表3.12)。

表3.12 个人客户与渠道匹配表

客户类型	引导匹配渠道
大众客户	网上银行
	手机银行
	电话银行
	自助银行
贵宾客户	高柜柜台
	低柜柜台
	网上银行
	理财中心
	财富中心
私人银行客户	私人银行
	低柜柜台
	网上银行

资料来源:相关参考资料。

2. 细分网点功能,分层匹配客户需求

网点是苏州Y商业银行的主要渠道,客户大量通过银行网点来接受银行的产品和服务。但是,在收入增加、需求层次提升、互联网金融快速发展等多重影响下,个人业务买方市场格局初步形成,网点业务量及客户到访率开始明显下滑,客户"离柜化、去网点化"趋势日益显现,对以物理网点为基础渠道的银行产生重大冲击,物理网点细分转型已成为必然。

在苏州这样的经济发达城市,对传统物理网点亟须进行再次细分,并进行功能转型,以此来更好地匹配客户类型和客户需求。通过自助设备来匹配面广量大的个人客户的一般金融需求,通过网点低柜来满足个人客户的较为复杂的金融需求,通过理财中心、财富中心等满足客户复杂的金融需求。

(1)大力发展"机器人"柜员,通过"机器人"柜员匹配面广量大的个人客户的金融服务需求。

苏州Y商业银行须大量上线使用"超级柜台"。通过该自动设备,可以办理个人客户开卡、电子银行签约、账户挂失、密码重置、个人结售汇、理财签约购买等多项业务。同时,在"超级柜台"上交易,烦琐的签名、打印、回单、交易等涉及的工作量也会大大缩减。原来需要耗时20分钟才能办结的个人开卡联动五项签约业务,现在只需要4分钟左右即可完成。这种改变得益于

"超级柜台"新型运营服务模式。"超级柜台"将解决银行柜面业务流程填单多、签名多、流程烦琐等问题,有效缓解客户排队等候时间长的压力。"超级柜台"通过硬件设备的集成和软件系统的整合,在物理网点实现"客户自助+协同服务"的智能化服务新模式,可以快速处理绝大部分个人客户的非现金业务。大力发展使用"超级柜台"自助设备,可以大幅减少人力成本,成功实现网点轻型化,有效降低网点经营成本。

(2) 加快传统网点功能优化

对现有物理网点的岗位设置、人员配置、功能摆布、装修设计等重新优化,突出网点的营销服务职能,弱化纯操作性业务办理功能。强化大堂经理岗位职能,通过银行大堂经理主动引导、分流客户,并为客户提供金融服务、咨询指引和营销宣传。强化大堂经理服务是银行服务从结算操作型向服务营销型转变的标志之一。压缩现金高柜的面积,把一些非现金的业务转移到开放低柜区。在相应的功能分区时,把现金区设置在较为深入的位置。高柜的防弹玻璃从柜台延伸到天花板,员工与客户之间只有一个凹进台面的小窗口,不利于交流。随着个人业务的日益复杂,个人业务中的开户、查询、转账、挂失、理财等都可以在低柜办理。在国外商业银行,低柜营销是市场拓展的一个重要手段。低柜营销需要的设施都是营业网点现成的,无须专门配备,成本较低。低柜营销的客户均为上门客户,目标性强,效率较高。低柜员工可以随时开展面对面的营销,而且营销成功后,立刻就可以办理相应的业务并进行客户管理。

(3) 开展新型网点建设

为适应客户对金融服务需求的变化,探索新概念体验银行、社区金融便利店、理财中心、财富中心、私人银行等新型网点模式,为客户提供交互式的体验,把网点打造成线上线下服务的结合点,成为苏州Y商业银行客户体验、创新展示的线下平台。精品自助银行划分为自助服务区、半自助服务区和服务等候区三个功能区,配备业务引导员和保安各1名,负责精品自助银行的现场管理和安全保障工作。自助服务区布放常规自助银行设备,包括自助取款机、自助存款机和自助缴费机等,提供每周7天、全天24小时自助服务,主要为个人客户提供银行卡存取款、转账汇款、借记卡理财、第三方存管、代缴费、转账还款、贷款要素查询、贷款计划查询等业务。半自助服务区布放存折处理机和半自助设备,其中半自助设备包括远程签约机和存单处理机等。服务等候区配置触控处理台、触控互动式视频播放设备和远程视频交互设备,用于宣传银行产品、提供业务咨询等服务。精品自动银行主要提供的业务类型为借记卡转账汇款、集中理财签约、集中理财签约修改、客户风险评估等。通过精品自助银行的建设,大幅降低网点渠道的建设成本,而个人客户的服务体验在新技术的配合下,却不会下降太多。

理财中心、财富中心、私人银行则配备资质良好的理财师,为客户提供复杂的产品介绍、一揽子产品方案或个人金融服务方案,为高端客户提供相对个性化、高端的金融服务。

(4)用模型配置网点,匹配区域客户资源

在设计安排网点渠道时,可以使用密度模型解决在不同的市场中按照合适的密度设立营业网点的问题。在一定区域内,网点越多,人气也越旺盛,经营业绩也会越好。在网点布局时,也要考虑竞争对手的布局情况,进行充分的市场覆盖从而保证相应市场份额。苏州Y商业银行须通过调研及数据分析,在网点人口覆盖率及对应的市场份额曲线上寻求斜率最大的位置(网点投入最少,提升市场份额的效果最明显)设立营业网点。通过密度模型分析,苏州Y商业银行的网点能够比其他银行同业服务更多的客户,并吸收更多的存款。

在进行网点建设问题决策时,可使用投资模型研究。在开新网点、旧网点迁址和旧网点改造之间做出最佳选择,最终在控制成本的前提下提升客户数量和推进交叉销售。争取通过投资模型的应用,银行网点面积以及费用逐步呈现回落下降的趋势。表3.13为网点改建投资模型。

表3.13 网点改建投资模型

目的	获取更好的战略位置	优化网点布局	更新现有网点
做法	新开网点	旧网点迁址	旧网点改造
主要特征	(1)填补空缺 (2)必须处于最优地理位置 (3)面积在93~325平方米 (4)控制建造成本 (5)引入新技术 (6)3~4年内达到盈亏平衡	(1)迁到更好的地理位置 (2)减少网点面积 (3)合并网点,寻找新址 (4)继续增加网点外的ATM以完善服务网络	(1)重置或增加签名设备 (2)增加营业柜台 (3)更新业务系统

资料来源:苏州Y商业银行相关信息。

3. 重视网络渠道,匹配客户金融服务便捷化需求

互联网金融加速发展,居民交易加快向线上渠道迁移,网络金融、移动金融将逐步占据金融服务的重要甚至主导地位。融合互联网思维,在渠道策略上,从"赢在大堂"向"赢在网上"转变。规模庞大的物理网点是苏州Y商业银行的

传统竞争优势,但互联网等新兴电子渠道的兴起会在很大程度上削弱这种优势。苏州Y商业银行的情况表明,客户已离开"大堂"来到"网上",客户的金融行为很大程度上已脱离银行网点,但是离不开网络。苏州Y商业银行需要因势而变,从"赢在大堂"转向"赢在网上",避免客户从"离柜化"走向"脱行化"。

（1）改进网上银行的客户体验

改变网上银行以业务受理流程为导向的设计思路,真正从客户思维、客户体验、客户接受程度和个性化需求等多个角度再造网上银行的用户使用流程。进一步丰富和完善网上银行服务功能,满足客户的多样化需求,在保障安全性的前提下使客户享受到方便快捷的金融服务。将线上网银的服务与线下网点业务的受理流程相结合,减少柜台工作量,提高网点办理业务的速度。提高网银开通便捷度,方便客户使用。客户只要登录网银,即可自助开通个人网银功能,办理查询、定期及通知存款、理财产品、贵金属、基金、第三方存管、贷款等大部分银行业务。对于其他如转账、缴费、支付等涉及"资金转出"的业务,通过网盾证书、短信口令或至网点柜面也能方便开通相关业务权限。通过对客户使用网银的需求和操作习惯进行深入分析研究,精心设计简约时尚的操作界面、新颖直观的菜单布局,使各项服务一目了然,客户操作更加简便,让客户清楚地了解完成交易所需的各项步骤以及当前办理的进程。使用多重措施确保安全,在改善客户体验的同时,要进一步强化个人网上银行的安全建设。通过网盾证书、短信口令等安全措施加强客户信息管理,确保客户网上交易安全、放心。

（2）加快发展手机银行移动金融

手机银行是一个移动化的网上银行,手机银行的发展情况是决定苏州Y商业银行能否赢在网上的关键。移动互联网技术日新月异,智能移动终端层出不穷,用户需求快速变化,同业重视程度持续提高,面对如此复杂多变的环境,手机银行业务可能今天是出色的,明天就被同业赶超,失去竞争力。因此,要加大投入和研发,不断推出创新功能和特色应用。苏州Y商业银行手机银行已打造了网点排号、跨行账户管理、跨行资金归集、手机号转账、二维码收付、信用卡跨行自动还款、银联ATM查询、短信银行、预约取款等领先特色功能,以及通信费、水电费等200余项费用的缴费功能;提供了特惠商户、惠生活及火车票、飞机票、电影票购买等多种多样的生活娱乐服务;并且充分整合线上线下优质资源,加大跨行业合作,构建以我为主的移动金融生态圈,打造苏州Y商业银行的移动金融产品超市,使客户可随时随地享受苏州Y

商业银行的金融产品与增值服务,让越来越多的客户的移动终端变成银行的在线网点。

(3) 加大客户网络应用培训力度

重视对网络金融的投入,强化 IT 建设的资源保障。加大对广大客户进行网络金融应用培训的力度,通过网络金融为更多的个人客户提供金融服务。

(七) 细分产品,规划客户,精准营销

所有的客户维护都必须通过产品来实现,提供适合客户的产品或一揽子产品是维护客户的基本途径。

1. 从风险收益率来细分产品

苏州 Y 商业银行金融产品按风险高低,分别有实物贵金属、代理国债、银行存款、理财产品、代理开放式基金、代理贵金属交易等。虽然产品风险有低有高,能基本满足客户需求,但对客户的个性化需求、特殊需求往往缺少匹配的产品,客户不能获得一站式满足。图 3.2 为苏州 Y 商业银行金融产品按风险高低分布情况;表 3.14~表 3.16 分别为防御性资产、市场性资产、进攻性资产的特点及作用。

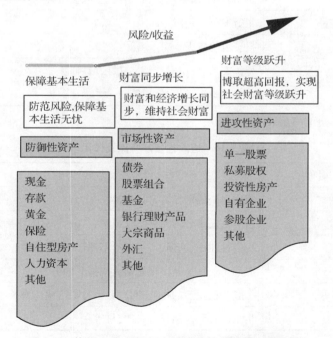

图 3.2　苏州 Y 商业银行金融产品按风险高低分布图

(资料来源:苏州 Y 商业银行金融产品信息。)

表 3.14 防御性资产特点及作用

资产名称	资产特点及作用
现金/存款	流动性好,应对家庭临时资金需求
黄金	非主权资产,国际通用,长期保值效果好
保险	覆盖人身、财产风险,提供风险保障
自住型性房产	满足自住需求,保值效果好
人力资本	专业人士,收入稳定
其他	国际性的资产配置,抵御系统性风险

资料来源:苏州 Y 商业银行相关信息。

表 3.15 市场性资产特点及作用

资产名称	资产特点及作用
债券	风险适中,收益较有保证
股票组合	分散非系统风险,分享经济
基金	货币基金、债券基金、股票基金,风险渐大
银行理财产品	银行发行的理财产品
大宗商品	投资风险较大
外汇	外汇交易、外币资产等,分散区域风险
其他	其他投资工具,如信托等

资料来源:苏州 Y 商业银行相关信息。

表 3.16 进攻性资产特点及作用

资产名称	资产特点及作用
单一股票	集中单一股票投资,风险较大
私募股权	投资未上市公司各项股权或基金,收益高,但不确定性较大
投资性房产	投资性住房、商铺、写字楼等不动产,风险较大
自有企业	兴建企业往往是实现财富大幅提升的渠道
参股企业	参股自己熟悉的行业和公司,也是财富快速增长的渠道之一
其他	衍生品、期货、期权、杠杆交易等

资料来源:苏州 Y 商业银行相关信息。

通过对防御性资产、市场性资产和进攻性资产进行梳理,根据各类产品的风险和收益高低,细分产品的风险收益等级。通过充分把握产品特征和作用,将不同的产品有针对性地配置给适合的个人客户。

2. 将各风险等级产品合理匹配相应的客户

不同的个人客户的风险承受能力各不相同,尽力将产品根据其风险等级细分,准确地匹配给相应风险承受能力的客户。在为客户推荐产品前,必须先为客户测试风险承受能力。风险承受能力测试一般通过问卷形式进行,问题包括客户的年龄、未来财务增长预期、拥有的净资产金额、准备投资理财产品的资金金额、客户以往的投资经历、希望通过投资达到的目的等。根据客户勾选的答案,计算每个答案的分数,相加即为客户得分,确定客户的得分区间,根据得分区间判断客户的风险承受能力。得分越高,风险承受能力越高。根据风险承受能力可将客户分为激进型、进取型、稳健型、谨慎型、保守型五种。

可将苏州 Y 商业银行自主管理的理财产品按风险等级从低到高分为低风险、中低风险、中等风险、中高风险和高风险产品五类。根据产品风险和投资者风险承受能力的不同,投资者适合购买的产品风险类型也不同,具体为向下兼容,如表 3.17 所示进行投资者风险承受能力和风险产品的匹配。

表 3.17　苏州 Y 商业银行自主管理的理财产品与投资者的匹配

产品风险情况 投资者 风险类型	低风险	中低风险	中等风险	中高风险	高风险
激进型	适合	适合	适合	适合	适合
进取型	适合	适合	适合	适合	不适合
稳健型	适合	适合	适合	不适合	不适合
谨慎型	适合	适合	不适合	不适合	不适合
保守型	适合	不适合	不适合	不适合	不适合

资料来源:苏州 Y 商业银行相关信息。

在对客户进行产品风险和承受能力匹配的过程中,可以对产品功能进行模块化、参数化管理,通过不同功能的选择性组合,推出精准匹配客户需求的产品组合。通过产品组合,可以适当降低组合产品的风险。这样做的好处在于,客户在获取多功能产品和综合服务中可感受到综合价值创造,从而避免简单地对客户进行单一的产品匹配,既能满足客户的风险承受能力需求,又能为客户提供产品组合的多产品功能。如某客户为稳健型客户,根据产品匹配表,仅能提供中等风险的产品,如纯债产品。但是,通过产品组合,如将银行保本理财产品和股票两个产品进行组合,可以在不增加产品组合风险的基础上,为客户有效增加产品的多样性,另因股票变现较快,可以增加产品组合的流动性。

3. 突出产品及产品组合对不同群体、不同生命周期客户的配置

随着个人客户资产的增加,其金融需求越来越复杂,银行提供的服务方案并不应是简单的银行金融产品的堆积。通过前期收集客户资料、客户家庭资料,了解客户的理财目标和期望,获得客户的初步理财背景。在此基础上,分析评价客户的财务状况、风险承受能力,进一步为客户的现金管理、负债管理、住房需求、教育需求、养老需求、投资需求、保险需求、税务筹划需求、退休规划需求、遗产规划需求进行综合理财规划,并跟踪客户的理财规划执行情况,在后续定期根据客户的财务变动状况为客户更新理财规划书。理财规划书一般分为以下几个部分:理财规划书开篇和保密申明、规划摘要、家庭情况概述、风险承受能力测评、家庭理财目标、家庭现状分析和诊断、理财基本假设、家庭规划建议、后记及定期维护提示。

在为客户提供产品组合时,也要考虑客户所属的客户群体,为客户提供适当的产品和服务。

如针对年轻一族的产品服务。年轻一族已逐步成为当今消费市场的主力军。作为互联网时代下成长起来的人群,他们对基于网络渠道的金融业务接受程度很高,对便捷金融服务和新兴金融产品的需求旺盛。年轻一族人群共同的金融需求主要包括以下两点:一是便捷多样的金融渠道服务。随着互联网的发展,网络电子商务成为年轻一族消费的主要渠道,他们需要在线上获得与线下同步的金融产品和服务。二是消费金融服务。年轻一族消费意识超前,在社交、旅游、时尚、培训等方面都有较大投入,希望得到银行在消费信贷上的支持。

此外,年轻一族中许多处在成家立业的年龄阶段,因此,他们的金融需求更为复杂,包括以下三点:一是大额信贷需求。年轻一族在置业、购车、创业等方面需要投入大量资金,他们对大额信贷需求较为旺盛。二是财富保值增值。年轻一族面临养儿育女的初期,为保障家庭运转和下一代成长,他们对家庭财富保值增值有较大需求。三是保险保障需求。年轻一族面临赡养老人、偿还房贷、照顾子女等多重压力,其中很多人开始关注如何选择合适的保险产品为子女建立更加稳定的经济环境。

针对上述对年轻一族消费群体的金融需求分析,苏州Y商业银行提供组

合服务,其中年轻一族客户零售金融服务组合包括借记卡、电子银行产品、信贷融资服务、投资理财服务、信用卡、分期业务、消费信贷产品、代理保险产品。

针对年轻一族客户提供的电子银行产品包括信息服务、个人网上银行和掌上银行。苏州Y商业银行掌上银行有浏览器版和客户端版,能够为客户提供账户管理、信息查询、转账汇款、缴费支付和投资理财等金融服务,满足客户足不出户办理银行业务的需求。

针对年轻一族客户在置业和创业方面的需求,苏州Y商业银行提供包括个人住房贷款、房抵贷和个人助业贷款在内的融资类产品。

针对客户投资理财方面的需求,根据客户风险承受能力不同,为其合理匹配苏州Y商业银行的自主理财产品、开放式基金、储蓄国债和贵金属等投资类产品,推荐其使用苏州Y商业银行第三方存管账户服务进行股票投资。苏州Y商业银行自主理财产品包括保本型理财产品、结构存款系列保本型理财产品、天天利滚利理财产品等。苏州Y商业银行开放式基金品种丰富,并提供基金组合和基金定投服务。

针对年轻一族消费需求,可以匹配信用卡产品,利用信用卡可办理消费分期和商户分期,分期购买金额较大的商品或服务。针对年轻一族客户匹配的信贷产品有随薪贷、家装贷和个人综合授信贷款等。针对年轻一族客户保险保障需求,匹配养老、儿童医疗、意外和教育类保险等。

除了年轻一族外,客户的群体还有很多类,如老龄客户群体、小企业主客户群体、工薪阶层客户群体、高净值客户群体等。应在细分客户群体后,为客户匹配相应的产品或产品组合,为客户提供量身定制的金融服务。

(八)细分员工,维护客户,长期营销

使银行员工从"自发营销"向"专业化服务"转变。囿于个人业务团队的专业性不强,很难做到从客户差异化需求出发,有针对性地提供理财规划和解决方案。网点人员营销的出发点往往是为完成当期的某项产品销售任务。目前,个人业务面对的客户群体日益分化,客户千差万别,"千人一面"的同质化服务模式,已经难以留住客户,这对银行人员的专业化技能提出了更高要求。个人业务已成为一项智力密集型业务,谁的专业化服务水平高,谁就更容易在竞争中胜出。

1. 从年龄、性别、综合能力及岗位等因素来细分员工

一项营销任务的完成需要多名员工全力合作。而每个员工自身具备的

素质均不相同,可通过员工属性细分员工。如从年龄来分,有年长员工、中年员工、青年员工;从性别来分,有男员工、女员工;从岗位来分,有管理岗位员工、专业技术岗位员工、操作岗位员工、风控岗位员工;从营销能力来分,有营销能力强的员工、营销能力一般的员工、营销能力差的员工。

通过客户细分、匹配合适的员工团队开展营销工作,将使得营销业绩事半功倍。表3.18为苏州Y商业银行按客户类别匹配营销员工团队与产品情况。

表3.18 苏州Y商业银行按客户类别匹配营销人员团队与产品情况

客户类别	匹配营销人员团队	匹配产品
女性老年知识型	年轻男性员工、个人客户经理	国债、理财产品、储蓄
男性年轻工薪族	女性员工、个人客户经理	网银、手机银行、信用卡、理财产品、房贷
女性年轻高净值	男性员工、产品经理、理财师、个人客户经理	手机银行、信用卡、理财产品
男性中年高净值	年轻女性员工、理财师、产品经理	三方存管、理财产品、网银、个人贷款
……	……	……

资料来源:苏州Y商业银行相关信息。

2. 员工薪酬晋升与营销考核业绩匹配

银行员工是公司最重要的生产要素,因为他们是对客户产生影响的最重要因素。"只有公司关心员工,员工才能关心客户",为此,需要采取一系列有效的培训、考核、激励等措施,切实提升员工的工作积极性。

加强个人业务团队的专业化能力建设。这种能力建设不是单纯的课堂培训,而是要跟实战紧密结合起来,通过跟班培训、员工轮岗、有实战经验的导师辅导等方式展开,提升团队成员细分客户、提供专业化服务的技能。

加强内部人才的培养。从国际知名跨国银行的培养实践看,出类拔萃的个人客户经理、理财师、私人银行家具有很强的服务意识和超常的人格魅力,自觉坚守职业道德,拥有丰富的经济、金融、投资、法律、管理等业务知识和为个人客户所"乐道"的从业经验。银行应按照"专业化、知识化、职业化"的原则,运用境内外强化培训、跨专业或跨行业跟班学习、案例教学等方式,实行个人业务从业人员全方位、多渠道、多形式、专门培养和管理,以增强个人业务服务的"软实力",使得员工的专业能力能够匹配工作岗位的需求。

采取内部选拔培养与外部引进相结合的方式,创新个人业务选人用人机制,打造一支业务全面、技能娴熟、经验丰富、竞争意识强、政策水平高、具有广袤的人脉资源和较强"悟性"的高素质、专业化营销服务支持保障队伍。图3.3为苏州Y商业银行内部选拔培养与外部引进相结合的用人机制示意图。

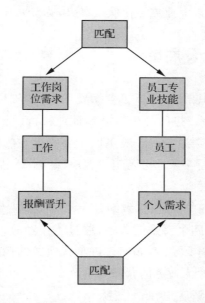

图3.3 苏州Y商业银行内部选拔培养与外部引进相结合的用人机制

(资料来源:苏州Y商业银行相关信息。)

另外,着重注意员工的薪酬晋升匹配的需求。对于推荐客户办理的产品业务,应真实统计到营销人员名下,以业绩来论英雄。通过定期追踪员工业绩,将业绩真实匹配到员工的薪酬和晋升上,鼓励员工发掘客户多元化的金融需求,向客户全方位营销苏州Y商业银行的各项金融产品。

3. 突出员工组合和团队合作的重要性(1+N)

个人业务,特别是高端个人业务,需要一个团队的综合营销维护。加强个人业务服务团队建设,最根本的目的在于提升银行个人业务发展的"软实力"。现阶段制约国内个人业务核心竞争力提升的瓶颈在于服务人才的缺乏和从业经验的不足。加强个人业务服务团队建设,已刻不容缓。为此,一是要科学制定个人业务服务团队配备标准。即要依据个人客户价值差异、管理资产规模及其服务客户经理规模等,明确制定各分支机构私人银行部、财富管理中心、理财中心、个人客户经理的岗位设置要求和从业人员素质要求、配备标准,为"四位一体"营销服务体系和"1+1+N"营销服务模式的落地实施提供必要的人力资源保障。

由于个人业务服务面广、内涵丰富且金融服务需求复杂多元,单靠银行内部的服务团队难以胜任,特别是向诸如古董鉴定、拍卖、慈善、艺术品收藏、健康养生等领域的高端个人客户提供必需的非金融领域的服务,更多地只能通过业务外包的方式,以专业化运作模式解决,着力提升私人银行服务能力。

五、研究结论及展望

本章通过所学知识,着重分析了营销要素中的客户、渠道、产品、员工四个要素的动态匹配关系,并且对在苏州Y商业银行(著者曾在此工作多年)个人业务营销中客户、渠道、产品、员工四个要素存在的问题进行深入分析。发现在苏州Y商业银行个人业务营销中客户、渠道、产品、员工四个要素细分不够,并且缺乏有效匹配。

本章通过分析存在的问题,细致细分在苏州Y商业银行个人业务营销中客户、渠道、产品、员工四个要素的关系,通过工作经验,利用动态匹配方法,试图有效匹配各个营销要素,对如何改进个人业务营销进行了探讨和研究,提出苏州Y商业银行个人业务的营销策略。

(1) 细分客户,了解客户,匹配资源

(2) 细分渠道,引导客户,分类营销

(3) 细分产品,规划客户,精准营销

(4) 细分员工,维护客户,长期营销

当然,本章营销要素的细分和匹配仍然是粗浅的,后续将继续研究分析,商业银行个人业务变化较快,利率市场化、互联网金融冲击将继续加强,只有不断提升个人业务的营销能力,银行才能在市场的大潮中站稳脚跟。

第四章
B 银行核心竞争力的 SWOT 分析

中小银行是我国金融体系的重要组成部分,其发展日益成为人们关注的热点。由于中小银行先天不足,加上激烈的行业竞争和严峻的外部挑战,如何提升中小银行的核心竞争力以谋求生存发展迫在眉睫。本章以 B 银行为研究对象,通过 SWOT 分析法,结合 B 银行的经营现状,得出 B 银行内部优势大于内部劣势,外部挑战大于外部机遇,处于 SWOT 分析中的 ST 区间,应采用差异化发展战略,通过科学定位、产品创新、转变业务发展模式、建立产品定价体系、提高风险管理水平、加快人才培养等途径,增强其核心竞争力。

一、引言

近年来,我国中小银行依托地方经济得到迅猛发展,在支持中小企业融资、服务三农以及推动国民经济建设等方面发挥着重要作用,使国内的金融体系愈加完善,但同时它也面临着严峻的挑战。一方面,国内经济下行压力大,宏观经济处于结构调整期,降息预期、利率市场化和金融脱媒等变化给商业银行带来严峻的转型压力,加上五大行、外资银行以及保险、证券、基金、信托等非银行金融机构的相互竞争,中心银行的经营愈发困难。另一方面,中小银行的服务对象多为中小企业,该群体的经营状况参差不齐,加之监管政策日趋严格,使得中小银行的信贷成本和风险大幅度增大。

核心竞争力理论认为,企业经营成功的关键在于培育发展其核心竞争力,它是一种优于竞争对手且难以复制模仿的可持续发展能力,如果没有核心竞争力,无论是企业还是银行都将被市场淘汰。银行不同于一般的企业,其产品和服务容易被模仿和替代,加上国内大部分商业银行经营业绩下滑,净利润增速放缓,因此中小银行要谋求生存发展、脱颖而出,提升其核心竞争力迫在眉睫。

本章以股份制银行中的 B 银行为研究对象,通过 SWOT 分析法,结合 B 银行的经营现状,为其制定出行之有效可增强核心竞争力的举措,以应对复杂的宏观环境和激烈的竞争。梳理现有研究文献发现,研究我国中小商业银行核心竞争力的文献和论著十分有限,研究我国中小商业银行核心竞争力问题的相关资料甚少,因此,研究我国中小商业银行核心竞争力问题具有一定的理论价值和现实意义。

二、B 银行简介

B 银行成立于 1997 年 4 月 10 日,是拥有独立法人资格的股份制商业银行。于 2007 年 7 月 19 日在我国中小企业板市场上市,成为国内首家在深圳证券交易所挂牌上市的城市商业银行。长期以来,B 银行以"门当户对,服务中小"为经营宗旨,以"区域市场协同发展"为发展策略,以"了解的市场,熟悉的客户"为准入原则,致力于管理创新和跨区域经营。截至 2015 年 9 月末,B 银行总资产达 6 585.05 亿元,吸收各项存款 3 593.06 亿元,发放各项贷款 2 418.01 亿元;2015 年前三季度实现净利润 53.21 亿元,同比增长 16.06%。通过实现第一个三年目标,初步形成了以长三角为主体,以珠三角、环渤海湾为两翼的"一体两翼"的发展格局①。截至 2015 年 9 月末,B 银行已设立 11 家分行,营业网点已达 273 家。为向客户提供多元化金融服务,2013 年 11 月 B 银行发起设立永赢基金管理有限公司,2015 年 5 月永赢金融租赁有限公司正式开业,综合化经营得到更进一步发展,服务客户的触点不断延伸,在 2015 年英国《银行家》杂志发布的"全球 1 000 强银行排行榜"中,B 银行位列全球 196 位,并多次获得"中国最佳城市商业银行"称号②。

三、B 银行 SWOT 分析

SWOT 分析法是由美国战略管理专家安索夫于 1956 年提出,后经多人完

---

① 资料来源:B 银行 2014 年年报。
② 资料来源:B 银行官网公布数据和 2015 年年报。

善发展而成的一个用于战略分析的实用方法。SWOT 中的 S 代表 strength(优势),W 代表 weakness(劣势),O 代表 opportunity(机会),T 代表 threat(挑战)。这种分析方法把企业自身的优势、劣势,以及在竞争中有可能抓住的机遇、有可能面临的威胁都集中列举出来,综合分析并确定企业自身的核心竞争力。这是一个常用的分析工具,分析过程比较直观,运用的基本要素也易于理解,使用这种工具就是要为发挥优势、克服或回避劣势,正确评价竞争对手,认识潜在困难提供多元素综合分析的科学支撑。

(一)内部优势

1. 区域优势明显

近年来 B 银行不断完善"以长三角为中心,以珠三角和环渤海为两翼"的机构建设布局规划,总行所在地是全国五大计划单列市之一,民营和外向型经济发达,人才聚集优势明显,市场化程度高。经过长期经营,B 银行与当地中小企业和居民建立了稳定的合作关系,熟悉其经营状况和资信水平,能有效防范风险。而政府作为其第一大股东,也能为其带来客户资源和优惠政策的支持。分支机构大多数位于长三角地区,这些地区优质中小企业集中,市场需求多元化,客户大多为中产阶级,有利于市场细分,支撑银行稳健可持续发展。

2. 资产结构优良,盈利来源多元化

为顺应利率市场化改革和日趋激烈的市场竞争,B 银行不断调整其资产结构,一方面稳步提升债券类投资资产(包括交易性金融资产、可供出售金融资产、持有至到期金融资产和应收款项类投资四类)占比,另一方面在稳定发展传统信贷业务的同时实现贷款类资产占比的逐步下调。截至 2015 年上半年,B 银行贷款类资产余额为 1 870.1 亿元,占比 34%,而债券类投资资产已达 2 476.13 亿元,占比 45.03%,债券类投资成为其最大的生息资产项目。图 4.1 为 2013—2015 年 B 银行资产结构。

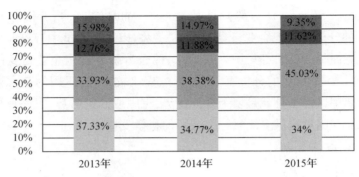

图 4.1　2013—2015 年 B 银行资产结构

[资料来源:B 银行年报(2015 年为半年报)。]

资产结构调整推动收入结构的优化,截至 2015 年上半年,B 银行实现营业收入 90.07 亿元,同比增长 23.49%。其中,利息净收入 75.98 亿元,同比增长 19.60%;一般贷款产生利息收入占比为 43%,债券投资类利息收入占比提升至 46.89%,如图 4.2 所示。非利息收入 14.09 亿元,同比增长 49.68%,其中手续费及佣金净收入 17.43 亿元,同比增长 41.42%,在营业收入中的占比由上年的 16.90% 提升 19.35%;中间业务收入快速增长,票据业务、投资银行、资产托管等业务成为重要的驱动因素,如表 4.1 所示。各大利润中心盈利分布更为合理,银行盈利占比逐步降低,金融市场业务贡献稳定,按收入占比算超过一半的业务已实现市场化运作,对冲了部分利率市场化的负面影响。

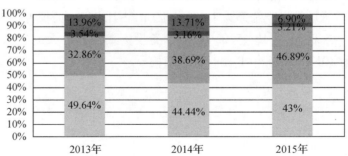

图 4.2　B 银行利息收入结构

[资料来源:B 银行年报(2015 年为半年报)。]

表 4.1　B 银行手续费及佣金收入构成　　　　　（单位：万元）

项目	2015 年 1—6 月	2014 年 1—6 月	增减额	增长率
结算类业务	10 462.3	8 527.4	1 934.9	22.69%
银行卡业务	95 537.2	60 868.8	34 668.4	56.96%
代理类业务	44 928.1	43 399.7	1 528.4	3.52%
担保类业务	13 436.2	6 560.8	6 875.4	104.80%
承诺类业务	3 294.3	3 128.3	166.0	5.31%
托管类业务	11 091.6	7 270.5	3 821.1	52.56%
咨询类业务	4 938.0	1 381.9	3 556.1	257.33%
其他	10 146.6	1 479.1	8 667.5	586.00%

资料来源：B 银行年报。

3. 市场定位合理，资产质量高

通过市场细分，B 银行以"大零售"作为发展重心，重点发展个人客户和中小企业客户。通过"白领通""贷易通""金算盘"和"金色池塘"等特色金融产品，打造出具有市场竞争力的零售业务产品体系。经过多年发展，"大零售"转型成效初显，截至 2015 年上半年，个人贷款总额为 912.91 亿元，占贷款和垫款总额的 39.40%；公司企业贷款总额为 1 303.48 亿元，占贷款和垫款总额的 56.26%。考虑其中中小微企业的业务占比，"大零售"条线贷款已成为重要信贷资产来源，"个人银行""零售公司"两条零售线合计盈利占比接近 20%[①]。横向比较，B 银行贷款结构与招商银行、民生银行等的"零售强行"类似，与其他同业差异明显，如图 4.3 所示。

---

① 资料来源：B 银行 2015 年年报。

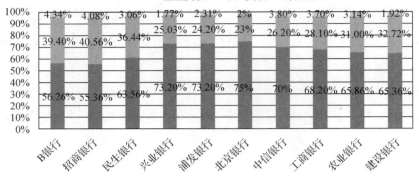

图4.3 2015年上半年上市银行贷款结构

(资料来源:各银行2015年半年度报告。)

截至2015年9月,B银行不良贷款率为0.88%,较年初下降0.01%,在16家上市银行中最低;贷款拨备率为2.53%,资产质量保持在较高水平;资本充足率为12.53%,核心一级资本充足率和一级资本充足率均为8.92%,远远高于行业平均水平,如表4.2所示。

表4.2 B银行相关指标一览表 (单位:%)

监管指标	监管标准	2015年9月	2014年	2013年
资本充足率	≥10	12.53	12.35	12.06
一级资本充足率	≥8.5	8.92	10.02	9.35
核心一级资本充足率	≥7.5	8.92	10.02	9.35
流动性比率	≥25	58.78	54.61	42.68
存贷款比率	≤75	58.81	64.12	61.97
不良贷款率	≤5	0.88	0.89	0.89
拨备覆盖率	≥150	299.26	285.17	254.88

资料来源:B银行财务报表。

4. 治理结构完善,决策机制灵活

B银行股权结构较为合理,各股东能充分行使各自的权力。公司股东大会、董事会、监事会、高级管理层的三会一层组织架构健全,各主体间职责边界清晰、运转协调。大股东新加坡华侨银行的支持,为其带来业务发展、风险管理、系统建设和人才培养等方面的国际经验。同时,B银行实行矩阵式管理与垂直集中式管理相结合的管理模式,能够充分发挥自身管理层次少、管理半径小的优势,在保证各项业务经营稳定的同时,对市场的新变化实现快速反应。

授信审批方面,B银行执行独立审批体系,从制度上保证贷审分离。通过新资本协议项目开发了零售内评系统,提高审批效率和审批的精确性。

5. 电子服务成熟,科技系统领先

B银行把提升科技竞争力放在重要位置,以业务驱动为着力点,持续深化应用系统建设。近年来企业网银和个人网银不断完善,移动银行完成了对主流操作系统的全覆盖,电子渠道建设迈进行业第一梯队;顺利上线直销银行、微信银行、企业网银5.0、个人网银5.0和移动银行3.0版本,在银行业经营模式转型过程中紧跟同业步伐;有序开展IT系统群建设,在完成新核心系统、新国结系统、新资金系统、信用风险管理系统的基础上,继续推进各项科技系统建设,逐步构建起面向业务、面向服务、面向客户的"三位一体"的应用系统体系,为银行长远发展提供坚实的科技支撑[①]。在2014年银监会对商业银行的信息科技监管评级中,位列同类银行第一名。

(二)内部劣势

1. 经营规模小,市场份额低

虽然B银行近几年规模不断扩大,2015年年末总资产已达7 164.65亿元,但与五大银行及其他股份制银行相比仍要小得多,如图4.4所示,这会导致其无法实现规模经济。同时,由于B银行网点少、区域经营具局限性以及在市场推广上不足,银行资产工作信用难以迅速建立,从而制约了银行业务的进一步拓展。

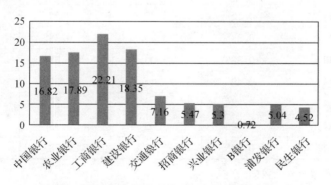

图4.4　2015年各银行资产比较(单位:百万元)

(资料来源:各银行2015年年报。)

---

① 资料来源:B银行2015年年报。

2. 资产定价能力不足

大银行经过长期的积累,已形成较为完善的产品估价定价体系,会依托其经营优势和资产负债情况来选择定价模型,而中小银行市场份额小、定价能力欠缺,在激烈的市场竞争中不得不依照大银行来调整自身定价,缺乏主动性,且该定价不适用于自身实际状况。如2015年3月,存款基准利率降至2.5%,存款利率的浮动区间上限调为1.3倍;5月,存款基准利率降至2.25%,存款利率的浮动区间扩至1.5倍。在两次降息中,B银行的活期利率都采取跟随策略,而为了争夺客户资源,一年定存则是"一浮到顶",如表4.3所示。

表4.3　2015年部分银行人民币存款利率对比表　　　　（单位:%）

银行名称	2015年3月		2015年5月	
	活期	一年定存	活期	一年定存
央行基准利率	0.35	2.50	0.35	2.25
工商银行	0.35	2.75	0.35	2.50
农业银行	0.35	2.75	0.35	2.50
中国银行	0.35	2.75	0.35	2.50
建设银行	0.35	2.90	0.35	2.50
交通银行	0.35	2.75	0.35	2.50
B银行	0.35	3.00	0.35	3.00
招商银行	0.35	2.75	0.35	2.50
浦发银行	0.385	3.00	0.385	2.75
兴业银行	0.385	3.00	0.385	2.75
广发银行	0.42	3.00	0.35	2.75
民生银行	0.385	3.00	0.385	2.75
光大银行	0.385	3.00	0.35	2.75
南京银行	0.455	3.25	0.385	3.15

资料来源:各银行官网数据。

3. 员工分配不合理,缺乏专业人才

五大行规模大、体系完善,而外资银行待遇优厚,中小银行较难享有第一手人才资源。在B银行的在岗员工中,大学本科以上学历占93.38%,大专学历占 6.01%,中专及以下学历占 0.61%①,可以发现其招聘来源单一且多为当地大学生,虽然综合素质水平较高,但是大学生的知识转化率低,实践能力较弱,在营销方面不占优势,且大学生的思维习惯不利于银行创新。专业构成上,B 银行公司条线和运营条线的人员比重过大,而零售条线和信息科技人员比重过少,如图 4.5 所示,不适应当前"大零售"的发展重心,运营条线人员冗余使得行政效率低下。

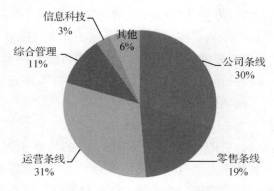

图 4.5 B 银行员工构成图

(资料来源:B 银行 2015 年年报。)

(三)外部机遇

政府职能的不断完善和财税体制改革的深化,带动了中国社会进步和经济转型,商业银行的发展空间越来越大;"一带一路"倡议的提出和自贸区开放等国家战略的实施,特别是人民币国际化程度的加深,推动银行国际业务跨越式发展;社会财富积累速度加快,居民消费心理和投资行为不断变化,为财富管理和消费金融等私人银行业务带来更多的机会;资产证券化和混业经营趋势的加深,推动银行向综合化经营发展,跨市场、多领域地发展资产管理业务;互联网和信息技术的飞速发展,在带动互联网金融的同时,也促使银行借鉴"互联网+"的理念,运用大数据挖掘客户,通过打造平台、直销银行等方式为客户提供更优质的服务。

(四)外部挑战

1. 经济环境

2016 年我国经济下行压力仍然存在,主要经济指标逐步回暖,整体运行

---

① 资料来源:B 银行 2015 年年报。

保持在合理区间,但产业结构持续优化、三大需求趋于平衡发展、各领域分化加剧等问题给银行业带来更大的挑战。一是经济结构面临持续调整。随着新技术、新业态的不断发展,很多传统产业不断受到互联网经济的冲击,业态将发生变化,在这一过程中,银行的资产结构布局也应当随之改变。二是产能过剩情况较为突出,相当一部分企业在过剩产能消化的过程中,面临着出局关停并转的压力。三是地方债务面临安全消化的压力。随着存量地方债务的大量到期,原有的地方债务面临较大的周转消化压力,与此同时新的项目仍然面临持续举债的压力。四是利率市场化的冲击。随着利率的逐步放开,价格竞争导致存贷利差缩减,传统的盈利模式将受到巨大的冲击。而银行利润普遍下降,又会致使留存收益随之减少,使得资本补充压力加大,最终银行将面临严峻的信用风险和利率风险[1]。

2. 监管环境

银行业是被高度监管的行业,监管政策的取向,将在很大程度上决定银行业的发展走势。预计未来银行业将面临更为严格的监管环境:一是监管层面对银行风险管理的要求将进一步加强。监管层始终秉承稳健监管的理念,随着巴塞尔协议Ⅲ的实施,银行的资本约束进一步增强,银行经营成本将随之提升,降低资本消耗水平、走集约化发展道路将成为银行转型的重要方向[2]。二是在经济增速放缓和经济结构调整的大背景下,银行面临的不良贷款压力明显增大,银行业必须始终注意风险把控,调整原有的资产布局,确保资产质量稳定。三是对城市商业银行的监管政策,将在很大程度上影响公司未来的发展。监管部门一直将城市商业银行作为单独的主体进行监管,预计未来部分的监管政策仍可能采取分类监管,包括但不限于资本充足率水平、存款保险费率、跨区域经营及混业经营政策等。

3. 社会环境

社会环境方面,互联网经济正在逐步改变人们的生活方式。互联网金融的快速兴起,将对银行产生巨大的冲击。这主要体现在以下几方面。

(1) 第三方支付的冲击

第三方支付是指以第三方支付平台为中介机构,凭借互联网,通过计算机、手机等智能设备来实现收付款的资金划转,最常见的就是支付宝和财付

---

[1] 甘为民. 城商行风控与资本补充[J]. 中国金融,2016(3):28–30.

[2] 粟勤,王雨. 新资本监管标准下我国中小银行的资本约束与资本管理[J]. 价值工程,2013(21):176–178.

通。据统计，近年来我国第三方支付的交易规模迅速攀升，至 2014 年已超 8 万亿元，同比增长 50.3%①。此外，移动支付也在迅猛发展，不断弱化银行的传统支付结算中介的职能。

（2）网络融资的冲击

网络融资即网络中介上的融资活动，主要包括 P2P、众筹以及电商小贷等形式。许多小微企业无法从传统银行处获得资金，而网络融资门槛低，且没有地域限制，小微企业和个人只要通过网络就可参与资金的分配，效率较高。据零壹研究院数据中心统计，2015 年正常运营的 P2P 金融机构有 1 924 家，信贷交易规模约为 9 750 亿元。网络金融的脱媒以及交易成本的降低，是对银行传统融资模式的颠覆。

（3）理财业务的冲击

2013 年余额宝的横空出世，开启了基金业的渠道革命，此后民生银行与阿里巴巴开始合作，通过互联网渠道，以共享资源来对接金融产品与客户。百度理财与华夏基金合作推出了"百发""百赚"两款高收益理财产品，加上京东供应链金融、苏宁易付宝理财以及微信理财通等，互联网企业正依托其庞大的用户数量和服务优势，逐步打破银行传统理财产品的营销模式。

4. 同业环境

一是更多的竞争者进入传统银行业务，分业限制正在逐步被打破，混业经营将成为趋势。保险、证券、基金、信托等非银行金融机构同业将在资产管理等诸多领域与银行相互竞争，牌照管制逐步弱化，民营资本被允许进入银行业，虽然这些机构在短时间内无法与大中型商业银行相抗衡，但是在一定程度上加剧了与城商行竞争的激烈程度。二是银行业内部将进一步分化，同业竞争压力加大。大银行将会走向综合经营、全面经营；中型银行将在某些特定领域寻求特色经营，同类股份制银行推进战略转型；城商行、农商行加快跨区域发展，社区银行则以近距离接触客户为主要切入点，以零售业务为主要特色。三是银行业的客户和业务分流将加剧。随着新竞争者的加入和经营的日益差异化，原有银行的客户和业务也面临分流的风险。

四、B 银行提升核心竞争力的对策

从对 B 银行的 SWOT 分析来看，B 银行内部优势大于内部劣势，外部挑

① 资料来源：艾瑞咨询.

战大于外部机遇,处于 SWOT 分析中的 ST 区间,应该采用差异化发展战略,通过整合其内部优势资源和能力,不断扩展原有金融产品和服务的深度和广度,转变经营理念,扩大其在中小企业融资中的份额,培养 B 银行特色,增强其核心竞争力。

(一) 科学定位,推进产品创新

B 银行应继续坚持原来的中小企业定位,以"大零售"作为发展重心。虽然大零售业务在资产扩张速度和客户资源方面逊色于批发银行业务,但大零售业务在提高效益、降低风险上优势较大:一方面良好的交叉销售能力提升了客户体验,增强了客户黏性;另一方面,中小企业信贷又可避免信贷集中,以分散风险。B 银行可建立"1 + N"营销模式,不仅对企业提供贷款,还要了解与企业合作的上下游企业,从原材料的供应商到制成品的销售方,如有可能都对其提供信贷支持,如此一来,企业之间的资金往来都在同一银行,加大了资金往来的便利性,即便利率市场化后利率有所调整,因"牵一发而动全身",企业也不会轻易改变合作银行。

相较于发达国家的银行产品,我国银行品种不足和同质化严重的状况普遍存在,而提供个性化产品服务是未来银行业发展的必然趋势,因此 B 银行应借鉴招商银行和民生银行的做法,根据中小企业不同的需求和特点,创新推出面向小微用户的信贷产品,特别是面向 VIP 客户的产品,优化白领通、代发业务、财富管理和大额分期等产品的功能和便捷性。值得注意的是,固然发展中小企业零售业务是银行提高收益、可持续发展的必要条件,但要做大做强,实现跨区域经营,B 银行还要大力拓展政府及大企业客户资源,兼顾公司银行业务的发展。

(二) 立足本土,发展社区银行[①]

中小银行要想在市场竞争中求得生存,就需要发挥其区域优势,结合地方特色,打造地方性专业银行。B 银行应继续加强与当地政府的合作,打造地方财政管家的形象,服务、支持小微企业和三农,以提供普惠金融服务作为突破口,为地方公众服务平台、地方经济合作平台和地方采购销售平台提供网络支付、融资、理财等服务。例如,为社区群众提供医疗、日用、食品、公共服务的支付和便民平台;为农产品的购销网络提供融资、支付、担保等服务,以获得政府认可和市民的好感度,从而扩大其群众基础。另外,由于发展社

---

① 陈民扬. 浅谈我国社区银行发展现状和发展策略[J]. 财经论坛,2015(28):138 – 139.

区银行是满足社区居民金融需求的必然选择,B 银行自 2010 年设立首家社区银行,至 2014 年已在浙江省内增至 38 家,采用错时延时服务,结合自助设备和人工服务,为社区居民办理个人业务,服务小微企业。由于社区银行具有网点排他性,因此 B 银行应尽早在优质社区"跑马圈地"、抢占先机,以发展个人业务,扩展基础客户。

（三）转变业务发展模式,增加新的盈利点

依靠传统存贷利差盈利的经营模式,已不再适应当今的利率市场化条件,而中间业务收入属于商业银行的非利息收入,不受利率波动的影响,因此为尽可能地避免利率市场化的影响,可以大力发展中间业务[①]。如咨询顾问、基金托管、代理类等中间业务,成本低廉,附加值高,特别是在混业经营趋势下,证券保险基金的承销使得银行业务范畴进一步扩大。B 银行应继续深入发展中间业务,实现业务的交叉综合化经营。如通过一户一策、定期跟进回访等措施,深化客户合作,着力提升客户托管规模,对商业银行、券商、信托、基金公司及子公司的目标客户群进行覆盖；向融资主体推荐信托计划、券商资管计划、基金资管项目、融资租赁项目及保险债权投资计划,满足客户融资需要等。

（四）建立健全产品定价体系

合理的产品定价是实现经营目标和风险管控的前提,应在控制资金成本和保证利润的基础上进行。利率市场化下,定价过低固然能争取到业务,但收益过低将导致亏损甚至破产,反之则会因竞争失败而失去市场,因此产品定价体系的建立迫在眉睫。B 银行应采用差别化定价方式,综合考虑区域经济和客户贡献度的差异,提供不同的价格指导,将市场上同质产品的价格、贷款期限的长短以及银行筹集资金成本和运营成本,根据风险加权计入产品成本,制定最低风险定价,再结合市场情况确定实际利率,确保收益能覆盖风险。另外,B 银行有必要构建合理的内部资金转移定价体系,建立以 FTP 为核心的考核机制,对资产负债结构进行调整。FTP 作为连接银行自身业务、外部客户和银行自身资源的中枢,不仅是实现精细化定价管理的基础,也是增强风险管理、进行资源配置和绩效考核的重要方式[②]。

---

① 贵州银行课题组.利率市场化与我国中心商业银行的应对[J].经济研究参考,2013(69)：3-5.

② 卢静,王善君.浅议利率市场化趋势下银行内部资金转移定价[J].浙江金融,2014(4)：47-50.

(五) 提高风险管理水平

固然盈利是商业银行经营的最终目的,但是安全性是实现盈利的根本前提,因此商业银行应注重防范风险、保证资产安全。B 银行目前已经构建了包括董事会、董事会风险管理委员会、高管层、资产负债管理委员会、利率风险管理部门、业务部门及分支机构在内的一整套管理架构,分工明确,各司其职。接下来可加大投入,开发引进专门的利率风险计量系统,完善利率风险计量模型以及交易账户头寸的价值重估机制,实现全行资产负债的缺口分析、久期分析、情景模拟分析、压力测试以及利率敏感性指标计算等功能。通过交易期限调整、同类产品之间对冲以及利用利率衍生产品等方式,完善风险对冲机制[1]。

在降低信用风险方面,B 银行可依托地域优势,建立企业信息库,依据企业经营状况、信用评价、贷款期限等,提供差异化贷款,避免逆向选择风险[2]。B 银行已实施全流程信用风险管理体系,对整个授信过程的各个环节进行了规范,组织人员进行专项检查,并对授信后业务进行分析,对高风险人群进行走访。应持续建设完善的信用风险监测体系、授信客户风险预警体系和授信后风险管理体系,确保信用风险能够得到有效识别和及时控制;应进一步改进审批程序,针对中小企业"少、急、短、频"的特点,简化授信操作流程,提高融资效率。关注员工道德风险,建立并完善员工道德风险防范的长效机制,重点关注道德风险背后的声誉风险和案件风险。

(六) 借鉴互联网金融,发展人才建设

B 银行已上线直销银行、微信银行、企业网银 5.0 版本、个人网银 5.0 版本和移动银行 3.0 版本,使得电子业务渠道品质得到较大提升。接下来可充分利用自身积累的客户数据,与政府部门交换共享,尽快建立大数据平台,利用云技术发掘新客户、了解客户、增加客户黏度,深化互联网金融理念,加强与互联网平台的合作,主要包括电商平台、三大运营商和第三方支付平台,开发互联网金融业务,突破地域限制以增加金融资源的可获得性,抢占市场份额。

银行的竞争归根结底还是人才的竞争,无论是金融产品的营销服务、中

---

[1] 游春,胡才龙. 利率市场化对我国中小银行影响的问题研究[J]. 农村金融研究,2011(8):49-52.

[2] 叶亚飞,陶士贵. 利率市场化对我国中小银行的影响及对策[J]. 西南金融,2014(9):63-68.

间业务的发展,还是利率风险的控制、产品定价等方面,都对银行从业人员提出了更高的要求。B银行在产品推广创新、市场营销、风险控制、信息技术等关键领域急需专业人才,应尽快建立起多层次、体系化的人才引进、训练培养和管理提升机制,为员工开展定期培训,不断适应外部环境,建立有效的绩效考核机制,实行员工持股激励制度,关注员工的职业发展,以人为本,切实做好人才固化工作。

五、结论

本章选取B银行作为研究对象,以企业发展战略和核心竞争力理论分析为切入点,通过SWOT分析法,结合B银行的经营现状,得出以下结论:

第一,B银行的主要优势在于其资产质量高、结构优良,盈利来源多样化;其劣势主要是资产定价能力不足和专业人才缺乏;其机遇主要来自国家经济战略的实施和社会财富的积累;面临的挑战则是利率市场化、金融脱媒以及行业竞争。

第二,为提高核心竞争力,B银行应实行差异化发展战略。继续坚持原有的中小企业定位,以"大零售"为工作重心,通过综合化经营,深入发展中间业务,拓宽盈利渠道;注重产品创新,提供个性化产品以增强客户黏度,立足本土,打造B银行特色,发挥其区域优势,与其他银行形成错位竞争;提高风险管理水平,健全产品定价体系,注重人才建设。

第五章
J银行S分行中小企业信贷业务的风险控制研究

　　开展中小企业融资业务是现阶段商业银行大力发展的一个方向,在加大中小企业信贷支持力度的同时,如何采取有效措施防范中小企业信贷风险以促进商业银行中小企业信贷业务创新,改善中小企业信贷融资的渠道与环境,从而实现银企双赢已成为银行业亟待解决的重要问题。

　　基于笔者在J银行S分行多年从事信贷工作的经验,本章结合"融资优序"理论、"信息不对称"理论、"信贷配给"理论、"关系型借贷"理论等,分析我国中小企业融资现状及问题,然后引入工作中的真实数据,对S分行中小企业信贷业务全流程各环节的风控情况进行研究和分析,并分析该行中小企业信贷业务"贷前—贷中—贷后"环节产生的问题及原因,以S分行的若干个实际案例分析为依据,有针对性地提出了相应的对策建议。

一、引言

(一) 研究的背景

　　据国家工信部《促进中小企业发展规划(2016—2020年)》,截至2015年年末,全国工商登记中小企业超过2 000万家,个体工商户超过5 400万户,中小企业利税贡献稳步提高。以工业为例,截至2015年年末,全国规模以上中小工业企业(从2011年起,规模以上工业企业起点标准由原来的年主营业务收入500万元提高到年主营业务收入2 000万元)36.5万家,占规模以上工业企业数量的97.4%;实现税金2.5万亿元,占规模以上工业企业税金总额的49.2%;完成利润4.1万亿元,占规模以上工业企业利润总额的

64.5%。中小企业提供80%以上的城镇就业岗位,成为就业的主要渠道。

然而,"中小企业融资难"问题仍是一个尚未得到解决的难题,这与中小企业在国民经济发展中所承担的重要角色极不相称。不仅中小企业取得银行贷款难,银行也面临着向中小企业贷款难的窘境。随着金融业改革步伐的加快,银行公司治理、规范经营、自我约束等各类机制不断完善,银行在经营中越来越把资金的安全性放在首位,"惜贷"成了银行信贷经营的惯常现象。若这种两难困境不尽快解决的话,不仅中小企业的发展会受到很大抑制,国家经济的增长步伐会受到影响,商业银行的健康发展也将会受到连带的影响。

本章基于笔者在J银行S分行多年从事信贷工作积累的经验,通过案例分析,对该分行中小企业信贷业务现状进行分析,对中小企业信贷业务风险控制情况进行深度剖析,总结出该行中小企业信贷业务在"贷前—贷中—贷后"业务环节中存在的问题,为降低该行对中小企业的信贷风险提出对策建议。

(二)研究的意义

随着中国经济进入新常态,实体经济出现下滑现象,金融市场出现了所谓的"资产荒",信贷市场上贷款增幅明显回落,甚至部分银行贷款规模出现了负增长。同时,部分中小企业面临资金吃紧、经营环境恶化、贷款偿还能力下降的问题,由此产生的不良贷款成为银行面临的主要风险。银行如何在复杂的经济金融环境中谋发展;如何为中小企业提供创新服务满足其需求;如何在信贷创新过程中做好风险控制;如何进一步采取有效措施防范和控制好中小企业信贷风险,这些问题已成为银行迫切需要解决的主要课题。因此,对J银行S分行在中小企业信贷业务发展和管理中存在的问题进行深入分析,在信贷业务管理过程中创新风控措施,并在创新过程中发展中小企业信贷业务,以尽快提高该S分行中小企业信贷风险管理水平,对促进该行S分行中小企业信贷业务在合理适度的风险范围内持续健康发展具有十分重要的现实意义。

二、文献综述

(一)关于中小企业融资问题的研究

高正平(2004)提出了缓解中小企业融资困境问题的重点在于改革与建

设多层次的金融体系。同时,也在优化我国中小企业融资结构、融资行为和融资效率等方面做出了尝试性的探索。

孔德兰(2007)认为解决当下中小企业融资难的根本办法是建立中小企业政策性金融机构。中小企业所经历的各个发展时期,所需要的融资方式和融资工具都会有所区别,相应建立中小企业政策性金融机构能结合中小企业发展的阶段性特点,提供个性化的解决措施,有效缓解中小企业的融资困境。

陈晓红、郭声琨(2000)通过分析和比较国内外中小企业的融资情况,提出了中小企业主要可以通过直接融资和间接融资两种模式来实现融资。

Gebru G. H. (2009)用回归模型验证了在非洲埃塞俄比亚的提格雷地区的中小企业是否存在融资优序的假说。其研究结果表明,融资偏好现象在该区域普遍存在,而且企业背景、企业主的受教育背景程度等都是重要的影响因素,较好地证明了由美国经济学家梅耶(Meyer)较早就提出的啄食顺序原则(即优序融资理论,Pecking Order Hypothesis):①内源融资;②外源融资;③间接融资;④直接融资;⑤债券融资;⑥股票融资。偏好选择是:在内源融资和外源融资中优先选择内源融资;在外源融资中的直接融资和间接融资中优先选择间接融资;在直接融资中的债券融资和股票融资中优先选择债券融资。

周晓燕(2012)从公司治理的角度提出了造成融资难的原因主要包括企业管理水平不规范、财务制度不健全、关联交易复杂等。并且提出了部分企业信用观念薄弱,存在恶意逃废债的情况,从而增加银行的风控成本,加重了银行的借贷意愿。

(二)关于中小企业信贷创新问题的研究

许圣道、韩学广和许浩然(2011)认为金融缺口的刚性存在是中小企业融资难的原因。而金融缺口的存在又是银企信息不对称、政府管制不严格、金融结构不合理及中小企业自身缺陷等因素造成的。金融创新则是现阶段和短期内解决中小企业融资难问题快速有效的方法。

赵亚明和卫红江(2012)提出在短期内若采取差别化的金融政策导向能够缓解中小企业融资难的问题。但从长远发展角度来看,解决中小企业融资难问题的关键还是在于推进利率市场化改革、合理规范民间借贷、构建一个专业化和多层次的中小企业融资体系。

Allen N. Berger 和 Udell G. F. (2005)通过研究市场规模结构的变化对一个小企业从特定级别的银行获得贷款的概率影响,得出结论:贷款规模不会因为银行规模而下降,银行规模变化会影响贷款利率。研究认为,在大银行占多数的市场中,小企业的贷款利率会相对较低。

陈四清(2009)认为大型商业银行应积极转变观念,重新审视中小企业信贷业务发展,创新服务模式、再造风控流程,建立与中小企业相适应的流程管理,才会获得较好的发展。

(三)关于中小企业信贷风险控制问题的研究

Lin Jinguo、Liang Xuechun 和 Liu Yan(2008)以企业欺骗银行的概率、银行检查企业的概率、银行获得企业实际收益的概率作为影响中小企业信用风险的三个因素,构建了反映银企战略的模型。在考虑信用风险的基础上,分析研究了银行和企业战略的演变路径,并提出针对中小企业信贷风控的方法。

Wu、Desheng Dash、Olson 和 David L(2010)通过一家银行的信贷案例论证了风险记分卡是监控绩效和实现风险管理的重要工具,同时也研究论证了记分卡如何实现对小企业的风险管理。

王晓春(2012)以违约概率作为中小企业风险的测算依据,并基于财务和非财务因素建立了中小企业风险计量模型。结果表明现阶段部分商业银行在中小企业的风险管理过程中将企业的资金结算情况作为风险评价的重要依据。

Allen N. Berger、Geraldo Cerqueiro 和 Maria Fabiana Penas(2014)对近几年新成立的美国小企业进行分析,试图发现小银行在正常时期和金融危机时期对小企业的经营影响会有什么不同。结果显示,在正常时期,小银行在对小企业的融资市场上具有比较高的占有率,但是在金融危机时期中却不存在这个现象。另外,在正常时期,小银行的高市场占有率能有效地减少小企业的破产现象,但是在金融危机时期同样也不存在这个现象。

综上所述,国内外学者从宏观层面上研究如何解决中小企业融资难的文献较多,但研究银行业解决中小企业融资难问题的文献相对较少。尤其是以某个具体银行为蓝本,通过实际案例,助以提出问题、分析问题、解决问题这一流程来思考、分析、解决中小企业信贷业务风险控制措施的文献更少。本章运用了理论结合实际案例的分析方法,从自身的工作层面出发,基于获取的真实的信贷数据及信贷资料,以银行为调研主体,对其信贷支持中小企业的现状进行了客观分析,对其在中小企业信贷业务发展过程中产生的问题进行了探讨,并结合在中小企业信贷业务开展过程中的风险问题进行了研究,最后针对这些问题,提出了具有可操作性的解决方案和优化措施。

三、支撑本研究的相关理论及简要分析

(一)企业融资基本理论

1."麦克米伦缺口"(Macmillan Gap)理论

20世纪30年代,世界经济危机大爆发时,英国政府为制定摆脱危机的措施,指派以麦克米伦爵士为首的"金融产业委员会"调查英国金融业和工商业。1931年,该委员会在提交的报告中提出了著名的"麦克米伦缺口"的论断。报告认为,在英国中小企业发展过程中存在着资金缺口,而且对于资金的需求高于金融体系愿意提供的数额。这种融资缺口又称为"信用配给不足",其定义为"资金的供给方不愿意以资金需求方所要求的条件提供资金"。这是关于融资缺口方面最早的论述。后来,Bolton 和 Wilson 以及 Mason 和 Harison 等人对非正式风险投资的研究表明,中小企业筹集一定数额以下的资金时都面临着资金缺口的问题。

2."信息不对称"(Asymmetric Information Theory)理论

信息不对称是指在市场经济活动中,各类人员对信息的了解是各有差异的;掌握信息比较充分的人员,往往处于相对有利的地位,而信息贫乏的人员,则处于比较不利的地位。信息不对称理论是由三位美国经济学家——乔治·阿克尔洛夫(G. Akerlof)、迈克尔·斯彭斯(M. Spence)、约瑟夫·斯蒂格利茨(J. E. Stiglitz)提出的。该理论认为:市场中卖方比买方更了解有关商品的各种信息;掌握更多信息的一方可以通过向信息贫乏的一方传递可靠信息在市场中获益;买卖双方中拥有信息较少的一方会努力从另一方获取信息;市场信号显示在一定程度上可以弥补信息不对称的问题;信息不对称是市场经济的弊病,要想减少信息不对称对经济产生的危害,政府应在市场体系中发挥强有力的作用。这一理论为很多市场现象如股市波动、就业与失业、信贷配给、商品促销等提供了解释,并成为现代信息经济学的核心,被广泛应用到各个行业领域。

3."信贷配给"(Credit Rationing)理论

信贷配给理论的概念有广义的和狭义的两个角度。广义的信贷配给是指在确定的利率条件下,信贷市场上的贷款需求大于供给。狭义的信贷配给是指:①在所有的贷款申请人当中,一部分人的贷款申请被接受,而另一部分

人即使愿意支付高利率也得不到贷款；②贷款人的贷款申请只能部分被满足。面对超额的资金需求，银行因无法或不愿提高利率，而采取一些非利率的贷款条件，使部分资金需求者退出银行借款市场，以消除超额需求而达到平衡。非利率的贷款条件可分为三类：一是借款者的特性，如经营规模、财务结构、过去的信用记录等；二是银行对借款者就借款活动所做的特别要求，如回款要求、担保或抵押条件、贷款期限长短等；三是其他因素，如企业与银行和银行个别职员的关系、借款者的身份、借贷员的个人好恶、回扣的有无和多少等。这些非利率贷款条件是利率管制环境下银行解决超额资金需求的常用手段。

（二）中小企业融资理论

1."融资优序"（Pecking Order Theory）理论

融资优序理论由美国经济学家梅耶（Mayer）提出，该理论认为中小企业并不是按照传统的以最优资本结构为目标的方式进行融资，由于担心控制权的稀释和丧失，企业更倾向于对企业干预程度最小的融资方式，即中小企业融资次序是先内源后外源，外源中则是先债权后股权。融资优序理论还认为银行融资具有低成本优势，银行信贷融资应是中小企业融资的主要来源。

2."关系型借贷"（Relationship Lending）理论

关系型借贷理论中将信息分为软信息和硬信息。硬信息为包括财务数据指标、抵押品价值等在内的定量信息，软信息为包括借款企业的资信状况、企业主人品和技能等在内的定性信息。该理论认为中小企业的贷款决策主要取决于长期以来通过多渠道与企业接触所积累的软信息。关系型贷款有利于降低银行与企业间的沟通成本，使借贷双方获益。随着银企合作的加深，银行对企业的贷后监管成本和后续业务扩展产生的信息成本都会大幅度下降，而且双方之间的协议的灵活性加大，有助于双方的长期合作。但当企业经营状况出现危机和风险的时候，出于与企业长期合作形成的密切关系，银行必须向企业提供收回再贷或借新还旧的信贷策略，进而陷入一个恶性循环。

四、中小企业融资体系及现状分析

（一）我国对于中小企业的划分

中小企业是与所处行业的大企业相比人员规模、资产规模与经营规模都相对较小的经济单位。这类企业通常可以由单个自然人、法人或少数自然人、法人提供资金组成,企业雇用人数与营业额皆较少。故这类企业多数是由企业主直接经营管理,自主性较强。同时,中小企业除企业规模等方面与大企业有着显著的差别以外,其在社会地位、组织架构、市场行业等方面都与大型企业存在着一定的区别。

  2002年,《中华人民共和国中小企业促进法》对我国中小企业的标准进行了规定。法规明确表明,在中国境内依照法律法规设立,公司的存续有助于满足社会的需要且能够增加人民上岗就业的机会,并且公司的整体经营方针政策与国家的大方针政策相一致,在员工人数上、企业规模、销售总产值等方面均符合要求的中小企业,要结合我国实际情况来指导其发展。2011年6月18日,由工业和信息化部、发展改革委、财政部和国家统计局制定的《中小企业划型标准规定》对中小企业给出了非常详尽的划型标准,如表5.1所示。

表5.1 中小企业划型表

行业名称	指标	单位	中型	小型	微型
农林牧渔业	营业收入	万元	500～20 000	50～500	50以下
工业	人数	人	300～1 000	20～300	20以下
	营业收入	万元	2 000～40 000	300～2 000	300以下
建筑业	营业收入	万元	6 000～80 000	300～6 000	300以下
	资产总额	万元	5 000～80 000	300～5 000	300以下
批发业	人数	人	20～200	5～20	5人以下
	营业收入	万元	5 000～40 000	1 000～5 000	1 000以下
零售业	人数	人	50～300	10～50	10以下
	营业收入	万元	500～2 000	100～500	100以下
交通运输业	人数	人	300～1 000	20～300	20以下
	营业收入	万元	3 000～30 000	200～3 000	200以下
仓储业	人数	人	100～200	20～100	20以下
	营业收入	万元	1 000～30 000	100～1 000	100以下
邮政业	人数	人	300～1 000	20～300	20以下
	营业收入	万元	2 000～30 000	100～2 000	100以下
住宿业	人数	人	100～300	10～100	10以下
	营业收入	万元	2 000～10 000	100～2 000	100以下

续表

行业名称	指标	单位	中型	小型	微型
餐饮业	人数	人	100~300	10~100	10以下
	营业收入	万元	2 000~10 000	100~2 000	100以下
信息传输业	人数	人	100~2 000	10~100	10以下
	营业收入	万元	1 000~100 000	100~1 000	100以下
软件和IT业	人数	人	100~300	10~100	10以下
	营业收入	万元	1 000~10 000	50~1 000	50以下
房地产业	营业收入	万元	1 000~200 000	100~1 000	100以下
	资产总额	万元	5 000~10 000	2 000~5 000	2 000以下
物业管理	人数	人	300~1 000	100~300	100以下
	营业收入	万元	1 000~5 000	500~1 000	500以下
租赁和商务服务业	人数	人	100~300	10~100	10以下
	资产总额	万元	8 000~120 000	100~8 000	100以下
其他	人数	人	100~300	10~100	10以下

资料来源：2011年6月18日工业和信息化部等制定的《中小企业划型标准规定》。

（二）中小企业融资体系概述

按照融资优序理论，企业融资的首选是自身的内部资金，企业通过内部资金融资是指企业将来源于经营所得的留存收益或折旧等自身的税后利润资金转化为投资的过程。当内部融资不足时，企业将再进行外部融资。内部融资和外部融资联合构成了现今社会企业基本的融资运行体系。

1. 内部融资

内部融资是指企业将自身的内部积累如资本金、折旧和留存收益等转化为新增投资进行的融资。这种融资方式成本相对较低、风险相对较小，是中小企业首先选择的融资方式。

内部融资方式的成本相对较低、风险相对较小，其资金来源于股东或企业内部，不用支付额外的融资利息。此外，将利润进行再投资，股东还能享受免缴个人所得税等优惠政策。相对于股权融资等方式来说，这种融资方式对股东的控股权完全没有威胁，对于中小企业来说是一种比较理想的融资方式。

2. 外部融资

外部融资是指企业吸收其他经济主体的储蓄进行融资的过程。

（1）银行融资

仅有很少一部分具有资格和条件的企业才能通过发行股票、发行债券进行融资,而大部分企业是不具备资格和条件的,其所需的大部分资金是以债务融资的方式筹集的。所以,银行融资可谓是大部分社会企业融资的主要渠道和方式,银行融资同样也是中小企业主要的外部融资方式。银行融资属于间接融资。

银行出于稳健经营的要求,会对企业的整体资信情况做评估,根据企业的财务报表、担保或抵押等情况来决定是否受理企业的贷款申请。对于经营规模小,资金不足,固定资产也不充足的中小企业来说,银行融资限制多、难度大,一般很难从银行获得信贷支持。中小企业想要从银行获得贷款,往往需要提供资产抵押、保证担保等附带担保条件,利率也比大型央企、国企高。

(2)债券融资

债券融资是指企业通过向个人或机构投资者出售债券、票据等方式,来筹集资金,是一种外部融资方式。国内债券市场的发展相对来说落后于国内股票市场和银行信贷市场。不过,与股权融资相比,债券融资具有风险小的优点。对于实力较弱的中小企业来说,债券融资是融资的有利方式,其中的可转换债券还是一种集股票和债券优点于一身的融资工具。所以,国内债券市场的发展还是被广大中小企业所期待和支持的。

我国债券发行的约束条件较多,对于企业的要求比较高,审批手续比较烦琐和严格,发行债券必须与企业的资产收入规模或担保条件相联系。同时,对于债券融资的数额有比例上的限制,根据《证券法》第十六条规定,公开发行公司债券,累计债券余额不得超过公司净资产的40%。对于中小企业来说,首先,很难通过债券融资的审批,即使通过了,经审批获得的融资额也非常有限,因此,中小企业只能在小范围发行企业债券来解燃眉之急。其次,债券到期时企业面临的兑付压力比较大,通常在兑付阶段会出现较多的债券违约风险。

(3)股权融资

股权融资是指发行股票并在证券交易所公开上市的融资方式,是企业融资的重要途径,是一种直接融资方式。

中国的市场经济起步较晚,企业的资本化进程逐步推进,资本市场可谓是"摸着石头过河",各种体制相对不健全,市场规模相对较小。很多大中型企业都难以满足基本的上市条件,更别说是规模小、实力弱的中小企业了。由于很难满足证券市场的严格限制,因此很少有中小企业能够通过现行的

IPO审批制度,只有极少数中小企业能够通过发行股票获得融资。截至2017年7月6日,深圳证券交易所的中小板上市公司数量为866家,创业板上市公司数量为654家;全国中小企业股份转让系统(即"新三板")挂牌公司为11 294家,这总共1.28万家获得股权融资的企业对于全国2 000多万家中小企业来说可谓是凤毛麟角。

(4) 民间融资

随着我国市场经济的发展,货币市场和资本市场趋于成熟,民间资本逐渐充实,民间借贷和非银行金融机构逐步发展壮大,在市场上的活跃度也越来越高。由于从非银行金融机构获得融资的门槛比较低,不需要经过烦琐的授信审批程序,有的甚至都不用提供保证或抵押担保,民间借贷和向非银行金融机构融资已成为一种重要的融资渠道。但是,民间借贷规则混乱、利息高。国内民间借贷的利率大致为银行基准利率的3~4倍,甚至更高。另外,在借贷协议或合同中也有很多隐性条款,造成了很多民间借贷纠纷。这进一步增加了中小企业的财务成本和管理成本,加重了中小企业的经营负担。

(三) 中小企业融资的主要风险特征

1. 规模小,周期短

中小企业资产规模相对较小,经营收入相对较少,从而造成了企业抗风险能力较弱,产品研发能力较差,核心竞争力缺乏,市场拓展与竞争能力不强,上下游客户稳定性不高,企业及产品生命周期相对较短。有些情况下,银行贷款还没到期,企业就已破产倒闭。

2. 家族式,诚信差

由于中国国内社会征信体系尚未完善,信息不对称为中小企业与银行间的寻租行为创造了条件,容易引起银行融资中的逆向选择问题。中小企业的经营决策很多是一言堂,缺乏诚信意识的中小企业经营者易借钱不还,其逃避银行债务的事件时有发生。

3. 关联多,资金串

许多中小企业主在取得一定的经营业绩后就盲目自信,开始跨行业发展,进入自己本不熟悉的领域,成立多家关联企业。遇到资金不足时以经营好的企业向银行借款,再挪用到其他关联企业,偏离主营业务。另外,也可能会用关联企业分别借款,再用于其他投资,资金混用、资金串用的问题在这类关联企业中较为突出,资金管理和调度的无序使银行难以掌控资金真实用途。在企业经营正常时,银行迫于业务指标压力,对于此类情况也只能睁一只眼闭一只眼,当发现企业风险问题严重时,银行贷款已无法收回。

4. 财务管理不规范

中小企业的公司治理通常不完善,普遍缺乏内控和监督机制,家长制管理模式较为突出和明显,受自身管理素质和资源稀缺等因素的限制,缺乏战略管理理念与能力,没有长远规划和发展愿景。财务制度不健全、不规范、不真实,交易不开票、通过现金交易甚至通过个人账户走账的情况较多,会计账务不能够全面真实地反映企业的实际经营情况。银行难以研判企业真实的财务情况,导致授信审批难度加大、决策风险增高。

5. 融资渠道狭窄

中小企业的资产规模较小,抗风险能力偏弱,实际控制人人脉关系有限,产品同质化,服务特性不明显,市场议价地位处于弱势,商业信用、消费信用和银行信用相对缺失。在实践中,我国中小企业的融资渠道狭窄,主要依靠股东投资、内部集资和银行贷款等常规渠道融资,尽管风险投资、私募股权基金、债券等融资渠道有时也被使用,但对中小企业融资发挥的作用仍然有限。

6. 缺乏有效担保

中小企业由于自身条件的问题,基本上以轻资产运作为多,难以达到银行融资的质押担保条件。因为信息不对称,所以非关联方企业之间的保证担保也不通行。另外,由于很多融资性担保机构担保费较高,而其风控措施与银行相比大同小异,因此使得很多中小企业知难而退。基于以上原因,绝大多数的中小企业融资需求都因有效担保不足而无法满足。

(四) J 银行对于中小企业的界定及信贷业务概况

1. J 银行对于中小企业的划分情况

J 银行主要在参照国家四部委标准的基础上,并结合银监会在《银行开展小企业授信工作指导意见》中提出的小企业标准对中小企业进行划分。

银监会于 2007 年 6 月 29 日颁布的《银行开展小企业授信工作指导意见》(银监发〔2007〕53 号)中明确指出,小企业授信泛指银行对单户授信总额 500 万元(含)以下和企业资产总额 1 000 万元(含)以下,或授信总额 500 万元(含)以下和企业年销售额 3 000 万元(含)以下的,各类从事经营活动的法人组织和个体经营户的授信。存量小企业授信客户,受企业发展波动和季节性因素等影响,资产、销售、人数等指标可能会短期内突破标准,但客户的授信额度仍按现行标准执行。

2. 全行辖内中小企业信贷业务概况

J 银行成立于 1996 年,是一家中外合资的股份制银行。成立以来,J 银行依靠中国经济崛起繁荣的良好局面,实现了对外资金的引进、上市、跨区域发展、综合化发展等多项突破。截至2016年年末,银行营销网络遍布北京、天津、上海、南京、西安、乌鲁木齐等十六个大中城市,此外,在香港及阿姆斯特丹分别成立代表处,分支机构数量达到500余家,开创了延庆县、文成县、吉林农安北银村镇银行,开创了国内第一家消费金融公司——北银消费金融公司,开放和探索创新发展中小银行的经典模式。

J银行的综合经营能力居国内城市商业银行之首。截至2016年年末,总资产达到21 163.4亿元,较2015年同比增长14.71%;2016年实现净利润179亿元,同比增长6.2%;资产利润率0.90%;加权平均净资产收益率14.92%。截至2016年年末,贷款总额达8 999亿元,较年初增长16.1%;存款总额1.15万亿元,较年初增长12.58%;不良贷款率为1.27%;拨备覆盖率为256.06%;全行品牌价值超过300亿元,一级资本在全球千家大银行排名提升至第77位;连续三年跻身全球百强银行,为首都金融业中的第一位。

自成立以来,J银行始终坚持"服务地方经济、服务中小企业、服务市民百姓"的市场定位,持续推进"科技金融""文化金融""绿色金融"等特色金融品牌建设,结合中小微企业不同成长阶段及不同行业特点,提供差异化产品和服务,满足企业多样化融资需求。截至2016年年末,J银行已累计为上万家科技型小微企业提供信贷资金超过2 500亿元,在北京地区为100%的创业板上市企业、80%的中小板上市企业、50%的"新三板"挂牌企业提供服务;为近5 000家文创企业提供近1 500亿元资金支持,在同类银行中市场占有率排名领先。

五、J银行S分行中小企业信贷业务现状分析

(一)业务发展概况

J银行S分行入驻上海十年以来,坚持"服务上海经济、服务中小企业、服务市民百姓"的市场定位,先后推出"智权贷""创意贷""节能贷""小微贷""短贷宝"等系列特色产品,针对不同类型的企业或企业主开发的产品要素相对不同。

如"智权贷"主要是针对具有知识产权的中小企业的短期流动资金贷款,主要以企业拥有的发明专利权、实用新型等专利质押;"创意贷"主要是适用于文创类中小企业的中短期贷款,既可为流动资金贷款,也可为项目贷款,可

以综合采用版权质押及其他各类传统的担保方式;"节能贷"主要是以合同能源管理项目的未来收益权质押,针对从事节能服务公司的项目贷款;"小微贷"是基于小微企业、企业主的账单流水而核定的短期流动资金贷款;"短贷宝"是适用于个体或小微企业主的个人贷款,支持各种担保方式。具体如表5.2。

表5.2　S分行主要的中小企业信贷产品对照表

	适合对象	金额	品种	期限	主要担保方式或融资条件
智权贷	适用于拥有知识产权的中小企业	0~2000万元	流动资金贷款	1年	知识产权质押贷款(以企业拥有的发明专利权、实用新型专利权、商标专用权质押)
创意贷	适用于文化创意行业的中小企业及从事文化创意集聚区建设的中小企业	0~5000万元	流动资金贷款、项目贷款	1~3年	版权质押+其他传统的担保方式
节能贷	适用于从事节能服务的公司	0~1600万元	项目贷款	1~5年	以合同能源管理项目的未来收益权质押+其他传统的担保方式
小微贷	适用于社会普遍的小微企业	0~500万元	流动资金贷款	1年	信用担保,基于企业和(或)企业主的账单流水
短贷宝	适用于个体工商户、企业主(包括企业的主要股东、法定代表人或实际控制人等)	0~1000万元	个人贷款	1~5年	支持抵押、质押、担保公司保证、房产抵押+担保公司保证、市场经营管理公司保证、信用担保等多种担保方式

资料来源:银行内部材料及网络公开信息。

不断打造"科技金融""文化金融""绿色金融""三农金融"四大中小特色金融品牌。

"科技金融"主要是针对科技类中小企业推行的无形资产类质押的定制服务,与政府机构联合对接科技园区、产业园区等科技型中小企业集中的园区,为科技型中小企业提供资金支持和金融服务。"文化金融"主要为文创类企业提供金融服务,以"创意贷"为主导产品,为涉及影视制作、出版发行、动漫网络、文艺等多个行业的中小企业提供支持。"绿色金融"以"节能贷"为主要产品,为低碳、节能、环保等领域的中小微企业发展保驾。"三农金融"以服务"三农"为宗旨,为农业、农村和农民提供金融支持。具体特色如表5.3所示。

表5.3 金融品牌介绍表

品牌	特色
科技金融	无形资产质押定制服务。上海有众多科技园区，有着极其深厚的知识产权储备。S分行与市区科技管理部门、中小企业办公室、知识产权局、工商局等政府部门开展合作，主动对接高科技园区、工业开发区、产业园区、文化创意园区等科技型中小企业集中的园区，参与银企专项对接。为推动高新技术产业科技成果转化，推广"智权贷"产品，解决科技型中小企业融资中存在的抵押物不足的问题，定制可行的服务方案，为科技型中小企业提供了有力的资金支持和精准的金融服务。
文化金融	为文化创意企业播撒阳光。与上海市文创办、市文广局合作，争取政策支持和企业推荐；借助"创意贷"产品，联手本地评估所、律师所等中介机构，提高服务效率，并创新影视制作设备抵押担保模式；开辟增值服务，协助授信企业申请市文化扶持基金贷款贴息。深化与上海市广播电视节目制作业行业协会的合作，该协会拥有近300家会员企业，能够汇总行业需求、制定行业标准、整合资源服务会员企业多元需求，引导资本要素参与影视产业。目前，S分行所支持授信的文化创意企业项目涉及影视制作、出版发行、动漫网络、文艺演出、文化创意产业集聚区建设等多个文化创意行业。
绿色金融	"节能贷"护航可持续发展。J银行S分行"节能贷"产品，以未来收益权作为质押物提供贷款，为低碳、节能、环保等领域的中小微企业发展保驾，为可持续发展护航。"节能贷"是专门为以节能服务为主营业务的企业，或采取合同能源管理模式进行产品销售的生产商设计的。企业以其合同能源项目的收益权作为质押物，同时结合应收账款质押、房产抵押、法人代表无限连带责任等其他担保方式，向银行申请贷款。
三农金融	金融活水浇灌"三农"之树。S分行秉承总行服务"三农"的定位，借鉴总行服务"三农"的经验，在浦东新区农业委员会和浦东新区金融服务局的支持下，参加浦东地区金融服务三农推介会，与多个农业项目进行金融合作，已经有桃业、渔业、畜禽、果蔬、蛋品等种植、养殖行业的农业龙头公司和农业专业合作社获得了贷款。同时，针对纳入上海市农机购置补贴实施范围、符合补贴条件的青浦区农民合作社和从事农机作业的农业生产经营组织，设计专项批量集群金融服务方案。

资料来源：银行内部材料及网络公开信息。

截至2016年年末，S分行中小企业贷款户数618户，中小企业贷款余额259.1亿元。

（二）管理组织架构

J银行的中小企业部采用的是自上而下的事业部制，所以S分行的中小企业部受总行中小企业事业部的条线管理，同时，作为S分行组织架构的组成部门，也受到S分行的直接管辖。如图5.1所示。

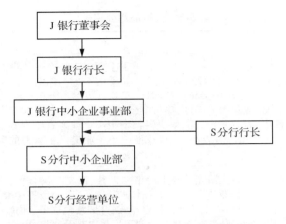

图 5.1　S 分行中小企业信贷管理组织架构图

（资料来源：J 银行 S 分行现行的中小企业信贷管理组织架构。）

（三）业务流程情况

在 J 银行 S 分行完整地操作一笔中小企业信贷业务，通常需要经过下述的 5 个流程。

1. 授信启动流程

即经营单位信贷员在了解了客户的相关业务需求后，在对客户的资信、经营、财务等情况进行充分的调查核实的基础上，制订相应的授信方案，并由所在的经营单位负责人进行复核并上报的过程。授信启动标志着经营单位对客户的营销行为转变为正式的授信行为，同时是对信贷风险的初步排查。

授信启动通常分为三步：第一步，信贷员亲临企业调查实际情况，并确保企业提供的相关资料的真实性；第二步，从经济、政策、市场、运营、财务等方面分析相关信贷风险，并制定相应风控措施和授信方案；第三步，经营单位内部对本笔授信进行审批。

2. 授信准入流程

即经营单位内部对授信方案进行审批且方案通过后将其报送至分行中小企业部进行客户信用评级及授信方案立项审核的过程。

3. 授信审批流程

即银行信用审批部对于经营单位报送的授信业务令评审人员和贷款审查委员会先后进行授信审查审批以决定是否给予授信通过的流程。授信审批是对客户本身的资质或其所实施项目的可行性进行审查，对存在的潜在风险进行总体性的把控，据此对授信方案的后续执行提出相应意见。若审批通过，则同时决定授予信用额度情况、定价情况、担保方式、管理要求及措施等要素条件。

4. 授信执行流程

即经银行信贷管理部批准向客户投放信贷资金,并进行后续跟踪监控的过程。在发放信贷资金之前,银行放贷部门会根据审批意见对本次贷款发放的相关合同文本及申请资料进行审查。在信贷资金发放之后,授信及贷款存续期间,关注客户的各种变化与发展,做好各类贷后管理工作,监督其付息还本,若出险则须相应进行资产保全处置,直至清收完成。

5. 业绩评价流程

即信贷发放后相关部门根据业务产生的效益进行反馈的流程。主要由计划财务部结合贷款定价及市场风险等,对相应的中小企业信贷业务进行成本、利润的核算。中小企业部对信贷员及其所属的经营单位进行业务指标考核及劳动奖励的核算。最后,再由人事部结合计划财务部及中小企业部的核算数据结果,综合对信贷员日常表现、工作态度等的外部评价,考虑其职务的晋升或岗位、职级的调整。

图 5.2 为 J 银行 S 分行中小企业授信业务基本流程。

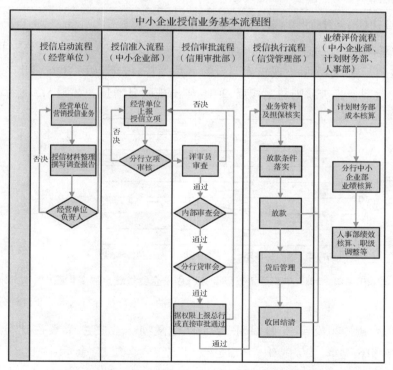

图 5.2　J 银行 S 分行中小企业授信业务基本流程图

（资料来源:J 银行 S 分行中小企业业务基本流程。）

六、业务数据分析

(一)基于企业划型分类的贷款数据分析

2014年—2017年6月J银行S分行微型企业贷款余额分别为41.15亿元、39.12亿元、54.3亿元、54.74亿元;小型企业贷款余额分别为107.9亿元、129.81亿元、139.33亿元、151.44亿元;中型企业贷款余额分别为66.5亿元、73.86亿元、65.44亿元、79.6亿元。如表5.4所示。

表5.4 2014年—2017年6月J银行S分行中小企业贷款余额表

(单位:亿元)

	2014年	2015年	2016年	2017年6月
微型企业贷款余额	41.15	39.12	54.3	54.74
小型企业贷款余额	107.9	129.81	139.33	151.44
中型企业贷款余额	66.5	73.86	65.44	79.6

资料来源:J银行S分行内部信贷统计数据。

总体而言,小型企业的贷款余额自2014年以来一直呈增长趋势,中型企业贷款余额在2016年出现较为明显的下跌趋势,截至2017年6月出现明显回升。微型企业贷款则与之相反,2016年出现明显增长。如图5.3所示。

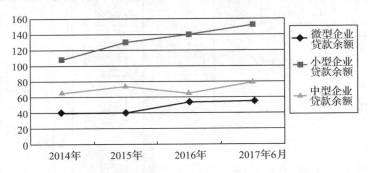

图5.3 2014年—2017年6月J银行S分行中小企业贷款余额变化图(单位:亿元)

(资料来源:J银行S分行内部信贷统计数据。)

2014年—2017年6月,J银行S分行微型企业贷款余额占比分别为19.09%、16.11%、20.96%、19.15%;小型企业贷款余额占比分别为50.06%、53.47%、53.78%、52.99%;中型企业贷款余额占比分别为30.85%、30.42%、25.26%、27.85%。如表5.5所示。

表 5.5　2014 年—2017 年 6 月 J 银行 S 分行中小企业贷款占比表

	2014 年	2015 年	2016 年	2017 年 6 月
微型企业贷款余额占比	19.09%	16.11%	20.96%	19.15%
小型企业贷款余额占比	50.06%	53.47%	53.78%	52.99%
中型企业贷款余额占比	30.85%	30.42%	25.26%	27.85%

资料来源：J 银行 S 分行内部信贷统计数据。

总体而言，小型企业的贷款余额占比自 2014 年以来一直呈增长趋势，中型企业贷款余额占比在 2016 年出现较为明显的下跌趋势，截至 2017 年 6 月出现明显回升。微型企业贷款余额占比则与之相反，2016 年出现明显增长。如图 5.4 所示。

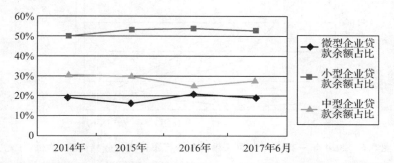

图 5.4　2014 年—2017 年 6 月 J 银行 S 分行中小企业贷款余额占比趋势图

（资料来源：J 银行 S 分行内部信贷统计数据。）

（二）基于五级分类的贷款数据分析

2014 年—2017 年 6 月，J 银行 S 分行关注类贷款余额分别为 200 269.05 万元（占比 9.29%）、85 502.37 万元（占比 3.52%）、52 670.18 万元（占比 2.03%）、18 225.04 万元（占比 0.64%）；次级类贷款余额分别为 11 842.38 万元（占比 0.55%）、5 339.25 万元（占比 0.22%）、17 141.16 万元（占比 0.66%）、29 005.34 万元（占比 1.01%）；可疑类贷款余额分别为 39 654.05 万元（占比 1.84%）、36 332.31 万元（占比 1.50%）、23 378.40 万元（占比 0.90%）、0 元；损失类贷款余额分别为 88 064.53 万元（占比 4.09%）、125 637.03 万元（占比 5.17%）、52 705.38 万元（占比 2.03%）、6 525.79 万元（占比 0.23%）。关注类贷款在 2015 年大幅下降，随后下降速度放缓。损失类贷款的峰值出现在 2015 年，之后逐年快速下降。自 2014 年起，可疑类贷款逐年下降。次级类贷款在 2015 年出现明显下降，但之后呈上升趋势。如表 5.6 和图 5.5 所示。

表 5.6　2014 年—2017 年 6 月贷款余额五级分类情况表　（单位：万元）

	2014 年	2015 年	2016 年	2017 年 6 月
正常类	1 815 807.55	2 175 309.26	2 444 864.54	2 804 229.74
关注类	200 269.05	85 502.37	52 670.18	18 225.04
次级类	11 842.38	5 339.25	17 141.16	29 005.34
可疑类	39 654.05	36 332.31	23 378.40	0
损失类	88 064.53	125 637.03	52 705.38	6 525.79

资料来源：J 银行 S 分行内部信贷统计数据。

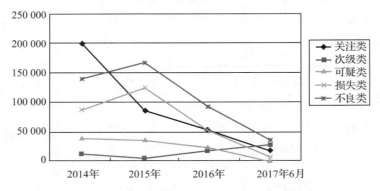

图 5.5　2014 年—2017 年 6 月 J 银行 S 分行不良类贷款趋势图（单位：万元）

（资料来源：J 银行 S 分行内部信贷统计数据。）

各类贷款占比变化趋势与相应贷款余额相似，如表 5.7 和图 5.6 所示。

表 5.7　2014 年—2017 年 6 月 J 银行 S 分行贷款分类占比表

	2014 年	2015 年	2016 年	2017 年 6 月
正常类	84.24%	89.59%	94.37%	98.12%
关注类	9.29%	3.52%	2.03%	0.64%
次级类	0.55%	0.22%	0.66%	1.01%
可疑类	1.84%	1.50%	0.90%	0
损失类	4.09%	5.17%	2.03%	0.23%
不良类	6.47%	6.89%	3.60%	1.24%

资料来源：J 银行 S 分行内部信贷统计数据。

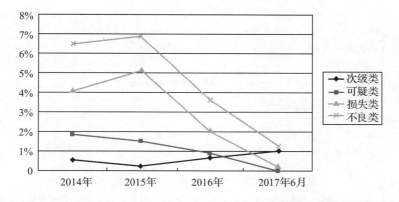

图 5.6　2014 年—2017 年 6 月 J 银行 S 分行不良类贷款占比趋势图

（资料来源：J 银行 S 分行内部信贷统计数据。）

（三）基于利率定价的贷款数据分析

2014 年—2017 年 6 月，J 银行 S 分行利率定价为基准利率的贷款余额分别为 70.05 亿元（占比 32.50%）、79.65 亿元（占比 32.80%）、121.2 亿元（占比 46.78%）、162.75 亿元（占比 56.95%）；利率定价高于基准利率的贷款余额分别为 10.58 亿元（占比 49.08%）、10.92 亿元（占比 44.97%）、99.94 亿元（占比 38.58%）、94.66 亿元（占比 33.12%）；利率定价低于基准利率的贷款余额分别为 39.69 亿元（占比 18.42%）、53.95 亿元（占比 22.22%）、37.92 亿元（占比 14.64%）、28.38 亿元（占比 9.93%）。总体而言，2014—2017 年 6 月 J 银行 S 分行定价为基准利率的贷款余额及其所占比例在 2015 年后均保持快速增长的势头；定价高于基准利率的贷款余额在 2015 年后出现小幅下降，但其所占比例下降速度较快；定价低于基准利率的贷款余额在 2015 年前还在以一定速度增长，在此之后则一直呈下降趋势。如表 5.8、图 5.7 及表 5.9、图 5.8 所示。

表 5.8　2014 年—2017 年 6 月 J 银行 S 分行不同利率浮动情况下贷款余额表

（单位：万元）

	2014 年	2015 年	2016 年	2017 年 6 月
基准	700 583.94	796 516.86	1 212 059.08	1 627 520.08
上浮	1 058 056.82	1 092 011.19	999 401.41	946 656.82
下浮	396 996.8	539 592.17	379 299.18	283 809.03

资料来源：J 银行 S 分行内部信贷统计数据。

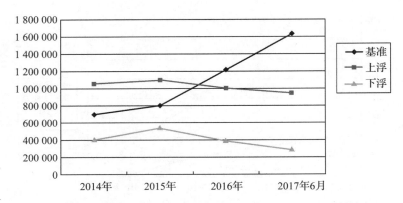

图5.7 J银行S分行不同贷款利率浮动情况下贷款余额趋势图(单位:万元)

(资料来源:J银行S分行内部信贷统计数据。)

表5.9 2014年—2017年6月J银行S分行不同贷款利率
浮动情况下贷款余额占比情况表

	2014年	2015年	2016年	2017年6月
基准	32.50%	32.80%	46.78%	56.95%
上浮	49.08%	44.97%	38.58%	33.12%
下浮	18.42%	22.22%	14.64%	9.93%

资料来源:J银行S分行内部信贷统计数据。

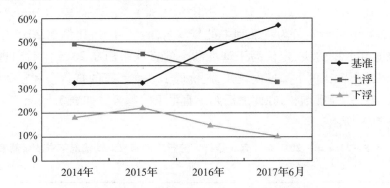

图5.8 2014年—2017年6月J银行S分行不同贷款利率
浮动情况下贷款余额占比情况趋势图

(资料来源:J银行S分行内部信贷统计数据。)

七、J银行S分行中小企业信贷业务问题与案例解析

以上述中小企业授信业务基本流程图为依据,按顺序对J银行S分行在每一个流程的各环节中存在的问题及其原因进行分析。

(一)授信启动层面

1. 存在的问题

(1)信贷员尽职调查不到位

尽职调查又称审慎性调查,是指银行对授信申请人的主体资格、资信情况、授信用途、偿债能力、经营情况、发展前景、担保状况等方面进行全面深入的调查核实,并对其是否符合授信条件和可发放的贷款额度做出初步判断。

根据中国银监会于2004年7月6日发布的《商业银行授信工作尽职指引》(银监发〔2004〕51号)以及J银行内部刊发的各类中小企业授信业务的规章制度及操作流程,在贷前尽职调查阶段,信贷员应根据具体授信种类收集客户的基础资料及授信相关材料,建立客户档案。然后,开始实质性的尽职调查工作,包括但不限于如下方法:

第一,利用本行信贷管理系统、人行信贷登记咨询系统及工商行政管理局查询系统,进行行内、人行贷款与担保查询,工商局信用查询,了解借款申请人以及担保人的信用基本状况,存量贷款还本付息情况和贷款质量分类。

第二,查阅借款申请人提交的资料,特别是近三年的财务报告和贷款用途文件,了解客户生产经营及资金需求情况,分析企业未来发展趋势及产生资金需求的真实原因和资金用途。

第三,深入实地,核实法人资格文件、法人代表及身份证明、贷款项目资料和财务报告的真实性。

第四,根据财务报告、固定资产、存货状况了解企业产、供、销(工业企业)或进、销、存(商业企业)等生产经营情况,分析实际资金需求及合理性。

第五,与借款企业的负责人及财务主管进行交谈,了解企业管理者素质及企业的日常经营、管理情况。

第六,广泛接触借款企业生产、供应、销售及企业上下级的有关人员,了解企业实际情况;必要时应进行市场调查,查阅税务发票原件、统计资料、上下游企业资料或走访税务、海关、行业协会、主管部门核实信息的真实性。

第七,结合行业信息、信贷政策、产业政策、宏观经济政策和信贷投向指

引,对贷款总体情况和风险进行分析判断。

第八,对贷款的担保人进行调查,调查步骤与借款人一致;对贷款的抵押、质物进行调查,并到现场核实抵押、质物的价值。

但在对S分行的实际工作进行调查的过程中发现,部分信贷员在对申请授信的中小企业进行贷前尽职调查的过程中,工作流于形式,只是随意地向企业经营者或财务人员口头询问生产经营情况,不做笔记、不做规划、不查账也不盘库存,只带回申请企业早已提供好的现成材料,甚至对企业提供的复印件材料的原件都怠于核对。

另外,信贷员对企业授信申请的内容、采用的担保方式、企业实际的经营及财务状况缺乏全面、准确、细致的调查和判断,全凭信贷员自己的感觉和经验,过于依赖企业历史数据,相对较少关注企业未来发展前景,对企业未来市场销售收入和现金流量以及借款企业还款意愿的调查分析明显不充分,而这些方面恰恰是企业偿债能力的真正来源。最终,导致在贷前尽职调查阶段缺乏对授信客户的风险识别,错失风险防控的良好时机。

(2) 负责人复核不尽责

负责人复核是拟报送一笔中小企业授信业务的支行行长,他需要对信贷员提交的授信业务进行全面的复核,包括对前述信贷员的尽职调查工作内容进行复查,退回应尽职未到位的工作并要求补充。另外,对自己觉得有必要但信贷员未进行充分有效实施的调查工作进行布置安排。工作内容包括对信贷员撰写的尽职调查报告的审阅,全套授信材料的真实有效性审核,实地走访授信申请企业,对担保企业进行核查走访等。

但是在实际工作中,负责人很难面面俱到地根据相应的要求做好各项复核工作。支行负责人常处于"文山会海"的工作状态,或忙于处理网点的对外事务,或自己还有客户需要走访,等等,根本无暇顾及信贷业务的复核工作,只能草草了事,有选择性地看看财务报表、读读调查报告、问问信贷员所了解的情况,就将授信业务上报。对于中小企业授信,没有做到在信贷员尽职调查的基础上通过约见实际控制人、走访经营场所、账税核对等必要手段行使复核职责。这样,一来造成了在支行层面缺少了对信贷员工作的监督,二来造成了第一道防线(支行)的疏漏,将直接导致很多信贷风险隐患暗藏于业务之中。

2. 问题案例分析

A公司成立于2008年11月12日,注册资金人民币2 800万元,为李某夫妻完全控股,主营棉花贸易。2012年7月31日,S分行同意给予该公司综合授信1 500万元,业务品种为流动资金贷款和开立银票(保证金50%),其中流贷不超过100万元,担保方式为:B公司保证担保;企业法人李某个人担保;追加李某名下某处房产和车位二次抵押(预评价格530万元,原始按揭金额235万元,余值295万元)。

2012年8月期间,A公司分次以银票或流贷用信,余额1 500万元,J行风险敞口775万元。2013年2月23日,经营单位通知分行A公司受担保人B公司投资失败拖累,导致投入资金无法收回,影响了自身经营周转,A公司银票到期无法兑付,J行在扣除其保证金725万元后,发生垫款725万元。2013年8月29日50万元流动资金贷款到期后也无法偿还。

直至2013年2月,A公司无法兑付时,经营单位才发现抵押房产已于2012年11月被杨浦法院查封,遂向分行资产管理部要求提起诉讼,并提供了已掌握的资产线索以实施查封。分行向黄浦法院提起诉讼保全,第一时间查封(首封)了李某名下的多处房产,对J银行抵押物进行了轮候查封。但是,J银行首封房产因存在多次抵押,能否受偿部分金额仍须与各抵押权人谈判协商。至此,J银行不良贷款化解陷入了僵局。

反思本案例在尽职调查阶段的问题和不足,主要有以下几点:

第一,李某涉足民间借贷,使信贷资金被挪用,是企业经营失败的根源。李某长期涉足民间借贷,实际借给钢贸圈的亲戚朋友资金达1亿多元,从中获取高额利息回报,由于上海钢贸行业在2012年期间整体崩盘,最终导致A公司资金链发生断裂。故信贷资金挪用于民间借贷,是造成该企业最终经营失败的根源。

第二,对担保企业情况掌握不翔实是风险未能有效缓释的重要原因。本案例中为A公司担保的B公司投资经营涉及航空和保税物流仓储等,本身跨行业多元化发展,关联公司较多,并有巨额的对外投资项目,对银行融资的依赖性较大,自身现金流有一定的问题,且提供担保的B公司实际上是一个空壳公司,本部根本不具备实际担保能力。因为A公司与B公司实际存在资金借贷关系,所以B公司才会愿意为A公司授信提供保证担保。后B公司投资失败,没有代偿能力,导致分行在风险处置时,根本无法追索B公司的连带保证责任。

第三,调查不深入、偏信实际控制人的片面之词是造成J银行授信风险的根本原因。贷前调查过程中,经营单位未能落实双人下户调查,对客户实际经营情况调查不深入,仅根据实际控制人的片面之词,就认定其经营真实、贸易可信,过于授信用于棉花采购的需求,未能深入分析用途的合理性,以致忽视对实际控制人民间借贷的调查了解,留下了致命的风险隐患。

3. 形成上述问题的原因

(1) 专业人才制约

S分行信贷业务飞速发展,人员数量、素质与业务发展之间的矛盾越来越突出。为解决此问题,S分行自2013年以来陆续从高校应届毕业生中招收了大量的新员工,但新入行员工不能立即胜任工作,致使出现了岗位断层、带教缺失的局面。例如S分行BS支行,截至2016年年末,8名信贷员中在做和曾经做过中小企业业务的信贷员仅有3人,占比为37.5%,并且没有专职的中小企业客户经理,人员匮乏成为制约中小企业信贷业务发展的重要原因。中小企业信贷业务的开展不仅需要专业客户经理的营销,而且需要专业的团队作为信贷内勤支持。因人员配备不到位,客户经理无法对每位客户进行深入细致的尽职调查分析,无法根据客户真实需求进行全方位的营销。在服务质量方面,客户经理的实践经验不足,与客户的交流和响应速度明显滞后。S分行专业人才队伍建设滞后造成人员素质与新的营销模式、客户需求等之间的矛盾越来越明显。

(2) 贷前调查手段传统且教条

S分行所通行的尽职调查要求及手段基于传统银行时代所积累的信贷经验,并没有对企业的大、中、小规模类型进行区分而设置不同的贷前调查手段和要求。时代的进步、行业企业的发展,使以前惯用的贷前调查手段显得既传统又教条,而信贷员或支行负责人在"遵章守纪、合规经营"的要求之下又不得不按照要求进行按部就班的工作。这类低效甚至无效的工作手段对信贷员或支行负责人来说就是一种"食之无味,弃之违规"的工作负担,必然造成信贷员形成应付的心理且工作时"偷工减料"。

(3) 制度不清晰,尽职不免责

在信贷员管理方面,S分行的要求是"尽职免责",即信贷员从事信贷业务工作中,只要按照本职岗位上的制度要求操作,即使出现不良后果,也不为此后果负责。但是长久以来,S分行对于信贷员是否尽职、尽职程度如何一直缺少明确的规定,而对于能否免责、免责程度如何也没有清晰的标准。在实际工作中,信贷员往往面对着无法免责的情况。中小企业信贷业务本就属于风险较高的信贷业务,在责任认定、处理方面缺乏清晰的标准,严重影响了小微企业信贷业务人员的工作积极性,对小微企业信贷业务的发展造成了不良影响。

(二)授信准入层面

在授信准入阶段,S分行对向其申请中小企业授信业务的客户进行资格审核,首先要判断是否符合四部委下发的关于中小企业的界定标准,同时对其进行信用评级;然后对通过信用评级审核的中小企业信贷业务进行授信方案的审核;最后参照综合评价对客户及业务做出准入与否的评判并出具相应的建议书。其目的就是能够对上报授信的业务进行统筹管理,并实施评定筛选,初步过滤掉一些不合适的企业及不恰当的授信申请。

1. 存在的问题

(1)信用评级流于形式

根据S分行的中小企业信贷业务的相关规定和申报规范,须在准入环节的第一阶段对每位客户进行信用评级,主要是对客户的主体风险程度进行度量,在整个评级过程中可充分调查出授信申请人的信用风险。

S分行对授信申请人的信用评级乃采用比较传统和简单的"要素法",且中小企业与大型企业共用同一版本的评级模型。该模型主要对授信申请人的固定资产、销售收入、净资产、总资产规模等方面的数据进行考量,并对每个方面的数据给予相应的评分,最后汇总评分对应得到授信申请人的信贷风险程度。从S分行现行的企业信用评级模型中,对资产、收入规模设置的分值最高;在企业素质及发展潜力方面设置的分值比较低;在盈利能力和信用状况方面设置的分值一般,都比在资产、收入规模方面设置的分值要低。从上述的分值设置规则中可明显看出,在对授信申请人进行信用评级的过程中,S分行比较注重规模要素而忽视比率要素及潜力要素。模型共用使得中小企业和大型企业信贷业务的风险评价体系、指标都是一样的,这将会导致某些经营状况不如中小企业的大型企业由于资产规模大、经营收入高等原因,最终的评级结果好于经营状况较好的中小企业,使得"高评级低能效"的企业偏多。此外,S分行对中小企业信用评级运用的是"要素法",该方法主要建立在完善、真实的企业财务数据之上,而面对财务普遍不规范的中小企业客户,这些过于理想化的指标无法客观地反映企业实际风险状况。

(2)授信准入随意

经过第一阶段的信用评级以后,S分行还需要对授信方案进行第二阶段的准入,即根据授信申请人的行业及经营信息,并根据行内相关的年度授信指引来决定是否最终予以准入。

授信方案的准入是一个严谨和规范化的工作,大致有行业产业的准入、客户类型的准入、信贷品种的准入等,它是授信业务进入审批流程前的一道关键防线。授信准入的发起人应该是中小企业部的员工,但实际上会因为各种原因常由上报业务的信贷员代为发起,这样将导致很大的操作风险隐患。在代为操作的前提下,信贷员数据录入的随意性使得数据容易产生错误,导致准入评定结果不实;另外,也存在信贷员为促成准入评定通过,故意调整某些定性指标,导致准入评定结果失真的现象。

当然,即使是行使管理职能的中小企业部自行操作授信准入工作,也存在某种人为平衡。比如,考虑到信贷额度向中小企业的政策性倾斜,会人为干预,将人数、收入等一些可调节数据录入为符合中小企业标准的数值,就这样"凭空造就"了一户中小企业。还有,每年总行会针对敏感行业如房地产、产能过剩行业设定行业占比限额,为了避开这些限制获得更多的信贷投放,会在分行领导的同意下改变授信申请企业的行业归属,从而顺利通过授信准入。

上述的操作执行,没有起到准入筛选的功能,更没法发挥好防线的作用,初步将风险隐患挡在银行之外。

2. 形成上述问题的原因

(1) 缺少适合中小企业特点的信用评级模型

科学的信用评级模型是银行评估客户信用风险的有效手段,S 分行中小企业信贷业务系统电子化起步较晚,尚未建立起针对中小企业客户的信用评级体系,信用风险管理系统建设不完善,管理技术手段缺乏,人工干预、手工操作的现象较为普遍。在对中小企业进行信用评级的工作中,使用的模型与大型企业的评级模型相同,机械化地沿用大型企业的评级标准,导致中小企业普遍因经营规模小、资产实力弱、抵押能力有限、财务信息失真情况较为严重,出现其评级结果存在偏差、无参考价值的现象。评级方法是传统银行使用的"因素法""比率分析法"等方法,尚未推行采用现代科学统计分析和风险模型量化分析的方法,没有针对差异较大的中小企业客户群体采取有针对性的评级方法。显然,S 分行在适合中小企业特点的信用评级模型的建设方面是有所欠缺的。

(2) 缺少科学量化的授信方案准入标准

在授信方案准入标准的选择上,S 分行虽然有每年下发的授信指引作为信贷执行政策,但在授信指引中仅说明了各行业的信贷导向,并未对相关的准入底线予以明确;在行业企业的筛选中仅明确优先支持、适度支持的企业范畴,并未对各行业企业的准入标准予以合理量化,造成无法执行或人为操作的空间较大,容易产生道德风险和操作风险问题。且这类授信指引通常并非仅针对中小企业,而是针对所有类型的企业,在实用性上大打折扣,不具备较好的业务开展指导意义。

(三)授信审批层面

S分行授信审查审批实行纸质资料与系统处理并行,授信项目上报纸质材料时必须同时在信贷管理系统中提交授信申请;除低风险业务以外的所有新公司授信业务,必须在提请授信审批前的准入阶段对借款人和保证人(不含金融机构)完成信用评级。信用审批部设授信资料受理岗,所有授信项目纸质资料提交给授信资料受理岗,在信贷管理系统中也一并将资料提交至该受理岗。受理岗当场核对授信资料,同时核对信贷管理系统,在确认纸面资料与系统一致后,做正式收件处理。原则上基础资料不完整的直接做退件处理;授信相关资料不完整的可收件,但在收件记录上记载缺失资料情况,资料补充完整前,项目不予安排上会。在确认报审资料合格后,资料受理岗会根据信用审批部负责人的意见将资料分发给评审人员,并在信贷管理系统一并将资料提交给该评审人员进行正式评审。评审过程中,授信所缺资料反馈经办客户经理补充。如发现业务的贷前调查质量低下、无法形成有效判断的,信用审批部有权另行下发补充调查通知或对上报的授信项目做退回处理。具体来说,S分行在授信审查中认为需要对有关问题做补充说明或要求提供补充资料时,可向申报机构下发授信项目补充调查通知。在通知发出至收到补充调查报告期间,暂停对该笔业务的处理;在通知发出5个工作日后仍未收到补充调查报告的,一律做退件处理。

对于审查结束的项目,安排由分行贷款审查委员会召开会议,根据业务种类及相关人员回避原则选取参会委员,其中非风险审查委员最多不超过2名。召开贷款审查委员会议时,由审查人员陈述审查发现的相关事项,并出具明确的审查意见,客户经理听取完陈述后可做相应的补充,贷审会在此基础上形成独立、自主的判断,并在会后统一独立表决。超过若干人数同意时,项目即获通过。若为超分行权限项目,在分行贷审会通过后,还须上报总行审批。最终,取得批复。

1. 存在的问题

(1)评审工作表面化

授信评审依靠的是评审员个人的信贷经验和业务特长。对好的业务,既要把控好风险,又要平衡好经营单位的业务效益;对不好的业务,既要明示自己的观点,又要注意表达的方式和措辞,这项工作是一门技术又是一门艺术。就S分行的评审工作来看,评审人员通常简单地翻阅纸质材料,依靠几张报表进行分析评判,并形成自己的评审报告。评审人员与一线脱节,不与经营单位就授信业务深入沟通、不去企业实地走访了解实际经营情况、不对抵押物或担保人进行核保,只是做做表面文章,评审僵化、粗糙;也不依赖第三方的力量,对经营单位、客户、授信业务等全方面地进行客观、侧面的核查。

另外,评审人员出于自我保护的目的,也会习惯性地回避风险。但是,规避风险的基本方法就是简单粗糙地设置大量的授信要求,这些要求有些是必需的、合理的,是授信业务本身的客观需要;有些却是刻意的,是为了逃避责任而设置的。更为极端的情况是,评审人员本意是想否定某个项目,但是顾及上级领导压力、行内朋友的面子等,设定一些高不可攀的条件和重重障碍,事实上是间接地否定。这会造成贷审会在决策阶段犹豫反复,而通过后的授信执行起来又无从下手,最终影响全行的效率,浪费全行的成本。

(2) 贷款审查委员会集中审议形式化

采用贷款审查委员会的决策模式,是为了尽可能全面地采纳多方意见,使各位委员能冷静、清晰和相对全面地了解情况、进行判断,避免主观臆断,相对客观、公正地裁定一笔授信业务。

而贷审会委员很多是位高权重的部门领导及行领导,当有重要领导出席贷审会时,其他贷审会委员会非常注意自己的措辞,生怕带来不好的影响。有时候重要领导的意见能左右一笔授信业务的结果。贷款审查委员会失去了集体决策的功能。

2. 形成上述问题的原因

(1) 审批能力不足

中国作为金融新兴市场,各类信贷创新加速,革新产品层出不穷。在金融市场竞争日益激烈的今天,S分行的每一笔授信业务、每一个信贷产品都要求有个性化的审批。这种金融产品多样化的趋势对信贷审批部门提出了更高的挑战和更严格的要求,同时也加大了商业银行风险管理的难度。分行现有的部分审批人员知识结构老化、创新能力及学习能力不足,与信贷市场脱节,加重了分行整体信贷审批的风险;还有部分审批人员缺乏信息化的科学知识,对于金融系统中使用的各类分析、判断软件接受能力不足;分行的审批人员很多是富有信贷经验的老员工,在审批过程中,更多地依赖自己的定性分析,而对定量分析缺乏足够的认识和接受程度。这种知识能力不足、创新能力不强的状态会直接导致信贷审批过程缺乏量比性、有效性和科学性。

(2) 决策责任不明确

科学有效审批的根本前提是责、权、利三者的合理分配。然而,中国银行业现行的管理体制中存在个人主义、裙带关系等问题,使得商业银行的信贷审批成为集体决策的结果。无可厚非,集体决策和审议有其存在的必要性,但也会导致责任承担的最终界限不明确和不清晰,导致参会的贷审会委员责任意识淡薄,最终在授信审批流程中形成"我不负责,也没人负责"的局面。

综上所述,审批机制问题如图5.9所示。

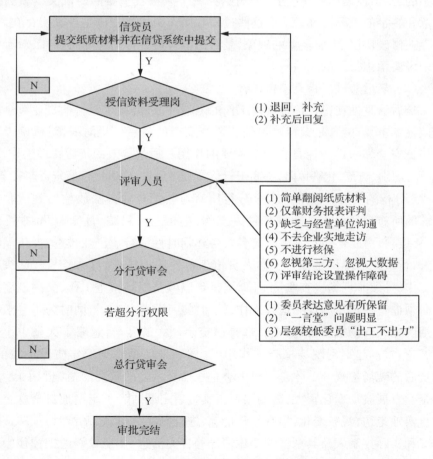

图5.9 审批机制问题简图

(资料来源:相关资料。)

(四)授信执行层面

1. 存在的问题

(1) 面签流程动作不到位

在授信执行层面的第一阶段,一个很重要的工作就是实地面签授信、担保合同。在此过程中,常规的要求是经营单位及风险条线至少各派一名员工,双人或以上实地实人亲见协议文本盖章、签字,并各自将协议带回。

实际工作时很多案例完全不按照规则执行。比如,核保面签时,感觉担保人只不过也是个中小企业,就不去担保人实地核实;应至少双人亲见盖章、签字的,到了授信的中小企业,公司财务一个人拿着重要的协议文本就去把盖章和签字的流程给办理了。这些过程和操作中相关主体是否真实存在,是否存在修改协议、虚假盖章的现象,是否由本人签字等问题随时存在,对于银行来说要承担很大的风险。

(2) 贷后非现场检查工作过多

贷后管理处在银行信贷管理工作的末端环节,但属于银行信贷业务全流程监控的重要环节,是银行确保信贷资产安全的最后一道防线,对于确保银行信贷安全和案件防控具有至关重要的作用。通过有效的贷后管理工作,可以及时识别、防范、化解风险,提高银行信贷资产质量,确保银行信贷资产安全。

S分行的贷后管理部负责全分行所有对公信贷业务从放款后到清收处置前的所有现场检查和非现场检查工作,包括七天跟踪、月度监测、季度收息、年度再评估,还包括不定时的各式各样临时性的行业产业排查、授信品种排查、行政司法案例排查。工作人员忙于各种诸如排查、总结、汇报、回头看等工作,导致非现场检查质量下降,更是难以顾及现场检查工作,又因制度要求必须进行一定量的现场检查工作,就匆匆走访、草草应付,同时为了寻求在短期内完成现场检查指标,必然选择信贷余额大的客户,忽略了大量中小企业客户,根本起不到现场检查的作用,这样一来现场检查工作质量也较低。而贷后的现场检查环节才是应对中小企业信贷风险的重要的措施和手段,中小企业发展波动变化很大,需要银行在其贷后定期或者不定期地对贷款企业进行实地走访,观察变化,检查经营情况,进行账实核对、账账核对,了解资信情况和实际控制人及其家庭的变化情况等各类信息,才能较好地把控住中小企业信贷业务的风险。

另外,分行贷后风险预警系统技术相对落后,自动预警作用没有充分发挥,造成了部分贷后工作无法系统集成自动化实现,需要人工干预,这样就势必会占用时间,影响效率,客观上也加重了贷后管理案头工作。而且,较多情况下,上述工作还会通过各种形式和理由转嫁到经营单位或信贷员那里,既造成责任不清,也造成了前后台矛盾,极大地影响了管理效率、增加了管理成本。

2. 经典案例分析

A公司于2013年5月取得J银行授信,额度1 000万元,品种为有追索权的明保理。自2013年5月31日起,A公司陆续使用额度至1 000万元。

2013年11月25日第一笔保理融资款到期,A公司未能还本付息。这引起了信贷员的警觉,因信贷员了解到A公司对外投资较多,涉及陕西省的矿产项目,贷款可能被挪用。经营单位通过资金去向排摸到了挪用借款投资矿产的线索。为迅速保全资产,在兄弟分行大力协助下,与当地法院取得联系,查访借款人投资的某矿产资源开发有限公司矿产开发情况,并追加某矿产资源开发有限公司的连带责任保证,为后续查封该公司资产做好铺垫。

2013年12月26日J银行正式立案起诉,进入诉讼审理阶段。在该阶段,保理申请人、保证人等6位被告均能到庭或委托他人到庭参加调解,于2014年2月12日达成调解,令诉讼耗时减少,尽快进入执行阶段。但刘某及企业涉诉较多,在后续查封资产的处置中因存在市场、买家等不确定因素,使得部分损失未必能够追回。

本案例在授信执行阶段的问题和不足主要有以下两点:

第一,操作环节埋下隐患。在业务操作过程中,根据审批意见要求经营单位须获得买方企业B公司应收账款债权转让通知回执并盖章确认,经营单位派人去买方B公司确认盖章,但当B公司提出不允许外来人员进入公司内部时,经营单位未引起警觉,应收账款转让确认函回执由B公司财务部经理助理送达公司门口交给经营单位带回银行。案发后,J银行再向B公司确认该项盖章事宜时,B公司人员矢口否认。经营单位对于未能真正进入买方盖章确认事宜始终未向分行进行报告,从业务开始在历次的应收账款债权转让确认过程中经营单位都是在B公司门口取得回执,并未能按照要求进行落实和确认。贷审会审批意见中明确的"应收账款确认方式为买方盖章确认"操作过程变成"走形式",为信贷业务风险埋下隐患。

第二,贷后跟踪检查不力。根据总行文件要求,保理融资款发放后,应认真对卖方和买方的交易合同履行情况进行跟踪检查,做好信贷资金流向监测,定期分析和了解卖方和买方的经营情况、财务状况及资信变化情况等,如遇任何可能危及银行权益的事件,应当及时报告,并采取相应措施分析情况、化解危机。本案例中,保理融资款实际被挪用于某矿产资源开发有限公司开采铜矿,但未能实际产出回报;案发后经走访应收账款债务人 B 公司了解到,A 公司与 B 公司真实贸易量远小于在 J 银行申请保理的应收账款数额,涉及的 B 公司公章系伪造。贷后检查的不力,致使 J 银行的保理融资款被挪作他用一直未被发现,资金风险隐患被掩盖。

3. 出现上述问题的原因

(1) 缺乏风控合规意识

对于中小企业的信贷业务,尤其需要增强信贷人员自我的风控合规意识。相对于国有大型企业来说,中小企业管理不规范、财务制度匮乏、内控管理松散、部门及人员制衡缺失,造成了企业自身运作环节就存在较多的风险隐患。那么对于银行来说,为了保护自己,在授信执行环节应处处注意,充分地实施风控手段和措施。

前述所提及的规章制度执行不到位,授信执行阶段的不规范操作,归根结底是信贷人员缺乏风控合规意识所致,这里的信贷人员既包括前台的信贷员,也包括中后台风险管理或其他职能部门的人员。

(2) 贷后管理不到位,缺乏主观能动性

S 分行部分经营单位对贷后管理工作的认识存在不足,重贷轻管,缺乏对业务拓展与维护的正确认识,未能将营销与风控协调统一。客户经理先入为主地将那些信用等级达标或较高的,能够提供足值、有效担保的,且能正常还本付息的中小企业客户都认为是好客户,主观认定借款企业在短期内不会出现无力还债的情况,在这样的认识下放松了对贷后管理的检查与跟进,随意简化贷后流程,放松标准,导致贷后检查工作流于形式,削弱了贷后管理在信贷风险控制中的重要作用。

此外,S 分行对每笔贷款收益的确认以贷款发放时为基准,而对贷款损失则要到损失实际发生后才予以确认,这也就在客观上造成了 S 分行辖内的经营单位长期以来贷款扩张冲动的形成和"重贷轻管"思想的蔓延。客户经理不但要面对巨大的存贷业务业绩压力,掌握银行内部各种管理系统的操作,适应名目繁多的规章制度与考核要求,同时还要承担起贷后管理的日常工作。贷后管理工作需要客户经理付出较多的时间和精力,但是又没有相应的回报,工作成效非常不明显,加之对贷后管理的激励远不及贷款发放,在问责不彻底、处理不严肃等软环境下,必然导致客户经理对贷后管理工作缺乏积极性。

（3）风险预警措施不完善

S分行整体信息技术较落后、风险识别和评估能力不强，并没有开发量化的模型，只对某些诸如破产等直观的风险预留信息进行设定，还不能对风险实施动态监测和量化管理。现存的风险预警体系在财务和非财务方面设定的统一预警信号，并不完全适合于中小企业信贷业务的开展。事实上，由于中小企业信贷业务量少，银行即使对其做一定的风险控制，也仅是用一些简单的手段来防范，根本谈不上建立一个系统的风险预警体系。

在实施风险预警的过程中，首先，要对可能存在的风险点进行预判和设置。中小企业行业面广，不同行业面临的风险不同。这就要求银行应具备一支具有丰富经验和敏锐度的管理团队，对不同行业中小企业不同阶段的风险进行预测。其次，在日常的贷后管理中需要团队进行大量的决策判断和情况分析，对所获得的关键信息进行测量评定，然后根据得到的信息，判定是否存在信贷违约等风险。

尚处于发展阶段的S分行在进行信贷风险预警时，信贷人员的专业素质和水平尚不能满足相关要求，因而对风险预警信息的获取能力、分析能力和处理能力都比较低，对信息的掌握也存在较大的滞后性。

（五）业绩评价层面

业绩评价是对授信业务全流程的评价，其评价对象涉及授信业务、人、机构。业绩评价涉及量价比较、损失准备、人员晋升，也是一个必不可少的风险控制管理过程。

1. 存在的问题

（1）计划财务部成本核算方面

对于信贷业务的成本、利润，分行计划财务部不分类型一视同仁简单地根据信贷业务带来的规模、利率、中间业务收入等数据进行绩效核算。经营单位发现，单位金额中小企业信贷业务为信贷员带来的绩效普遍低于单位金额大型企业信贷业务，原因是大型企业能带来可观的派生存款、中间业务收入，虽然对大型企业可能会采用一定的下浮利率，但足以被派生存款及中间业务收入带来的利润覆盖。这样，从成本利润核算的角度打击了工作人员对中小企业信贷业务发展和风险防控的积极性。

（2）中小企业部奖励机制方面

对于中小企业信贷业务的奖励，分行中小企业部作为主管的职能部门，没有较好地按照机制安排执行到位。或未在商定的时间、或未对于既定的产品、或未按约定的金额,对信贷员及经营单位进行奖励和表彰。奖励机制朝令夕改,奖金似有似无,管理部门失去诚信,导致信贷员和经营单位在中小企业信贷业务的拓展工作中无法全力以赴。这样,从奖励机制的角度打击了工作人员对中小企业信贷业务发展和风险防控的积极性。

(3)人力资源部人事制度方面

在工作考评和职级晋升方面,分行人力资源部也存在不主动作为的情况,只是简单地使用计划财务部和中小企业部的统计核算情况,对包括大型及中小型企业的所有客户经理进行评定。以规模、利率、中间业务收入等数据作为主要考核指标的排名,必然偏向大企业信贷员,挫伤中小企业信贷员工作的积极性。换个角度考虑,对于中小企业信贷业务的推动和风控管理也带来了负面效应。

2. 形成上述情况的原因

(1)缺乏创新定价体制

根据上文可知,S分行在2014年—2017年6月期间中小企业贷款采用基准利率定价的贷款余额呈大幅增长趋势,而采用基准利率上浮或下浮定价的贷款则呈大幅减少趋势。中小企业信贷风险相对较大,根据风险对价的原则,理应采用定价上浮的手段来弥补潜在的风险损失。S分行基准利率的贷款大幅增加、上浮利率的贷款大幅减少这一情况的出现,显然是因其工作没有做到位。

造成这种状况的关键原因在于没有一套科学、完整、合理的定价机制。若给予中小企业的贷款利率上浮不够,则无法覆盖风险,造成风险和收益水平不对称;若搞一刀切,中小企业贷款一律采用上浮定价,则提高了较优质的中小企业的贷款难度。同时,简单粗暴的上浮利率定价也会造成中小企业的逆选择和道德风险问题。这里的难点就是中小企业的信息不对称导致无法准确衡量风险,从而进一步导致无法准确定价,形成死循环。

(2)考核激励机制缺位

S分行对于客户经理的考核是建立在"业绩为王"的基础上的,奖金与业绩高度相关。在这样的体制机制下,每位理性的客户经理为了自身利益的最大化,要不断进行客户的开拓和维护,并争取将有限的时间和精力高效化,获得最多的客户和业务,从而获得更好的业绩和奖金。

S分行不区分大客户和中小企业客户经理,一个客户经理除了要发展大企业信贷业务以外,还肩负发展中小企业信贷业务的职责,两者并没有明显的区分。由于中小企业贷款单笔贷款金额相对较小,办理抵押登记的贷款占比又比较多,在其他条件不变的前提下,使得一个客户经理要完成同样金额的业绩付出的操作成本更大。比如,要上报更多笔贷款业务、撰写更多的尽职调查报告、开更多的审贷会、与更多的客户沟通、办理更多的抵押登记手续以及日后进行更多的各类贷后检查管理等。单个客户经理的时间和精力都是有限的,假如他一年只有操作10笔业务的时间和精力的话,他会更愿意操作10笔5 000万的贷款而不是500万的贷款。因为,前者的贷款业绩是5个亿,而后者只有5 000万,在业绩与奖金挂钩的考核体制下,显然前者更有吸引力,前者以同样的操作成本可以获得更高的业绩,从而可以获得更高的奖金,而后者尽管付出了同样的劳动,但业绩的收获却与前者相差太大。因此,发展更大的单户融资业务无疑是一个客户经理的理性选择。

可见,在S分行现有的考核激励体制下,一个客户经理在既能做大企业贷款又能做中小企业贷款的时候,会更愿意操作大企业贷款,而不是中小企业贷款。这里问题的关键就在于没有把大企业贷款和中小企业贷款的考核区分开来,甚至应把大企业贷款的客户经理团队与中小企业贷款的客户经理团队区分开来,引入不同的中小企业贷款考核机制,激发中小企业客户经理发展业务的积极性。

八、J银行S分行中小企业信贷业务风险控制对策

(一) 授信启动层面

1. 加强队伍建设,培养高素质的专业人才

很多中小企业信贷业务的风险不在于业务本身,而是在于人对于风险的漠视,有法不依、有章不循,所以S分行应将人员队伍的建设提到较高的高度。员工的能力、素养和操守等方面在很大程度上会影响他所带来的中小企业信贷业务的整体风险。分行应加大对员工的风险防范教育,加强业务培训和职业道德培养,以提高员工识别、判断、控制和处置风险的能力,提升其综合素质。同时,还应制定严格的惩戒机制和措施,提升员工对于风险控制的主观能动性,提高员工对风险的敏感性和洞察力,打造一支优秀的中小企业信贷业务团队。

2. 革新贷前调查方法

针对中小企业的相应特点,可以革新现行的传统的尽职调查方法。

（1）就企业生产经营情况进行核查

应走访企业的生产一线，对车间、厂房和仓库等进行实地核查，全面了解企业的生产现场、员工状态、工艺流程、原材料周转、产品库存、产品质量等各种情况，并做好相应的录音录像等调查记录；通过与税务局联网的财税系统核实企业真实的纳税情况，查看企业水电、煤气等公用事业费推算其用量数据，从侧面掌握企业真实的生产经营情况。

（2）就担保情况及抵质押物进行核查

安排对担保人或抵押物进行常规的定期实地检查，同时也要安排临时性、突击性的实地检查，确保担保人及抵质押物的合法、合规性；还应该重点关注担保人或抵质押物所有人提供的有关证件和资料，要向有关部门进行核实，确保作为第二还款来源的担保情况的真实性和有效性；对担保财产、抵质押物做好严格的市场评估，确保足额有效的第二还款来源。

（3）引入大数据作为尽职调查的手段

首先，逐步建立起中小企业数据库，充分利用网络搜索引擎掌握尽可能全面的信息，便于在接到授信申请时，就相关数据与数据库里的各种企业数据进行比对，从而初步筛选申请企业的正、负面信息。随着申请企业的不断增加，数据库会愈加庞大和完善，也会更加有利于银行的筛选工作。其次，在现今大数据时代，银行可以充分利用开放的有着海量数据的互联网，通过搜索引擎或一些专业的平台获得中小企业法人代表或实际控制人的个人信息、动向、消费习惯等，以便于获得有利于推断企业经营情况的信息，从而尽可能早地做出预判和防范，避免中小企业违约风险。

3. 明晰责任界限，做到真正的"尽职免责"

可以改进理顺前中后台各部门、各环节的关系，去除重复冗余的环节，优化业务操作流程，明确岗位的权责利。让每次贷前调查的过程都是责任明确的，主办信贷员、辅办信贷员以及支行负责人的职责边界明确界定，使得每个岗位上的每一位员工都能清楚地知道自己的职责是什么，应当做什么，做到什么程度才是尽职。按信贷管理办法很好地做贷前调查，在这个基础上发放贷款，由于市场或者其他突发因素造成的贷款不能及时偿还，是可以免于追究责任的，这就解除了信贷员与经营单位对开展中小企业信贷业务的后顾之忧，提高了其开展中小企业信贷业务的积极性。

（二）授信准入层面

1. 构建及优化评级体系

客观准确的信用评级会给信贷业务的开展打下良好的基础，能为贷款的审批和信贷资产管理等后续工作提供一定的决策依据。根据以往的中小企业信用评级工作经验,无论从标准化、批量化还是更强的操作性而言,优化分行现有中小企业客户信用评级体系已刻不容缓。既要有标准化、简单化的程序,又要有多样性、灵活性的操作,在严格控制风险的前提下,满足小微企业"短、频、急"的信贷业务需求。

除了一些常规通用的关键性财务指标以外,针对中小企业的资产规模相对较小、资金周转较快、运营效率较高、成长空间较大等发展特点,可以适度弱化规模指标,重点强化效率指标、成长性指标。因此,需要对参考标准做进一步的调整,以加强评级的针对性、敏感性与可评估性。

增强非财务因素对中小企业违约的影响。相对于财务因素而言,非财务因素因其信息量大、隐藏信息丰富和动态发展等特点更能有助于信贷人员把握贷款质量,对企业发展的态势即时跟踪。结合中小企业信用风险特点和违约特征,强化与中小企业还款能力、还款意愿等关联较大的一些非财务指标,如实际控制人个人及家庭情况、管理者品质、从业经验、经营能力等管理指标,企业主、企业及关联公司的信用记录情况,国家政策支持度、经济环境适合度、信用环境匹配度等外部条件指标。

2. 完善中小企业客户准入和退出标准

S分行应坚持审慎性原则,在拓展中小企业信贷业务中,将对企业的经营状况、发展状况和偿债状况的判断列为判定是否准入的首要条件。总、分行每年将会根据国家的宏观经济政策、S地区的区域经济环境和各行业状况,向全行公开发布当年的授信指导意见,但现有的授信指导意见仅明确了授信业务风险限额,各行业信贷发放指导和优先支持、审慎支持、适度支持的大体方面,并没有对准入的标准进行量化规定,就更加谈不上对于中小企业客户设定相应的准入和退出标准。所以,结合S分行的实际情况,建议研究各行业中小企业的风险点和相应的应对措施,通过各类关键指标的数据化来量化准入标准。如建筑行业企业,其指标就可以基本确定为经营规范、施工资质、工程质量、外部信用评级和征信记录等几项;又如前述案例中的制造行业企业,可以主要设定经营范围、专利情况、市场份额、上下游地位、外部信用评级、征信记录等作为基本评判指标。通过量化关键指标,力求为在S分行内开展中小企业信贷业务提供确切的可参考的依据。同时,由于各区域内的经济和行业发展的差异性,分行也可参照总行的信贷政策制定区域内的行业政策,根据本区域内的行业情况进行个性化的调整,而此类个性化的调整只要向总行备案即可。

～对于准入政策，支行应予以强化执行，除非企业实际情况特殊，否则不能进行例外的准入审批，以保持正常的客户准入秩序。

（三）信贷审批层面

1. 提高评审人员的审批能力

一是加强业务学习，提高授信审批人员综合素质。授信评审人员的岗位专业性极强，伴随着银行全面风险管理及授信审批业务精细化管理的实施，评审人员不仅要熟练掌握国家的行业政策、行内的各种风险管理制度，精通授信审批业务品种，还要有前瞻性地预判问题，控制和化解潜在风险。所以，应为评审人员提供更多的培训机会，加强学习，使授信审批员工能够了解掌握最新的专业知识、国家政策、行业规定以及先进的风险管理理念和风险工具的使用方法。

二是加强资格认定管理。建立分行的中小企业信贷业务评审人员管理制度，定期组织评审人员参加资格考试，提高评审人员的专业素质。同时结合"能者上，庸者下"的制度，提高评审人员队伍的整体水平。

三是加强信贷风险案例分析及行业信贷政策的研讨。对已出现风险的问题案例，及时组织评审人员对信贷风险形成的原因进行分析，举一反三，查遗补漏，总结经验教训，探讨规避风险的措施和对策，提高风险预判和防控能力。同时，也要针对不断变化的经济形势及行业变化，组织评审人员对行业政策进行研讨，并结合辖内客户现状，查找与行业信贷政策的对接点，做好风险防控。

2. 建立科学的审批决策机制

信贷审批在中小企业信贷业务的操作过程中扮演了一个非常重要的角色，它是银行综合评价授信申请企业的风险与收益后做出的最终决定，是银行在贷款投放之前把握授信申请企业全面风险的最后一道重要关口。为了提高中小企业信贷审批质量，S分行可以做好以下工作。

（1）提高信贷系统判断能力

信贷系统判断是银行基于大量的历史信贷数据，通过若干计算模型测算统计得出的经验判断结果，通过计算机处理授信申请人的资信、债项、财务等要素表现来确定信贷业务的分值，从而为信贷审批人审批贷款提供重要的依据，在中小企业信贷业务批量化开展的时候显得尤其重要，可提高时效、节约成本。

（2）强化科学授权管理

银行在风险可控的前提下,针对不同信贷产品的风险程度、不同分支机构的管理能力,实行分类授权管理,适当向分支机构实行转授权。与此同时,S分行应根据审批资质对于信贷审批人员进行分级授权。对资深而且审批质量较高的审批人赋予高级的权限;对较低资历的审批人给予较低的权限;对审批质量有问题的审批人员实行无权限、末位淘汰或在岗学习培训制度。

（3）加强电子系统的建设,加大系统在信贷审批流程中的介入度

S分行在简化信贷操作流程的同时,应利用科技手段实现对中小企业信贷业务的全流程电子化操作和系统控制,合理减少人为的主观操作,加大系统介入,从而大大地降低操作风险,提高客观性和审批准确性。

（4）细化要求,坚定审批的风险底线

银行的审批风险底线是根据大量的历史信贷数据和银行经营战略来共同确定的,风险底线反映了可接受的对信贷客户的最低要求。在实践中,风险底线可以淘汰一批高风险客户,在同一试点的审批总量减少后,剩余的审批业务可以获得相对较多的单位审批时间,提高信贷业务的审批质量,降低审批决策的错误及失误比例,对于分行的审批决策工作具有十分重要的意义。

（四）授信执行层面

1. 树立全员的风控合规意识

营造良好的信贷风险管理文化环境,树立全员的风险合规意识,是实施中小企业信贷业务风险控制的基础。中小企业相对较大企业来说,本就易受到经济环境、外界因素的影响,普遍缺乏经营的稳定性,在银行授信的存续期间出险的概率相对较高,各个环节的信贷从业人员就更应具有审慎经营、合规操作的意识和自觉性。

2. 激发全员主动性的贷后管理意识

S分行应强化各部门、单位的中小企业贷后管理意识,积极引导信贷从业人员转变一直以来"重贷轻管、重放轻收"的错误观念,化被动型的贷后管理为主动型的贷后管理,树立信贷业务全流程监控、全员参与贷后管理的理念。一方面要加强信贷从业人员对贷后管理工作的认识,提高贷后管理工作在信贷管理工作全流程中的地位和权重,使其等同于贷前调查、贷中审查;另一方面要将贷后管理工作细节落到实处,不断提升信贷员对中小企业的贷后管理工作水平。

3. 完善风险预警,构建符合中小企业特征的贷后监控体系

银行的信贷风险预警是指对授信客户进行有计划的、系统性和持续性的

贷后监测,通过有关定性和定量的技术手段,对各类信息所反馈的预警信号进行识别、分析、衡量其风险状况,及早发现风险来源,锁定风险范围,判断风险程度以及分析风险走势,发出预先设定的风险警示并及时采取适当措施,以化解风险、确保信贷资产安全的主动性、动态管理过程。结合其所实施的贷后管理风险预警机制,S分行还可以在下述方面进行改善和加强。

第一,健全中小企业数据库和完善信息管理系统。加强和坚持对中小企业信贷客户数据的采集与管理,规范数据采集标准和要求,丰富数据采集内容,内容应包含中小企业的基本信息、财务报表、借贷记录等历史数据及评级模型、信用等级等方面的资料,不断丰富内部数据库。不断丰富和完善中小企业内部基础数据库的工作,有利于进一步研究与认识不同行业的基本特点、发展趋势和主要风险特点,也有利于提高信用评级的准确性,提高分行对中小企业信贷业务的管理水平。

第二,完善预警报告制度。风险预警作为掌握信贷风险状况的管理工具,能够客观及时地协助银行做出应对。S分行组织架构中存在多头管理的现象,各管理部门上下级之间、水平的职能部门之间信息不对称,影响到了中小企业信贷业务的开展效果。因此,完善顺畅的风险预警报告制度建设应当成为S分行加强中小企业信贷业务贷后管理工作中的重中之重。风险预警报告制度应采取纵向与横向报送相结合的形式,在不同级别、不同部门之间进行交流传递,以确保风险信息传递的及时性、顺畅性和有效性。

第三,做好动态指标的适时修正。中小企业经营的不确定性较大,容易受宏观政策的影响。因此,银行对中小企业信贷风险预警指标要及时地进行修正,强化对风险问题的事前控制,提高预警结果的可信度。中小企业贷后预警指标的修正是一个持续性的不断积累的过程,除了日常重点关注企业的财务指标外,还要对企业非财务指标的相关预警内容进行不断地补充和修改。持续积累授信企业平时的财务及非财务数据指标以及对应的风险处理结果数据,为预警指标的合理化修正不断地提供经验依据,以提高分行中小企业信贷业务贷后管理水平。

(五)业绩评价层面

1. 完善信贷定价机制,实现风险与收益对价

贷款定价是商业银行风险管理体系中的重要组成部分,强调价格的风险补偿,实现收益对风险的覆盖,是信贷风险管理的基本原则。如果贷款的定价无法与风险形成对价的话,银行的信贷资产将可能会蒙受损失,对商业银

行的经营利润产生较大的影响。贷款定价对于商业银行开展中小企业信贷业务来说,是一把双刃剑。一方面,贷款定价若偏低,将无法充分覆盖中小企业贷款违约损失,直接威胁银行信贷资产的安全;另一方面,贷款定价若偏高,过高的利息支出会加重中小企业的财务成本,加大企业的经营风险,间接提高了商业银行信贷风险的产生概率。对中小企业的贷款定价要综合考虑多方面的因素,其中包括银行的成本与收益、政策导向、风险控制偏好、银企关系、金融同业竞争情况以及战略发展定位等诸多因素。

S分行在对中小企业信贷业务管理上应逐步完善以成本效益为基础、以市场价格为导向、以降低利率风险和提高盈利能力为核心的科学定价管理体系,改变过去一味注重追求短期收益的局面,同时要积极探索贷款定价在降低中小企业信贷风险、扩大信贷市场份额、优化中小企业客户结构等方面的重要作用。就具体内容上,可以尝试从以下几个方面着手操作:

第一,细分客户,实行差异化管理。依据客户类型、所处行业特点、信贷产品风险程度、银企关系、综合贡献度以及担保措施等方面实行差异化定价,通过价格杠杆对信贷资源进行合理配置,对优先支持的中小企业客户给予优惠价格,加急办理,以快速抢占客户资源,争夺市场份额;对审慎支持的中小企业客户执行标准化的定价政策;对退出类的中小企业客户实行主动、及时、果断的退出,必要时实施强制上浮贷款利率的政策以加大退出力度。

第二,积极推动中小企业信贷业务的综合经营,完善贷款与其他金融产品的交叉营销,形成良性联动的定价机制。S分行应以贷款定价为切入点,针对中小企业的融资需求,科学设计信贷产品、结算工具以及衍生产品等的排列组合方案,全面满足不同中小企业客户的需求,使银行在为中小企业提供多元化、个性化金融服务的同时拥有更加灵活的议价手段,在激烈的同业竞争中占据主动地位,以期在对中小企业信贷风险进行良好控制的同时实现合理的收益水平。

2. 优化中小企业考核激励机制

对于经营单位的信贷员来说,与服务大客户相比,同样的工作量服务中小企业客户带来的贷款余额及利息贡献是很小的,单位产出相对不高。信贷员工作量较大且中小企业贷款风险相对较高,银行应从业务、效益、信贷质量等多方面对信贷员进行评价和激励,以真实反映信贷员的劳动量和经营业绩,并在收入分配上有所体现。上文提到对中小企业信贷员的考核依然沿用了对大企业信贷员的考核办法和激励机制,这在一定程度上对中小企业信贷员是不公平的,从另一个侧面打击了中小企业信贷员的工作积极性和防控风险的主动性。

故可以设计中小企业信贷员考核卡(表 5.10),相对均衡地评估中小企业信贷员的综合表现,主要考核指标包括新增贷款余额、新增不良率、新增客户数、交叉营销情况、工作质量等,指标权重之和为 100%。

表 5.10 中小企业信贷员考核卡

类别	考核指标	权重	目标值	评分标准	完成值	得分
数据类 60%	新增贷款余额	30%	新增 5 000 万元	实际完成数/指标数 × 权重,1.2 倍为限		
	新增日均存款	15%	新增 1 000 万元	实际完成数/指标数 × 权重,1.2 倍为限		
	新增不良率	10%	不超过 1%	不良率0,得 10 分;(0~0.5%],得 8 分;(0.5%~1%],得 3 分;超 1%,则不得分		
	中间业务收入	5%	根据当年分配数	累计完成数/指标值 × 权重,1.2 倍为限		
客户类 30%	新增客户数	20%	新增 5 户	完成数/指标数 × 权重,1.2 倍为限		
	新增有效结算户	5%	新增 10 户(达到日均存款 10 万元)	完成数/指标数 × 权重,1.2 倍为限		
	交叉营销情况	5%	根据当年分配数	达到最低要求得满分,没有则按比例得分		
日常类 10%	工作质量	5%		贷前调查、尽职报告、放款操作、贷后管理等日常工作		
	内控合规	4%		参加培训、落实制度以及文件执行情况		
	自我成长	1%		参加培训、交流以及提出合理化建议等		

资料来源:相关资料。

根据考核卡进行打分,最终以百分制计算每个信贷员总得分,根据分值可以分为 A、B、C、D 四个档次,分别对应优、良、中、差的评定,相应的措施如表 5.11 所示。

表 5.11　等级奖惩表

等级	对应奖惩办法
A	职务晋升或上调行员等级
B	维持
C	职务或行员等级下调
D	谈话，并予以培养改进

资料来源：相关资料。

这样一来，奖罚分明，可以进一步完善中小企业信贷员的考核激励机制，对中小企业信贷业务的发展起到积极的促进作用。

九、结论与展望

（一）研究的结论

本章将 J 银行 S 分行作为研究对象，以"麦克米伦缺口"理论、"信息不对称"理论、"信贷配给"理论、"融资优序"理论、"关系型借贷"理论等作为理论基础，根据著者在 J 银行 S 分行多年信贷工作的积累，利用亲身经历，并适当结合工作案例，对 S 分行中小企业信贷业务现状和发展情况进行研究和分析，对中小企业信贷业务风险控制情况进行深度剖析，总结出该行在中小企业信贷业务"贷前—贷中—贷后"环节中产生的问题。在借鉴行业经验的同时，结合部分主流技术与手段，为该行对中小企业信贷业务风险控制举措提出了参考建议。

总体而言，主要获得了以下几点感想：

第一，国内中小企业对于社会、经济、就业等领域的贡献日益突出，在贡献突出的同时其融资需求也相应增长，但金融市场尚不足以向这些中小企业提供相应的融资服务，所以这些中小企业的融资主要依赖银行贷款及民间借贷。

第二，国内中小企业众多但可获得的授信金额相对较小，因为规模较小、家族经营、关联交易、财务混乱等原因造成了其总体违约率相对较高。中小企业的发展具有很大的波动性，其银行融资诚信度很大程度上基于其实际控制人的个人诚信和信用状况，使得银行对中小企业信用分析及信贷判断的不确定性加大。

第三，大力发展中小企业信贷业务、支持中小企业融资发展一直以来都是J银行的立身之根本,J银行创立了"科技金融""文化金融""绿色金融"等品牌,S分行也一贯延续总行在扶持中小企业信贷业务方面的方针政策,在中小企业信贷业务方面业绩较好,但总体的贷款质量并不高。

第四,S分行在中小企业信贷业务的风险控制方面,存在的问题还是比较突出和明显的,涉及业务的全流程。

第五,针对S分行在中小企业信贷业务风险控制方面出现的问题,相应设计了具体的改进措施及方法,可以通过革新调查方法、优化评级体系、完善信贷定价机制、提升员工意识、完善风险预警等方法来解决。

(二)研究的展望

本章主要根据著者在J银行S分行多年信贷工作的积累,利用亲身经历,对S分行当前中小企业信贷业务现状和发展情况进行研究和分析,为该行对中小企业信贷业务方面的风险控制提供改进建议,帮助该行在中小企业信贷业务发展方面提供决策支持。这些改进的建议都是基于J银行S分行的实际情况和所在市场的真实环境提出的,对促进S分行中小企业信贷业务在合理适度的风险范围内持续健康发展具有十分重要的现实意义,对S分行提高贷款风险管理水平具有实际参考价值。

第六章

我国商业银行个人住房贷款违约风险管理研究

——以 H 商业银行为例

本章分析了国内商业银行的个人住房贷款风险管理现状,运用具体数据分析了苏州地区四大国有商业银行个人住房贷款的发展状况,简述了国内商业银行个人住房贷款业务的基本运作流程,并指出存在的主要违约风险点及风险管理内容。在此基础上,以 H 商业银行为例,对其违约风险管理模式和内容进行了深入分析。一是对 H 商业银行的集中经营管理模式与事业部制模式、分散经营模式进行了特征对比分析,指出了集中经营管理模式的优劣。二是根据 H 商业银行贷前准入和贷后管理的两项实证研究结果,重点阐述了该行违约风险管理的内容,包括以实证结果对比分析 H 商业银行关于客户贷款准入的标准和评级内容,根据样本找出违约风险的关键因素以及获取这些因素的方法;以实证结果研究 H 商业银行违约客户特点,深入分析该行贷后违约风险管理的重点。进而结合违约风险管理理论,根据风险管理中存在的问题,分别从主动违约和被动违约两个方面提出相应的管理对策和政策建议,从国家层面强调应加快和完善个人信用体系建设,建立个人破产制度;从商业银行层面强调应优化客户准入标准,实现贷后管理精细化,提高客户信息数据治理,推崇优化的集中经营管理模式,重点治理假按揭贷款等。文中在分析和研究时重点强调风险管理中的风险补偿定价策略、管理成本分群策略、准入及贷后管理精细化策略,以期给商业银行个人住房贷款违约风险管理提供新的思路和方法。

一、引言

（一）研究背景和意义

1. 研究的背景

自中央政府分税制改革以来，城市化进程的推动、地方政府推行土地财政的内生需求以及商业银行信贷投放对房地产市场的支持促成了全国各地尤其是沿海经济发达地区房地产市场的蓬勃发展。随之而来的是商业银行个人住房信贷业务的快速发展。但不得不面对的是，房地产价格的高涨、国家对房地产市场的宏观调控以及我国经济结构调整政策给外部经济环境带来的变化，使房地产市场风险逐步积聚，商业银行个人住房贷款违约现象频发，尤其是部分地区房价过高，投机炒房现象严重，个人住房贷款不良率有所上升。商业银行个人住房信贷业务面对着各种群体的客户，既有刚需客户，也有投机炒房客户；既有本地居民，也有外来务工人员；既有单身人士，也有新婚夫妇；既有高级白领，也有小摊小贩……到底哪些人群容易产生违约，哪些是个人住房贷款不良的高发人群，这些都是商业银行个人住房贷款违约风险管理亟待了解的重要问题，也是对客户群体进行再验证分析的出发点，弄清楚这些问题既有助于商业银行进一步调整客户群体准入条件，提升客户群体质量，也有助于进一步调整风险管理措施，提升风险管理水平。

2. 研究的意义

第一，随着房贷业务的发展，商业银行个人住房信贷客户群体规模越来越大，客户管理难度也随之增大，对准入的关键风险要素有必要进行再验证。对多数商业银行，尤其是国有商业银行来说，虽然近些年来涉及个人房贷客户管理的相关办法时有出台，但总体而言大同小异，始终摆脱不了将收入证明、家庭婚姻状况、资产证明、信用状况、户籍所在地等作为客户准入的判断条件，基本上采用的都是评分卡模型。到底这些判断条件与客户发生违约的相关程度有多大，应该说商业银行并没有就此对已经准入的客户群体做过系统的分析与"回头看"。虽然国内外学者均对违约发生影响因素进行过研究，但部分违约影响因素对违约行为发生的影响程度不具有普遍意义，研究结果与地区的文化、经济水平、社会发展水平、信用体系完善程度等有关。因此，本章通过分析研究得出的区域住房贷款的违约影响因素及其影响程度，对当地商业银行完善住房贷款准入标准，提升客户质量有参考价值。

第二,外部经济环境不佳,不良贷款呈上升趋势,风险管理压力较大。近年来,对房地产市场进行宏观调控,加之外部经济环境不佳,商业银行贷款不良率逐年上升。产生违约行为的客户群体到底具有怎样的规律性,特别是客户准入条件是否适应外部经济环境是值得各商业银行探讨和研究的问题。对客户群体违约影响因素的研究,可以帮助商业银行调整客户准入要求与准入条件,建立一套科学的贷后客户分析研究机制与程序,从而使客户验证分析成为商业银行的一项常态化工作。

第三,对客户群体的分析研究,有助于建立单个客户违约概率预测判别机制,并实施精细化的客户利率定价模型,真正实现商业银行收益覆盖风险的经营原则,强化风险补偿功能。例如,如果研究结果表明客户违约概率较高,那么商业银行在对该客户进行准入时,就需要依据收益覆盖风险的原则提出增加首付款或提升贷款利率等以进行风险补偿,强化违约风险管理,提升商业银行经济增加值。

(二)国内外研究综述及简要

1. 相关概念

(1)个人住房贷款概念界定

就国内商业银行而言,个人住房贷款一般指个人住房按揭贷款。按揭一词源于英文"Mortgage",指以拟购置的房产为抵押,商业银行根据房屋购置价格按不高于规定比例发放贷款,借款人根据房屋购置价格按不低于规定比例支付首付款(首付款金额加贷款金额之和为房屋购置价格),并在规定期限内定期偿还贷款本息。个人住房贷款按照交易流通场所,可分为一手住房贷款和二手住房贷款。一手住房贷款是指商业银行向借款人发放的,用于借款人购买首次交易的住房(即房地产开发商或其他合格开发主体开发建设后销售给个人的住房)的贷款。二手住房贷款是指商业银行向借款人发放的,用于借款人购买再交易住房(即售房人通过交易取得房地产权利证书,并可以在房地产三级市场再次交易的住房)的贷款。

应与个人住房按揭贷款进行区分的概念为个人住房抵押贷款,后者是指以住房作为抵押担保物,向借款人发放的指定用途的贷款。因此个人住房按揭贷款是个人住房抵押贷款的一部分,个人住房抵押贷款并不一定是个人住房按揭贷款。两者的主要区别为:

一是定义不同。个人住房按揭贷款是向借款人发放的用于购置房屋的贷款品种,而个人住房抵押贷款是以住房为抵押物向借款人发放的用于指定用途(包括消费、经营等)的贷款品种。

二是用途不同。个人住房按揭贷款用途必定是购置住房,个人住房抵押贷款用途既可能是购置住房,又可能是除住房以外的消费、经营等。

三是抵押物不同。个人住房按揭贷款的抵押物可能是期房,因此在抵押登记实现之前往往需要开发商进行阶段性担保,而个人住房抵押贷款一般均要求是现房。

2. 违约风险理论

(1) 期权理论

期权理论的前提是经济学中的经济人假说。期权理论承认借款人都是理性人,理性人追求约束条件下的个人效用最大化,所以借款人违约与否取决于其认为是否划算。因此违约过程是一个收益与成本权衡过程。根据借款人权衡过程中衡量考虑因素的不同,期权理论又形成了两种截然不同的假说——权益假说和还款能力假说。权益假说是指借款人依据比较归还房贷债务并持有住房与放弃住房哪个合算做出违约决策。在权益假说中隐含了一个重要前提,即借款人可在任何时刻将抵押物变现,即不存在交易成本或不存在交易成本过大而影响变现,因此总是存在着能够加速住房变现流通的交易市场。还款能力假说是指借款人收入下降至不足以偿还债务即发生违约或借款人流动性不足即发生违约。还款能力假说也隐含了重要的前提,即借款人还款能力不足时不考虑其他因素,例如对信用的影响等,单纯按照偿债能力做出违约决策。因此无论是权益假说还是还款能力假说,均需要对现实条件下借款人是否违约的多重因素进行限制。事实上借款人违约过程是相当复杂的,它与很多因素相关,而且借款人违约也并不能解除其债务。由于多数国家个人贷款往往承担无限责任,违约将发生个人破产,因此使得期权理论变得不切实际,研究结果大打折扣。

(2) 信息不对称理论

行为经济学认为由于市场交易各方所拥有的商品或服务的价格、质量等信息不相同,掌握信息比较充分的一方处于有利地位,掌握信息比较匮乏的一方则处于不利地位。个人房贷业务中信息不对称现象也时有发生。这种情况使得市场机制不能起到很好的作用,容易引发"逆向选择"和"道德风险",这里的"逆向选择"是指与商业银行比较,借款人本身对贷款用途、自身的经营状况、资产实力等很了解,对贷款可能存在的风险点较清楚,但贷款准入时的表面情况并未将其反映出来或借款人表现得比较积极,最终使得商业银行选择他们作为贷款对象,而一些资质条件好的借款人却并未得到信贷资源,从而使得市场资源配置不佳,效率下降。这里的"道德风险"是指贷款发放后,资质条件差的借款人在还清贷款前利用各种手段如"假交易对象"等擅自改变贷款资金用途形成的信贷潜在风险。信息不对称现象也存在于商业银行内部,在信贷运作流程链条上,调查者与审查审批者之间、分支行机构上下级之间、管理者与普通员工之间都可能存在信息不对称。相对而言,经营行或经办人员因业绩压力可能隐瞒借款人潜在风险、调查不尽职、用途监督不力等,或与借款人勾结以权谋私等。而管理行或管理者只是信息的间接获得者,他对借款人的判断依赖于调查人员或经办人员提供的信息的真实性、准确性与及时性,在信息获得方面存在劣势。

(3) 预期收入理论

预期收入理论是由普鲁克诺于1949在《定期放款与银行流动理论》一书中提出的。预期收入理论认为,贷款能否到期偿还,应以借款人的生产经营项目未来的收入为基础,如果未来收入可持续保障并符合商业银行分期付款方式,商业银行就可以发放该笔贷款,从而获得风险的营利性、流动性和安全性,否则将会发生违约,并产生不良。预期收入理论的主要内容包括以下三个方面:

一是收入预期。借款人能否支付房贷首付款取决于其支付能力(当前收入水平与过去收入的累积),但其未来的支付能力决定了其能否按期偿还贷款本息。借款人首付款的累积可通过前期储蓄资金加以实现,银行是否发放房贷受借款人当期收入水平影响,更重要的是受其未来收入水平影响。

二是预期价格。如果购房者预期未来房价会有所上升,则会发生购房行为,从而产生房贷需求;如果预期房价会有所下降,则会持币观望。同理,不考虑其他因素,如果借款人预期未来房价有所上升,则相对偏好按期付款;如果借款人预期未来房价有所下降,且严重低于贷款余额,则相对偏好违约。

三是心理预期。心理预期会使预期变为现实,例如购房者都预期房价会下跌,则都选择持币观望,从而使得房地产市场上房屋供给大于需求,则房价会下跌。

预期收入理论以行为学的观点,从经济人和理性人出发,分析了借款人发生借款行为,商业银行发生贷款行为的原因,并解释了房贷违约与预期收入、预期资产价格等的关系,对进一步研究个人房贷违约有重要指导意义。

（4）再协商理论

我国风险管理中的再协商理念多出现于法人贷款中,即商业银行根据借款人当前与未来的还款能力、资产实力、现金流水平等,为保全信贷资产、实现利益最大化经权衡后与借款人经协商重新签订新的贷款合约,包括重新设定贷款利率、贷款到期日、贷款利息等,例如,法人贷款展期可视为一种再协商结果。在个人住房贷款中一般不出现商业银行让渡合约的重新设定,例如,延长还款期限以降低每期还款水平,从而使借款人能够保持还款水平,因为该种行为已被认为是潜在风险产生的迹象。再协商理论产生的机理是,通过资产处置收回贷款往往是一个对借款双方都耗时耗力耗财的过程,整个过程涉及多个方面,既不利于商业银行不良率考核,也有损于借款人的信用。1995 年,Terrence M. Clauretie 和 Mel Jameson 建立了再协商模型,该模型的实质是贷款双方通过让渡一部分利益实现均衡。对贷款人而言,再协商达成的按揭贷款的市场价值应超过从执行抵押权产生的潜在收益;对借款人而言,再协商达成的按揭贷款的市场价值必须小于违约产生的潜在损失。因此,再协商的最终结果应该处于这两者之间。

3. 主要文献综述及简评

由于国外商品经济和市场经济发展的历史较长,因此关于住房按揭贷款违约风险的研究先于国内,包括利用计量经济学建立函数模型、期权理论、博弈理论等。国内的学者多在国外学者研究的基础上,利用相应的研究方法和研究机理,进行不同地域或不同区域内的实证分析。

（1）运用变量关系研究住房按揭贷款违约风险管理

关于住房按揭贷款影响因素与违约产生的关系的研究最早可以追溯到 20 世纪 70 年代以前,研究集中在贷款价值比、借款人特征、环境特征等方面。学者 Page(1964)认为影响违约风险的因素除了贷款价值比外,还应考虑更多因素,如个人住房抵押贷款利率结构等。这些研究主要力求通过选择少数的几个主要变量来解释违约的发生,虽然还不完善,但都为研究贷款违约影响因素提供了基本思路。学者 Archer 等(1999)却认为个人住房抵押贷款风险是在贷款发放和住宅销售过程内部产生的,贷款价值比变量则与其无关。其理由是当银行发现借款人违约风险较大时,会主动通过降低贷款价值比来缓释和补偿风险。该结果实际表明了不能将住房贷款价值比作为住房贷款发生违约的主解释变量,从实证上证明了将借款人特征作为住房贷款违约影响因素进行研究的必要性,当然在这个时间之前已经有不少学者开始关注借款人特征与住房贷款违约的关系,并开始相关的研究工作了。Herzog 和 Earley (1970)的研究发现职业越是不稳定,家庭收入出现变动的可能性越大,因而个人住房贷款发生违约的风险也就越高。国内学者刘春红、刘可新和吴晨(2000)的研究结果表明家庭月收入、首付比例、购房能力、还款承受力、还款收入比对违约有显著影响。国内学者杨星、麦元勋(2003)认为无风险利率和贷款期限是违约产生的主要因素。

总之,违约变量研究的焦点主要集中在从发放个人住房抵押贷款的金融机构角度出发探索违约贷款发放之时借款人特征、贷款特征、房产特征等维度因素与违约风险间的相关性。方法上主要侧重于通过实证研究,寻找自变量(借款人特征、贷款特征、房产特征)与因变量(违约)之间的相关性及影响程度。研究有助于为商业银行制定科学合理的个人住房抵押贷款准入评价体系,同时建立科学的贷后客户评价方法。

(2) 运用期权理论研究住房按揭贷款风险管理

期权理论的前提为每个借款人都是理性的决策者,其目标是追求一定约束条件下的个人效用最大化。违约决策过程实际上是借款人对收益与成本的权衡过程。随着理论的发展,逐步形成了两种截然不同的假说——权益假说和还款能力假说。Foster 和 Van Order (1984)是最早开始利用期权理论研究违约行为的学者。他们认为住房权益是否为正,是借款人是否违约的主要决策依据。Deng Yongheng、Quigley John M.、Van Order Robert 和 Mac Freddie (1996)利用期权的风险模型分析了违约与提前还款,研究表明违约对贷款价值比和抵押房产价值较为敏感。Spring 和 Waller(1993)利用期权模型对借款人违约风险进行了实证研究,以此来验证交易成本在借款人违约中的重要性。结果表明交易成本在借款人的违约决策中非常重要。国内学者虞晓芬(2000)构建了以权益论、交易费用论和预计价值论为基础的分析模型,全面反映了借款人理性违约的决策行为。

总之,相比运用实证数据建立违约发生与特征变量之间关系模型,期权理论对违约发生的研究更深入地揭示了违约风险产生的机理,为违约风险管理提供了新的视角,也为现代商业银行信贷资产全流程管理提供了理论依据。

(3) 运用信息不对称理论研究住房按揭贷款风险管理

Case Karl E. 和 Shiller Robert J. (1996)研究了住房按揭贷款合约设计的完备性与借款人产生违约道德风险的关系,表明了完善合同设计是住房按揭贷款风险管理的一个重要组成部分。国内学者王重润、赵冬暖和王浩润(2003)通过研究表明,现实中房贷市场中的信息不对称使得商业银行并不完全知晓借款人的风险状况。因此会导致信贷市场供给减少,从而降低了市场效率,而通过贷款合约的多样化及完善设计可克服信息不对称,提高市场效率。但是如果抵押物处置成本比较高则仍不利于市场供给。因此要完全降低信息不对称,除了完备合约设计外,降低抵押物处置成本以及提高违约成本也是关键。

二、国内商业银行个人住房贷款违约风险管理现状

(一) 苏州地区四大行个人住房贷款业务发展状况

苏州虽为二线城市,但由于其经济属外向型且对周边地区的经济发展辐射作用明显,近年来城市化进程显著,始终保持着人口净流入,因而房地产市场发展迅猛。相较于经济发展程度与居民的收入水平,苏州的房产价格"性价比"较高,带动了本地与外地居民的购房热情,即使在宏观调控以后,成交量下降明显,但区域内房产均价没有大的波动,价格行情相对稳定。2008年以来,苏州地区商业银行个人住房贷款业务也因此得到了迅猛发展。表6.1列出了从2008年至2014年苏州地区四大国有商业银行个人房贷余额变化情况,显示四大行个人存量房贷均呈逐年上升态势,仅7年时间,四大行个人房贷业务规模增长了近2倍。显然这与苏州地区房地产市场的成交量不无关系。

表6.1 苏州四大国有商业银行2008—2014年个人房贷余额

(单位:亿元)

银行机构	2008年	2009年	2010年	2011年	2012年	2013年	2014年
工行	263	347	370	370	404	491	568
农行	198	319	397	445	522	610	683
中行	259	384	431	436	466	554	642
建行	243	347	405	460	530	634	723
合计	963	1 397	1 604	1 711	1 923	2 289	2 617

资料来源:银行间数据交换资料。

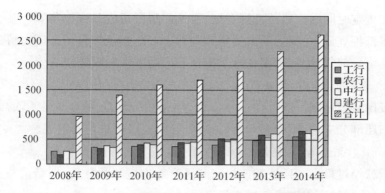

图 6.1 苏州四大国有商业银行 2008—2014 年个人房贷余额(单位:亿元)
(资料来源:苏州四大国有商业银行个人房贷业务统计数据。)

(二)国内商业银行个人住房贷款运作流程简述

自商品房出现以来,国内各大商业银行的个人住房贷款业务也应运而生,经历了从无到有,积少成多的过程后,已经达到了相当大的规模。相应的,各大银行对个人住房抵押贷款的风控手段以及风险管理较多年前相比也已经有了长足的发展。总体来讲,流程环节已基本完善,过程控制基本合理。对一笔普通的个人住房贷款而言,一般都要经历受理、调查、审查、审批、担保落实、发放贷款、分期扣款(或提前还款)、贷款结清、抵押物释放等比较完整的贷款"生命周期"。

1. 受理与调查

对商业银行的客户经理而言,个人住房贷款业务的主要受理渠道为房地产开发楼盘、房地产中介。房地产开发楼盘渠道一般受理的是一手住房贷款,房地产中介渠道一般受理的是二手房贷款。房地产开发楼盘按揭贷款又可分为项目楼盘按揭贷款与非项目楼盘按揭贷款。受理贷款时,客户经理根据商业银行贷款准入需要的相应资料列出清单,由客户提供相应材料,客户经理与客户进行面谈面签,对部分资料需要进行实地调查。

2. 审查与审批

受理调查完成后,客户经理提交贷款材料,贷款进入审查审批阶段,由审查人和审批人出具独立意见,大额超权限贷款须进入商业银行专门设立的贷款审核技术委员会进行决策,发挥群策群力的功能。

3. 担保落实与发放贷款

审批通过后,须落实贷款担保方式,一般而言,对期房的按揭贷款初期均由开发商承担阶段性担保或落实其他保证担保,部分已开通预抵押登记的地区须在规定时间内完成预抵押登记,待抵押房屋建成并完成房屋产证登记后再落实抵押登记;对现房的按揭贷款则须直接落实抵押登记。期房待完成担保后即可发放贷款,现房则在落实抵押登记后方可发放贷款。

4. 分期扣款与提前还款

按揭贷款期限一般都在一年以上,须采用分期还款的方式还款,借款人若要归还部分本金,须向商业银行申请,经同意后可进行提前还款。

5. 贷款结清与抵押物释放

贷款经过最后一期还款或提前归还全部本金和利息后,即结清贷款。贷款结清后,借款人方可进行抵押权证注销。

6. 不良贷款处置

在贷款生命周期内,如借款人出现违约情况,当商业银行认定贷款违约已达到银行内部不良认定标准,且达到起诉标准后,即开启起诉程序,由法院判定后进行拍卖处置,拍卖处置后如可覆盖贷款本息,则不良贷款处置完成,如无法覆盖贷款本息则须启动不良贷款核销程序。

(三)商业银行个人住房贷款主要违约风险点

商业银行贷款风险包括信用风险、市场风险、政策风险、法律风险、操作风险、流动性风险等,个人住房贷款违约风险为信用风险。国内外学者对违约风险所下的定义有以下几种:美国学者 George(1978)认为在抵押贷款发放至少 6 年半后仍未发生违约才认为是非违约抵押贷款;国内学者王福林(2004)认为借款人在借款期间内未能正常支付金融机构贷款本息逾期两期或两期以上的现象,视为违约。国内学者胡侠和虞晓芬(2002)将由于借款人无力按期还本付息,或故意不履行还款义务,使信贷资金的实际运作结果偏离银行预期目标的视为违约风险。从中可以看出国内外学者对违约风险如何认定主要集中于借款人未正常支付贷款本息的时间段。按国内商业银行对违约的认定,只要借款人未按规定向商业银行支付贷款本息,即视为违约,同时根据违约时间长短认定贷款分类及不良贷款。本章依据主流定义,将借款人未按合同约定归还贷款本息的行为视作违约。

通过以上对商业银行个人住房贷款风险的分类,可以了解各类风险的交织点集中于借款人是否发生违约,因此在内外部环境下,即商业银行内控机制越发完善、管理手段越发先进,房地产市场经过宏观调控后泡沫已被挤压等,我们应主要研究的是个人住房贷款的信用风险,也就是说对个人住房贷款违约风险的研究更具有现实意义。对商业银行而言,个人住房贷款好比是

"一门生意",贷款发放的最终目的是能够连本带息收回贷款。贷款本金或利息的损失代表着"这门生意"可能面临着亏本。个人住房贷款的主要风险点从最终的结果来看可归结为违约风险,违约风险产生的原因可归纳为以下几种。

1. 借款人个体还款能力风险

借款人个体还款能力风险是指借款人确因个人未来可用于偿还贷款的现金流不足而造成的还款能力不足引发的风险。还款能力不足可能是因为工作收入下降或失业、离婚、重大疾病、死亡等原因造成的。这种风险属于被动违约风险。由于借款人个体差异较大,因此该类风险带有很强的不可预测性。

2. 楼盘烂尾风险

楼盘烂尾风险主要源于开发商资金断裂,使得房屋工程停滞或拖延,借款人因无法按时取得或无法取得房屋,从而造成主观还款意愿不强。开发商销售的多是期房,在房屋未建成或抵押物权证尚未办理前,一般个人住房贷款均处于阶段性担保或预抵押阶段,此时如果开发商资金流不足就会造成楼盘烂尾。虽然有阶段性担保,但由于阶段性担保人是开发商自身,因此这时银行按揭贷款就存在很大的敞口风险。

3. 假按揭风险

假按揭贷款包括一手住房假按揭贷款与二手房住房假按揭贷款。假按揭贷款是指该笔个人住房贷款可能涉及虚假身份、虚假交易、虚假房屋、虚假价格等。假按揭贷款的目的往往是通过贷款套取银行资金,其后果是借款人无归还贷款意愿。它属于主动违约风险,对商业银行个人住房贷款资产安全的危害性最大,是商业银行风险管理的重点对象。

4. 其他风险

除以上三种主要违约风险外,在贷款的生命周期内,其他可能引发的违约的风险还包括权证办理瑕疵风险、抵押物贬值风险等。

(四)国内商业银行个人住房贷款违约风险管理内容

基于个人住房贷款运作流程以及潜在风险点,对商业银行而言,风险管理从流程上来讲大致可分为两个阶段,分别为贷前风险管理与贷后风险管理。

1. 贷前风险管理

贷前风险管理主要指通过贷前准入,包括贷款调查、贷款审查、贷款审批确定是否予以发放贷款。以上三个环节中任意一个都有其审核与准入标准,在各环节经办人员根据相应制度办法,对贷款进行审核,符合标准的予以同意,并进入下一环节。一是贷款调查。该环节一般须重点调查以下内容:借款人购房行为是否真实;借款人是否已真实、足额支付首付款,或具有足额支付首付款的能力;借款人是否具备购房和贷款资格;借款人资信情况、还款能力是否符合规定;借款人所购住房是否在预售许可范围内;贷款要素是否符合按揭楼盘准入审批复和按揭合作协议约定;与同区域、同类型、同档次住房相比,所购住房成交价格是否合理。二是贷款审查。该环节重点审查借款人资信情况、还款能力是否符合规定;首付款支付是否符合规定;对开发商或其关联企业员工(含员工配偶)申请贷款的,应特别关注关联关系人购房交易行为是否真实;住房成交价格是否合理。三是贷款审批。贷款审批环节与审查环节核实内容基本相同,审查与审批环节的前提均是建立在调查真实性基础之上的。如果调查失去真实性或真实性不足,审查与审批毫无意义。除以上三个环节外,对个别贷款,如额度较大或权限上收的贷款须由商业银行成立的专门的贷款审核技术委员会决定,甚至是上报上一层级的机构进行审核。

2. 贷后风险管理

由于个人住房按揭贷款产品在各大商业银行中一般都被认定为较低风险的标准化产品。因此,个人住房按揭贷款的贷后日常风险管理采用还款管理方式,即由于个人住房按揭贷款期限一般均在 1 年以上,采用分期还款方式进行还款,商业银行通过借款人是否能够定期履行还款要求,判别借款人的还款能力,如出现违约,则根据违约连续次数,采用不同的风险管理方式。如违约 1~2 期的采用电话催收,违约 3 期(含)以上的采用上门催收,长期违约 3 期以上的开启起诉程序等。应注意的是,以上的贷后风险管理方式是一种结果管理,是针对借款人的违约产生情况进行的分类管理。上文已经提到违约为风险产生的结果,有各种原因会造成借款人违约。如果仅进行违约管理,那么对个人住房按揭贷款的管理将流于表面形式,应通过借款人是否违约作为线索,深入了解违约产生的根本原因,即借款人是主动违约还是被动违约,是纯粹因为还款能力不足造成违约还是因楼盘烂尾造成主观还款意愿不强,或是存在虚假按揭贷款的可能。其中,对因借款人个体还款能力不足产生的违约风险,主要依靠催收进行管理;对楼盘烂尾风险,需要依靠定期现场检查,如调查工程进程等、楼盘销售情况、开发商经营状况等进行了解;对虚假按揭贷款需要结合多方面因素进行考量,包括开发商现金流状况、楼盘销售情况、权证办理状况等。

三、H商业银行个人住房贷款违约风险管理案例分析

（一）H商业银行个人住房贷款发展及资产质量状况

近几年来，H商业银行的个人住房贷款业务随着房市的走俏得到了快速发展。仅2009年全年个人住房贷款增量就达到了121亿元，增幅达到了61.3%，由于资产规模的扩大，2009年年末不良率迅速降至0.16%。此后除2011年以外，其他各年H商业银行个人住房贷款增长规模均达到70亿~80亿元，且资产质量控制良好。但应注意的是从2013年起由于外部经济环境的变化，违约风险积聚，资产质量水平有所下降，但仍保持在比较低的水平。表6.2列出了从2008年至2014年H商业银行个人住房贷款的余额、增量、增幅及不良率水平；图6.2为从2008年至2014年H商业银行个人住房贷款余额及不良率变化。

表6.2　H商业银行近年个人住房贷款业务发展及资产质量情况表

	2008年	2009年	2010年	2011年	2012年	2013年	2014年
个人住房贷款余额（亿元）	198	319	397	445	522	610	683
个人住房贷款全年增量	—	121	78	48	77	88	73
个人住房贷款全年增幅	—	61.3%	24.6%	12.1%	17.3%	16.8%	12.0%
个人住房贷款不良率	0.45%	0.16%	0.16%	0.14%	0.19%	0.29%	0.52%

资料来源：H商业银行多年业务数据资料。

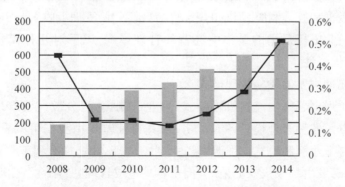

图6.2　H商业银行近年个人住房贷款余额及不良率变化（单位：亿元）

（资料来源：H商业银行个人住房贷款统计数据。）

（二）H商业银行风险管理模式

1. H商业银行风险管理模式的演变

个人住房贷款的风险管理模式与个人贷款中心的组织架构变化不无关系。从H商业银行早期的金融超市、个贷运作中心，到个贷经营中心，再到目前个贷集中经营中心，随着个贷业务的不断发展，其组织架构也历经了不断的变迁与优化，总量不断扩大的同时，风险管理模式越发完善，风险管控能力也有所增加。早期的金融超市和个贷运作中心强调将个人住房贷款的全口径经营管理落地于基层，因此基层网点承担了营销、审查审批、贷后管理等全部功能。随着业务规模的扩大，各个基层单元管理方式不统一，上级行对基层行的监控越发困难，流程上缺乏控制手段，尤其在对贷款质量的把控上，基层单元迫于业绩压力，约束失效的情况时有发生，管理水平参差不齐。由此，上收集中审查审批权限应运而生。个贷经营中心的组织形式，强调基层承担营销与贷后管理功能（将审查审批上收到上级行信贷管理部门）。此后为了更好地解放个贷中心客户经理的生产力，提升营销效率，H商业银行开始实施个人贷款集中经营，将个人住房贷款管理职能完全上收，基层只需要营销、接单与调查即可。H商业银行个贷集中经营中心的成立表明个人住房贷款风控的集中化已经形成。当然，风控的集中管理与科技手段的支撑紧密联系，依托电子流实现了对流程的在线监控。如果没有科技手段支撑，仍沿用纸质档案，那么要实现这样的集中管理必将付出昂贵的管理成本。

2. H商业银行风险管理模式与其他管理模式的比较

由于组织架构不同，国内商业银行风险管理的模式也有所不同，既有事业部制模式，也有部门制约模式；既有集中经营管理模式，也有分散经营模式。各类经营都有其利弊，但总的来说，"营销下沉，管理上收"是当前流行的趋势。H商业银行采用的是集中经营的管理模式，以下对几种模式进行比较，分析其优劣性。

（1）几种主要的风险管理模式

表6.3列出了集中经营管理模式、事业部制模式、分散经营管理模式的主要不同点。各种管理模式各有优劣，从其特征差异中我们可以看到，集中经营模式与事业部制模式均强调"管理上收"的理念，这样有利于实施统一集中管理，不易发生约束失效的情况，但也容易造成管理的"刚性"。例如，由于营销与审查审批人无利益相关性，因此他们更多地从符合标准的角度考虑问题，不排除扼杀个别优质客户的可能性；在分散经营管理模式下，营销与管理

均集中在基层单元,这种管理模式为扁平化管理模式,出现在国有商业银行个人住房贷款业务发展的早期,该模式比较灵活,市场适应能力强,但采用该模式容易因业绩压力而造成约束失效。

表6.3 几种主要风险管理模式的特征对比

不同点	集中经营管理模式	事业部制模式	分散经营管理模式
管理思路	营销下沉、管理上收	营销下沉、管理上收	营销、管理均下沉
典型机构	分行:个贷集中经营中心 基层:个人贷款中心	分行:个贷部 基层:个人贷款中心	基层单元:金融超市、个贷运作中心、个贷经营中心
主要职责	个贷集中经营中心:授信执行、贷款发放、批量催收管理(如电话催收、短信催收)、权证管理、档案管理、风险监测等 个人贷款中心:营销、上门催收、权证办理、不良贷款处置等	个贷部:审查审批、授信执行、贷款发放、催收管理(全口径)、权证办理与管理、档案管理、风险监测等 个人贷款中心:营销	基层单元承担营销、运作及贷后管理等所有职责

资料来源:商业银行风险管理实际运作方式。

① 集中经营管理模式

该类经营管理模式有利于对贷款风险的控制,多数商业银行均采取这种风险管理模式,该模式体现了"营销下沉,管理上收"的思想。由于各行组织架构的不同以及当地业务量有差异,集中经营模式也会有所差异。比较常见的集中经营管理模式是在市分行的层级设立1个独立的集中经营管理中心,集中经营管理中心承担了包括授信执行、贷款发放、催收管理、权证管理、档案管理等的职责;审查审批职责归属于信贷管理部门;营销调查职能落实在各个区级经营行或基层单元。值得注意的是,由于影像技术的发展以及内网技术的完善,部分商业银行可以通过电子流程控制实现集中经营管理,因此涉及档案、权证等的实物保管工作虽有集中经营管理中心统一进行流程管理,但具体工作仍由基层办理,节省了相当大的人力、物力和财力。

② 事业部制模式

事业部模式囊括了所有个人住房贷款运作职责,由专门的个人贷款部门进行经营管理。该类模式比较适合于在城区使用,基于营销方面的考虑,如果在下设经营机构内成立多个个贷营销中心,由于城区不存在地域壁垒,各个个贷营销中心都可以进行跨区域受理调查,容易引起不必要的内部竞争,造成政策不统一。事业部制模式中,内设审查审批团队,因此在贷款运作中政策的把握上比较容易沟通,当然也失去了部门制约的机会。另外,事业部制模式中贷款催收管理、权证管理等涉及工作量较大的操作业务,不触及商业银行住房贷款核心信息,一般采用外包模式。因此事业部制模式下个人贷款部门机构相对庞大,人员众多。

③ 分散经营管理模式

分散经营管理模式是指个人住房贷款的营销与管理均下沉在商业银行各个经营机构,接近于或等同于基层网点的单元机构。该单元机构既承担营销责任,也承担贷款的运作及贷后管理责任。分散经营管理模式在我国按揭贷款发展之初比较流行。贷款全流程均下放至基层单元机构,虽然贷款的经营管理比较灵活,但缺乏管理的统一性,管理混乱的现象时有发生。目前的分散经营管理模式已有所变异,部分仍采用分散经营管理模式的银行一般均将审查审批权限上收至上级行,从而通过流程分割制约,实现对贷款准入的控制,提升贷款质量。

(2) 集中经营模式与事业部模式的优劣分析

H商业银行未实施事业部制模式,但实施了个贷集中经营管理模式,由于各地房地产市场的成交差异性,因此在不同地区的集中经营管理程度有所差异。以H商业银行M市分行为例,该行集中经营管理模式与事业部制模式运作存在以下差异:一是业务流程控制差异。集中经营管理模式下,该行分支行个人贷款中心及基层网点承担受理与调查工作,市分行个贷集中经营中心承担营销支持与集中经营中后台管理职能,部分流程环节仍分散在其他部门,如审查审批设在信贷管理部,授信执行派驻在各分支行个贷中心,会计放款设在运营管理部等;事业部制模式下个贷专业部门囊括了个贷业务运作的全部操作环节。二是资源配置上自主性、有效性差异。事业部制模式下个贷相关信贷资源和营销费用等自上而下进行单列,由个贷相关部门进行配置,在规模紧张时可实行价高者得,在审查审批、会计放款各环节中将高利率贷款优先运作,使其住房按揭贷款定价水平始终保持同业领先,提高了资源配置的效率。三是专业化程度差异。事业部制模式下个贷中心营销人员主要承担营销接单责任,而该行客户经理除营销接单外,还要承担资料整理与系统信息录入职责,单笔贷款的处理时间明显长于其他行。当然该行个贷集中经营模式较事业部制模式更节省人力成本,不存在庞大的专业运营机构,人员分散在各分支行个贷中心,有利于合理安排其工作数量和内容,充分挖掘人员的潜力。

（三）H 商业银行违约风险管理的具体内容

1. H 商业银行违约风险贷前管理

违约风险贷前管理研究的是贷款准入时如何更好地完善准入标准，把握客户结构，提高资产质量。贷款发放前应依据贷款管理办法中的准入条件看客户是否符合贷款发放资格，这些准入条件实际上就是由商业银行把控的违约风险因素。本章希望通过将 H 商业银行现行管理办法中明确的违约风险因素与通过实证研究得出的违约风险因素进行对比分析，找出真正影响客户违约发生及对违约概率影响程度较大的因素，进而找出一种能够确定客户关键违约风险因素的方法。先列出 H 商业银行的个人住房贷款准入标准以及需要采集的客户信息，然后通过样本数据利用 logistic 模型得出实证结果，并将现行标准与实证结果对比，进行分析。

（1）管理办法中已明确的准入标准

① 客户及贷款准入标准

表 6.4 列出的标准为个人住房贷款准入的基本标准，包括客户准入标准和贷款准入标准两部分。一般来说，国内商业银行，包括 H 商业银行对个人住房贷款客户均会使用这些标准进行衡量。客户准入标准实际上是 H 商业银行对个人信贷类客户提出的标准，贷款准入标准主要是对个人住房贷款客户的准入要求。按照以上准入标准，客户一般须提供的资料包括身份证明、婚姻状况证明、户口簿、工作单位及收入证明、配偶或共同借款人身份证明、配偶或共同借款人工作及收入证明、个人征信系统查询信息、合法有效的房屋买卖合同、首付款证明等。从中可以看出 H 商业银行在对个人住房贷款准入时重点关注的方面包括客户的收入水平、信用记录、首付成数、购置房屋状况（区域、面积、成交价格）等。

表6.4 H 商业银行个人住房贷款基本准入标准

客户准入标准	具有完全民事行为能力，持有合法有效身份证明
	具有固定住所或稳定的工作单位或稳定的经营场所
	客户申请贷款时不存在到期未还的逾期贷款和信用卡恶意透支，最近24个月内不存在连续90天（含）以上或累计180天（含）以上的逾期还款记录，能够说明合理原因的除外
	贷款用途明确，符合法律法规规定和国家有关政策
	收入来源稳定，具备按期偿还的能力
	须对客户进行信用评级的，评级应达到规定标准

续表

贷款准入标准	购房行为真实,已签订合法有效的房屋买卖合同
	借款人已真实、足额支付首付款,或具有足额支付首付款的能力,有已支付不低于最低规定比例首付款的证明
	借款人具备购房和贷款资格
	借款人资信情况、还款能力符合规定
	借款人所购住房在预售许可范围内,贷款要素符合按揭准入审批批复和按揭合作协议约定
	与同区域、同类型、同档次住房相比,所购住房成交价格合理

资料来源:H商业银行实际相关资料。

② 客户信息采集与评分

不同于过去客户准入中的评分卡模型(评分卡方式、客户评分标准公开、易发生主观提高客户评分的情况),客户评级的打分标准均由后台系统统一控制,不公开,以防止人为篡改主观信息从而提高客户评定等级。表6.5中列出了H商业银行所须采集的客户信息,应注意对比下文中关于客户风险管理实证研究得到的主要违约因素。

表6.5 H商业银行个人住房贷款客户信息采集情况

客户基础信息	个人基本信息	国家或地区、证件、性别、年龄、文化程度、户籍地址、城乡属性、是否为本地常住人口、居住年限、职业经营类别
	个人关系人信息	主要指配偶或共同还款人的信息
	个人公积金信息	主要指公积金缴存情况
	个人联系方式信息	固定电话、手机号码、电子邮箱
职业经营信息	工薪供职信息	单位全称、国际行业分类、职务状况
	个私经营信息	经营组织方式、国际行业分类、年营业收入、年净利润
	学生就读信息	就读学校名称、入学日期、学制
财产及业务支持信息	个人财务信息	资产合计、负债合计、本人年税后收入、家庭年收入、家庭年均支出
	个人他行贷款信息	贷款银行名称、贷款种类、贷款余额、风险分类、月均还款、贷款到期日期
信贷关系信息	个人信贷关系	借款人在本行的信贷关系信息

资料来源:H商业银行实际相关资料。

(2) 实证研究中得出的关键风险因素——关于 H 商业银行 C 地区对个人住房贷款违约风险的研究结果

上文阐述了 H 商业银行个人住房贷款准入要求、评判内容及风险管理模式等。由于数据采样的局限性,无法获取 H 商业银行的大样本数据,但准入标准具有普遍适用性,因此通过对 H 商业银行 C 地区的客户违约风险数据进行研究,可对其客户准入标准及风险管理要求进行再分析和验证。

研究采用了 C 地区 2009 年至 2012 年 9 月末发放的个人住房按揭贷款数据,研究手段主要为利用 logistc 模型进行数据分析。解释变量为"违约标识",违约概率由违约笔数除以总笔数获得。被解释变量则为根据客户准入标准及经验认定的相关信息数据。按照 logistc 模型特性,共有两个关键参数,分别为置信度和解释变量系数,其中置信度越小影响程度越显著,一般最大不超过 0.1;解释变量系数指其他因素不变的情况下该解释变量影响被解释变量的程度,该系数的绝对值越大对被解释变量的影响越大。简单地说,置信度决定了该变量是否可作为解释变量;解释变量系数则决定了解释变量单位变动对被解释变量的影响度(若超过 0.1 说明该解释变量不能显著地影响被解释变量,也就是指该解释变量对被解释变量的解释力不足以大概率信赖,此时即使"系数"绝对值再大,也无参考意义)。

第一,初次测试结果(表 6.6)。初次测试共选择了 28 个违约风险因素(解释变量),测试结果中部分解释变量系数大于 0.1,则该类变量不能有效影响违约概率(被解释变量),同时部分解释变量出现了严重的多重共线性,剔除无效变量后将风险因素进行分组(分为信用风险和操作风险)进行了二次测试。

表 6.6 违约风险因素(解释变量)系数及置信度情况(初次测试结果)

序号	风险因素	解释变量系数	置信度
1	性别	0.412 6	0
2	是否结婚	0.564 9	0
3	是否离婚	0.895 0	0
4	教育程度	-0.057 7	0.055 5
5	还款方式	0.843 2	0.001 0
6	有共同借款人	0.426 6	0.003 9
7	供养人口	0.025 7	0.723 8
8	借款金额	0	0.379 3

续表

序号	风险因素	解释变量系数	置信度
9	家庭年收入合计	0	0.580 0
10	月供收入比	-0.041 5	0.347 5
11	贷款年龄	-0.025 5	0.002 2
12	是否为公务员或事业单位员工	0.380 8	0.085 2
13	是否为国有企业员工	-694.738 6	1.000 0
14	是否为上市公司员工	0.535 5	0.599 0
15	是否为一般公司员工	0.307 0	0.039 0
16	是否为雇主	-695.448 5	1.000 0
17	职务	-0.573 1	0
18	职称	0.119 5	0.559 4
19	连续工作年限	-0.011 4	0.364 5
20	首付款	0	0.312 8
21	首付成数	-0.548 4	0.564 0
22	房屋单价	0.000 1	0.053 7
23	房屋建筑面积	0.013 0	0.000 8
24	贷款期限	-0.003 2	0.798 8
25	执行利率	-0.454 5	0
26	婚姻信息	-0.025 1	0.915 7
27	收入信息	-0.056 6	0.683 4
28	单位信息	0.472 2	0
29	常量	-4.073 2	0

资料来源：H商业银行C地区相关资料。

第二，第二次测试结果（表6.7）。根据首次测试结果，从中找到11个对违约概率影响较大的风险因素，进行第二次测试。

表6.7　违约风险因素（解释变量）系数及置信度情况（第二次测试结果）

序号	风险因素	解释变量系数	置信度	结果描述
1	是否离婚	0.860 142	0	离婚更容易违约
2	还款方式	0.840 863	0.001 011	等额本息更容易违约
3	执行利率	-0.516 084	0	利率越低越容易违约
4	是否结婚	0.520 806	0.000 020	未结婚更容易违约

续表

序号	风险因素	解释变量系数	置信度	结果描述
5	职务	-0.475 903	0	职务越低越容易违约
6	有共同借款人	0.440 172	0.001 913	无共同借款人更容易违约
7	性别	0.401 420	0.000 049	男性更容易违约
8	是否为一般公司员工	0.286 949	0.010 076	是一般公司员工更容易违约
9	教育程度	-0.057 378	0.045 261	教育程度越低越容易违约
10	贷款年龄	-0.023 457	0.000 941	贷款年龄越低越容易违约
11	房屋建筑面积	0.006 483	0.000 022	建筑面积越大越容易违约
12	常量	-3.225 169	1.000 00	—

资料来源：H商业银行C地区相关资料。

(3) 违约风险因素分析

根据定量模型计算结果可得到以下结论：

第一，研究结果显示了违约风险因素与违约概率的关系，某些风险因素是可以从经验或从理论上得到证实、归纳和推理的。

第二，根据模型特性，模型中风险因素的系数是在其他变量存在的情况下，该风险因素对客户违约概率的影响程度。因此应根据综合情况对客户进行准入，仅分析单因素决定对客户是否准入是不合理的，多因素综合考虑的结果对客户准入有较大的指导意义。

第三，应根据某些对违约概率影响较大的因素制定精细化的市场营销重点，选择风险管理策略。例如，研究表明房屋建筑面积越大越容易违约，那么对大金额贷款的准入要求应适当提高，如提高首付款，增加资产证明等，同时考虑房屋建筑面积较大的抵押物变现能力相对较差，大金额贷款一旦发生不良对整体不良率的影响较大，因此应控制大金额贷款在全部贷款中的比例。

第四，研究结果表明客户的综合素质对违约概率影响比较显著，应重点关注；而商业银行普遍关注的客户收入、首付成数和贷款期限等并不能显著影响违约概率。

这里客户的综合素质主要包括离婚和结婚的情况、教育和工作情况、性别等。离婚的客户比不离婚的客户更容易违约，原因是离婚后借款人减少了共同还款人，还贷压力变大，心理上由于无家庭约束，可能进一步丧失责任感，信用意识变差；结婚的客户更不容易违约，原因是一方面结婚后家庭共同承担债务，还款能力增强，另一方面家庭使得借款人的责任意识更强；职务越高的客户更注重自身的社会形象,更不容易违约;男性更喜欢冒险,比女性更容易违约;一般公司员工更容易违约,原因是职业稳定性不足,收入也不稳定;教育程度越高的客户越不容易违约,原因是个人素质越高,信用意识越强。

收入影响不显著,原因是商业银行对普通客户收入水平一般按照客户提供的收入证明认定,并佐以经验判断,只有在收入水平偏高时会要求客户提供更为有利的证据,存在客户提供的收入证明与实际不符的情况;首付款比例不显著,原因是现实中优质客户有较多的资产增值渠道,因此不愿意多付首付,而部分一般客户考虑每月的还款压力而减少贷款金额;贷款期限不显著,原因是存在提前还款的客户,但获取数据时的贷款期限是贷款审批通过时给定的期限,并未考虑提前还款后期限有所缩短。

第五,研究结果表明贷款要素和房产信息,如贷款年龄、房屋大小、还款方式和执行利率也能显著影响违约概率,但程度不及客户的综合素质。选择等本递减还款方式的人更不容易违约,原因是前期还款中贷款本金较多,随着时间的推移,每期还款额度减少,从还款能力和期权理论角度来看,客户都没有违约的必要;执行利率越高的贷款越不容易违约,原因是借款人愿意承受高利率,则还款能力较强,且高利率贷款可能为二套房贷款,而二套房贷款的客户一般资产实力较强,还款水平较高;借款人贷款年龄越小,稳定性越低,社会责任感和家庭意识尚不具备,经济实力较差,较容易违约;房屋面积越大,贷款金额越大,借款人还贷压力越大,越容易发生违约。

2. H 商业银行违约风险贷后管理

要研究 H 商业银行的违约风险贷后管理,实际上关键是要找出 H 商业银行在贷后管理中有哪些优缺点,具有什么特点,这些特点是否能够有效加强贷后管理。

(1) 对 H 商业银行不良贷款的一项研究分析

表6.8 是至2014年5月末 H 商业银行存量个人住房贷款统计分析情况。从中可以看出,H 商业银行个人住房贷款不良率最高的为 300 万~500 万元贷款档次客户,违约概率是全行平均的 8.72 倍,不良率是全行平均的 5.6 倍;其次是 500 万~1 000 万元档次客户,违约概率是全行平均的 7.16 倍,不良率是全行平均的 4 倍;除1 000 万元以上客户尚未出现不良外,违约概率和不良率最低均为 50 万元以下客户,这充分体现了零售业务风险分散的特点和优势。

表 6.8　H 商业银行住房不良贷款分析表

余额区间	总房贷		不良贷款				不良率	
	笔数	余额（万元）	笔数	笔数占比	余额（万元）	余额占比	按笔数统计	按余额统计
50 万元（含）以下	122 348	3 006 765	258	63.24%	6 140	24.59%	0.21%	0.20%
50 万~100 万元（含）	31 091	2 059 759	90	22.06%	6 239	24.98%	0.29%	0.30%
100 万~200 万元（含）	5 428	719 380	40	9.80%	5 221	20.91%	0.74%	0.73%
200 万~300 万元（含）	987	239 689	6	1.47%	1 505	6.03%	0.61%	0.63%
300 万~500 万元（含）	505	193 210	11	2.70%	4 231	16.94%	2.18%	2.19%
500 万~1 000 万元（含）	168	105 297	3	0.74%	1 636	6.55%	1.79%	1.55%
1 000 万元以上	36	52 209	0	0	0	0	0	0
合计	160 563	6 376 308	408	100%	24 973	100%	0.25%	0.39%

资料来源：H 商业银行资料。

此外，不良借款人的职业主要为自雇人士与私营企业主，共发生不良贷款 56 笔，余额 6 463 万元，占比 73%；不良贷款的成因主要是经营不善和收入下降，发生不良贷款分别为 51 笔、余额 5 671 万元和 38 笔、余额 1 327 万元，占比分别为 64% 和 15%。

（2）H 商业银行贷后管理的特点

国内商业银行对个人住房贷款的贷后管理一般为以其定期扣款为依据的结果管理，如客户出现违约，则根据违约的期数对客户分级并采取不同形式的催收方法。H 商业银行仍然沿用了结果管理的方法，从对 H 商业银行不良贷款的研究分析中可以看到，同样的管理方式会出现不同的违约结果。H 商业银行在结果管理的基础上，利用现有的集中经营管理平台，对个人住房贷款管理模式进行了细化、深化和完善。

第一，集中管理与分层管理。依据"管理上收"的理念，H 商业银行将贷后管理进行上收集中，但这里应强调的是"管理上收"不是"盲目的一味上收管理"，而是"可上收的管理上收"，即将可依托集中经营平台的管理权限上收，分别明确界定了个贷集中经营管理中心与个人贷款中心在贷后管理中的职责分工。一是催收管理职责分工。个贷集中经营管理中心集中部分逾期贷款催收职责,由分行个贷经营管理中心设立专业外呼人员,对逾期三期以内(含)的贷款实行集中催收。支行个贷中心负责对三期及三期以上的贷款进行催收。日后待条件成熟,考虑对有一定催收难度的贷款实行外包催收。这样就形成了催收管理集中分散相依托,上下分工,内外结合。二是权证管理职责分工。个贷集中经营中心强调对权证办理、出入库、释放等的全程监控。权证的出入库必须通过H商业银行自行开发的权证综合管理系统进行登记,从而实现实物与系统的双线结合与控制,真正实现对全行权证的集中管理与监控。而实物权证仍由各支行进行保管,支行还负责协助做好权证的催收工作。

第二,强调贷后客户群体分析,对部分群体有针对性地增加贷后管理成本。从对H商业银行不良贷款的分析研究可以看出,H商业银行在贷后管理中已开始有意识地强调对存量客户进行数据分析,以此来检验资产质量,细分客户群体。虽然数据分析的手段还不是很完善,但其理念是值得推崇的。除此以外,H商业银行还强调在客户群体的研究基础上,对违约率、不良率高的客户群体严格执行准入标准,适当增加贷后管理成本。

(四)违约风险管理中存在的问题

根据对H商业银行违约风险管理的案例分析,以及比照其他商业银行的风控管理方法,认为以下几个方面是多数商业银行在违约风险管理中存在的问题。

1. 关于贷款准入

(1)贷前准入手段陈旧,标准不统一,缺乏精细化管理

个贷前后台、分支行之间应加强沟通,以控制实质风险为核心,把握底线,将准入标准细化,让一线营销人员有拓展标准,并结合市场和银行信贷规模情况适时调整相关标准,紧贴市场,跟主流同业保持一致。目前存在的部分问题是单笔贷款业务回退以后,其做法就演变成接下来房贷营销的新标准,一笔贷款打击了一大片客户,客户经理营销失去方向,积极性受挫,错失了营销机会。

(2)因业绩冲动而约束失效

基层行迫于业绩的压力,对客户的选择和准入缺乏清晰的认识、客观的判断,归根溯源在于商业银行业绩考核思路陈旧,仍然固执地强调业务发展的时点指标考核,缺乏日均指标发展意识,未能将风险管理合理地纳入指标考核,风险管理考核比重不高,未实现业务经营和风险管理均衡发展。

2. 关于贷后管理

（1）贷后管理过于"一视同仁"，缺乏细分管理，尤其是大额贷款管理不到位

多数商业银行均将个人住房贷款视为较低风险的标准化产品，在对个人住房贷款的贷后管理中均采用分期还款检查，实行逾期催收制度。这种管理方式过于笼统和单一，尤其是对大额贷款，以这种方式管理过于粗放，依照大额贷款所产生的绝对收益也应适当提升管理成本。

（2）缺乏客户群体分析与再验证，对贷前准入标准缺乏支撑

商业银行对客户群体并未建立整体贷后分析，例如对客户容易产生违约的特征的分析，包括对职业、性别、年龄段、贷款金额、首付款、利率等的分析。由于中国地域广阔，经济发展水平差异大，人们生活习惯不同，思想方式不一，因此各商业银行总行制定的各类准入标准在不同地区将存在着"水土不服"的现象。商业银行应该在统一标准的基础上，制定适合当地人群的准入细则，依托对存量客户群体的验证分析，按照影响程度依次找出特征变量，从而把握客户准入的关键要素。

3. 关于不良贷款

（1）对不良贷款的容忍度不足，缺乏客观认识

部分商业银行碍于不良率的考核，尤其是上市商业银行碍于定期公布财务报表的压力，对产生的正常个贷不良缺乏足够的容忍度。在经济下行区间，某些银行仍会提出不良贷款双降的目标，这缺乏现实性和可行性。个贷客户众多，发生不良的绝对数量肯定高于法人客户，尤其是在外部经济下行时，由一些不可预见的意外情况引起的贷款不良属正常，重点应关注的是群体性不良（主要是指开发商因资金回笼压力，勾结借款人通过虚假按揭贷款套取银行资金）的出现。

（2）不良贷款责任认定不科学，责任追究机制不健全

对产生的正常个贷不良没有给予充分的理解。对贷款是否予以发放的判断是依据客户过去及当时的情况做出的，是否产生不良贷款具有不确定性，在客户被调查时不存在瑕疵和道德风险的情况下应适当减免各环节的责任，实行尽职免责。尤其是在特定的经济环境即实体经济下行造成借款人资金链断裂增多的情况下，如果贷款一出现不良，就追究责任人，容易造成环节经办人尤其是审查审批环节的经办人一味追求免责，从而不从实际情况出发判断是否可以贷款给客户，甚至会导致因信息不对称，出现贷款的"逆向选

择"(客户为获得贷款对自身的情况进行包装)。

(3) 不良贷款处置手段单一

商业银行不良贷款清收和处置的难点主要是:手段单一,主要依靠现金清收,对个贷核销标准把握较严;效率低,对于一笔最简单的按揭贷款,在借款人不失联的前提下,一般至少需6个月才能完成不良贷款清收等工作,如果借款人失联则处理更是遥遥无期;专业化程度不高,银行缺乏专业的法律人才,依法清收主要依靠事务所外包,没有对事务所办案效率进行考核和督导,即使事务所办案进度缓慢,也无法及时将其更换,延缓了不良贷款诉讼清收的进度。

四、个人住房贷款违约风险管理对策和政策建议

(一) 防范主动违约

第一,重点治理假按揭贷款,减少主动违约和批量违约,实现全流程风险控制。商业银行个人住房贷款运作管理模式发展到今天,已经基本上实现了流程的制约和控制。在此基础上,由于其隐蔽性、复杂性、滞后性、批量性、危害性,假按揭贷款始终是个人住房贷款风险管理的首要对象。为此,商业银行必须将打击假按揭贷款作为重点工作来抓。首先,要建立完善假按揭线索追查机制,根据批量违约、权证办妥率等重点监测指标及时查查。其次,要建立开发商信息的共享机制,一方面,要监测开发商资金情况;另一方面,要对有假按揭贷款"前科"的开发商进行标注。最后,要建立区域价格信息库,对价格相较于区域平均价格偏离度过高的楼盘进行监测。

第二,加强信用体系建设,提升违约成本,建立个人破产制度。部分借款人不顾个人信用的原因是违约的成本仍然比较低,虽然在部分年限内对其在商业银行贷款有所影响,但是仍然未波及借款人生活的其他方面。因此,我国必须建立和健全个人信用体系,将银行贷款、水电费缴纳、物业费缴纳、交通违规情况等统一纳入一个信用体系内。今后,还应将个人信用作为个人社会行为举止记录,纳入个人档案资料,以此提高借款人违约成本,提升全民重视信用的意识。

(二) 防范被动违约

从实证模型分析,商业银行的客户准入关键风险信息与准入的要求的标准存在差异。一方面是由于商业银行的规章制度一般由省行或总行拟定,具

体到某一辖属地区可能存在"水土不服";另一方面,一套制度办法一般使用时间较长,在使用期内可能经历经济周期更迭,时效性不够,必须及时更新和优化准入标准。从本章的实证结果来看,一是应重视借款人素质,包括但不限于是否离婚、是否结婚、工作单位、职务、教育程度等。二是应依据收益覆盖风险的原则,根据违约概率高低细化贷款定价水平。三是要重新审视客户准入时对其收入水平的考量。不能过分采信收入证明,对绝对收入较高的客户是否应继续坚持与一般客户相同的收支还贷比要求值得商榷。另外,应强调的是,本章中的关键违约风险因素是依据对特定地区、特定时段数据的研究结果提出的,具有参考价值,但是不能盲目以此研究结果为标准。

(三)推崇优化的集中经营管理模式

"营销下沉,管理上收"的理念仍然是值得推崇的。将经营管理集中到上级行,有利于实现政策标准的统一,避免营销与管理的混乱;有利于形成运作流程中的制约,避免约束失效。这里需要指出的是,笔者推崇事业部制的集中经营管理模式,但对档案和权证的管理倾向于采用电子流程进行控制,而不是统一集中保管,如此可减少人力、物力和财力成本。

(四)精细化贷后管理

对固定贷款金额(100万元以内)的个人住房贷款的贷后管理可依据大数法则,考虑收益与管理成本的匹配,采用批量分期还款监测、分级逾期催收的方式。前文已述商业银行对大额个人住房贷款的贷后管理与一般贷款金额的个人住房贷款相同,没有专门的贷后管理办法,由于大额贷款如果发生不良,对商业银行贷款资产质量影响较大,因此要提升管理成本,加大贷后检查频次,重点进行贷后管理,关注的内容包括抵押物现行市场评估价格(主要参照二手房成交价格)、借款人现金流状况、借款人家庭资产负债率等。

(五)提高数据质量

由于客户准入标准的完善应建立在完整的客户信息基础之上,因此在日常的客户信息获取中应提高数据质量,进一步整理和规范数据,准确、及时、有效录入客户信息资料,将数据质量纳入绩效考核,同时建立客户信息数据库平台,便于从多维度分析客户信息,提升风险管理能力。

五、结论

本章首先指出了当前经济环境及房地产市场发展状况下,对个人住房贷款违约风险管理研究的现实性和必要性,并界定了个人住房贷款的概念,区分了个人住房按揭贷款和个人住房抵押贷款的差异性。在此基础上进一步阐述了关于个人住房贷款违约风险管理的相关理论和文献。然后分析和研究了国内商业个人住房贷款违约风险管理现状,指出了风险管理中存在的问题,并以H商业银行为例,对比分析了客户准入标准要素与实证研究的关键风险因素存在的差异,进一步说明了完善和细化违约风险管理的必要性。最后提出了风险管理对策和政策建议,包括重点治理假按揭、完善信用体系、优化准入标准、实施贷后管理精细化、提高数据质量和推崇优化的集中经营管理模式。

本章的主要工作成就在于以下几个方面:

第一,通过实证结果指出了是否离婚、还款方式、执行利率、是否结婚、职务、有无共同借款人、性别、是否为一般公司员工、教育程度、贷款年龄、房屋建筑面积等因素对客户的违约概率有显著影响,通过对比当前的客户及贷款准入要素,给予了较为合理的评价。

第二,指明了商业银行个人住房贷款风险管理的新思路和新方法。通过提高客户数据信息治理,对存量客户群体进行再验证和再分析,找出客户的关键违约特征,完善客户准入标准,提升信贷资产质量。

第三,指明了准入和贷后管理精细化策略、管理成本差异化策略、风险补偿定价策略在商业银行个人住房贷款风险管理中的重要作用。准入和贷后管理精细化策略要求通过找出关键风险因素,提高较低违约概率客户群体占比。管理成本差异化策略要求控制较高违约概率客户占比,并提高管理成本,增加贷后管理强度。风险补偿定价策略要求对较高违约概率客户提高利率定价和降低抵押折率。

本章的局限性在于以下几个方面:

第一,实证结果依据H商业银行C地区特定阶段数据,样本较小,因此具有局限性,同时,由于数据质量水平有限,因此可能影响违约风险因素的可靠性。

第二,对国内商业银行风险管理的阐述源于大量文献资料及著者多年工作经验,内容不够详尽,可能有所偏颇。

第三,对个人住房贷款违约风险管理的对策和政策建议,是著者以自身工作经验,结合存在的问题及研究结果进行阐述的,存在一定的局限性。

第七章
我国商业银行宏观信用风险压力测试现状分析
——以 SZ 城商行为例

本章以信用风险为视角、压力测试为主线,以 SZ 城商行为例,通过几个部分来阐述压力测试在我国商业银行信用风险管理方面的研究与应用,以及对我国银行业信用风险管理的可行性操作。

笔者运用理论与实践相结合的方法,采用多元统计回归和主成分分析的研究方法,从信用风险管理、信用风险压力测试理论基础和信用风险压力测试实证分析三个不同角度进行研究,既注重压力测试理论基础的研究和分析,同时又结合我国银行业监督管理委员会的管理要求和 SZ 城商行信贷业务实际状况、风险管理水平,构建信用风险压力测试模型进行实证分析。在研究分析中,借助 Wilson 模型,利用统计分析的方法定量地研究轻度、中度和重度宏观经济压力对 SZ 城商行信贷资产不良率造成的影响,从而为 SZ 城商行制定贷款政策、满足资本充足率和提高信用风险管理水平等提供参考依据和理论支持。

一、引言

(一)商业银行信用风险压力测试的研究背景

信用风险是银行业面临的主要风险之一,它影响着现代社会经济生活的各个方面,同时也影响着一个国家的宏观经济决策和经济发展,甚至还会影响全球经济的稳定与协调发展。因此,如何有效地度量和管理信用风险是银行风险管理者极其关注的问题,是一件令商业银行经营管理者费心费力、不得不时刻认真面对的事。

自20世纪80年代以来,金融危机和银行危机案例层出不穷。相关理论研究表明,在各种金融危机中,银行危机是核心。相关实证分析也表明,在金融危机中银行业危机造成的损失是最大的。危机爆发时,银行业认识到金融体系的风险和脆弱性不只源于银行系统内在的创新和发展,更多源于宏观经济和金融环境的变化,那些发生的可能性极小但后果极其严重的宏观经济事件对银行体系产生的破坏力有可能是致命的。而以前银行业对这部分风险后果的预见性不足,低估了金融体系杠杆率下降的幅度,机械单一地套用监管比率做评估,对银行体系的稳定性评估过于乐观。

银行业普遍采用的风险价值评估方法(Value at Risk,简称 VaR)在处于置信度内的正常市场下是有效的,但是 VaR 无法估计超过置信度的那些低概率事件带来的损失。通过压力测试,银行可以估算出潜在的异常损失,从而对银行体系的稳定性进行判断。

银监会《商业银行压力测试指引》(银监发〔2014〕49号)中指出:"压力测试是一种银行风险管理和监管分析工具,用于分析假定的、极端的、但可能发生的不利情景对银行整体或资产组合的冲击程度,进而评估其对银行资产质量、盈利能力、资本水平和流动性的负面影响。压力测试有助于监管部门或银行对单家银行、银行集团和银行体系的脆弱性做出评估判断,并采取必要措施。"

(二)商业银行信用风险压力测试的研究意义和目的

宏观压力测试是一种前瞻性的分析工具,可用于估算那些"极端但可能"的宏观经济冲击对银行体系的稳定性的影响,既可以帮助中央银行和监管机构等识别银行体系的薄弱环节,又有助于各方面理解银行业与宏观经济状况之间的联系,同时提高中央银行、监管机构和金融机构的风险评估能力。

中国银行业从2003年起才开始压力测试的研究工作,所用压力测试相关的模型和软件基本都是直接购买 Risk Metric 公司的成熟产品,其主要功能就是对资金交易实施评估,包括评估风险价值、敏感性分析和压力测试。随着全球经济和中国经济增长不确定性的增加,中国资本账户的逐步开放,人民币国际化进程的加快,汇率和利率市场化改革的推进,境外资本流动的加剧等,中国银行业面临巨大的挑战。国际组织和国外学者对20世纪80年代以来各国银行不稳定尤其是银行危机现象进行了大量研究,发现宏观经济波动是影响银行业不稳定的重要因素。

虽然近年来我国银行业体系未出现危机事件，但如今经济系统日益复杂，我国经济也处于调整期。2010—2013年，国内商业银行都处于信贷规模的高速增长期，信贷投放的行业、客户等的集中都增大了银行业信用风险，近两年经济增长速度放缓、经济结构调整力度加大、资产价格增速过快等宏观经济因素也使银行体系蕴含风险，很有必要应用宏观压力测试方法进行预警性研究。

综上，对于银行而言，压力测试是一种有用的风险管理工具，它一方面可作为历史数据和假定的统计风险计量的补充，另一方面可提高银行对其自身风险特征的理解，推动其对风险特征随时间变化情况的监控，帮助量化"尾部"风险。本章重点分析压力测试在商业银行信用风险中的应用，研究不利情景下信用风险因子变动对银行资本产生的影响，并判断银行资本能否覆盖损失。

（三）国内外信用风险压力测试研究分析

20世纪90年代以来金融不稳定事件爆发频率越来越高，影响程度越来越大，而学者和监管当局更关注金融系统（尤其是银行系统）的不稳定性。量化不稳定性的一个重要手段就是压力测试。20世纪90年代初期，一些大型的跨国商业银行就开始进行压力测试，而对作为评估整个银行体系风险的工具的宏观压力测试的研究却是近十来年才开始进行的，尤其是2008年美国次贷危机之后，宏观经济信用风险压力测试越来越受到各国监管部门的重视。

（四）研究方法、思路和基本框架

本章以商业银行信用风险为视角、宏观经济压力测试为主线，以SZ城商行为例，通过四个部分来阐述我国商业银行开展宏观经济信用风险压力测试的重要性，以及我国银行业开展信用风险压力测试的概况、不足、制约因素和完善的措施。

笔者采用理论联系实践的研究方法，从信用风险管理、信用风险压力测试理论基础和信用风险压力测试实证分析三个不同角度进行研究，既注重压力测试理论基础的研究和分析，同时又结合我国银行业监督管理委员会的管理要求和SZ城商行信贷业务实际状况、风险管理水平，构建信用风险压力测试模型进行实证分析。在研究分析中，借助Wilson模型，利用统计分析的方法定量地研究轻度、中度和重度宏观经济压力对SZ城商行信贷资产不良率造成的影响，从而为SZ城商行制定贷款政策、满足资本充足率和提高信用风险管理水平等提供参考依据和理论支持。

二、相关理论及文献

(一) 国外文献综述

银行压力测试是一种以定量分析为主的风险分析方法,其风险通常包括银行信用风险、市场风险、流动性风险和操作风险等。压力测试中,商业银行应考虑不同风险之间的相互作用和共同影响。Dunbar 和 Irving(1998)基于信用风险对 VaR 与压力测试进行了分析,指出对信用风险进行测量时,二者应采用不同的模型,因为技术上很难运用同一个模型进行测量,而且没有这个必要。Risk Metrics Group(1999)把压力测试理论加以延伸,指出压力测试在应用上应该更多地考虑宏观经济因素。最早进行宏观压力测试的是 Blaschke(2001),他说明了总体压力测试的概念,即总体压力测试度量了一组金融机构面对某一特定压力情形时的风险暴露情况,提出了选出一组银行进行分析时要考虑银行间市场的系统风险,并指出这是一个非常重要的问题,但未具体说明分析方法。

其后,Worrell(2004)、Hibers(2004)、Sorge(2004)比较了宏观压力测试方法;Swinburne(2007)分析了宏观压力测试和微观测试的区别,并且回顾了 IMF 宏观压力测试系统的演进历程;Haldane(2007)构建了英国宏观压力测试系统;另外美国 FDIC 的 Krimminger(2007)、欧央行的 Lind(2007)、西班牙央行的 Saurina(2007)、澳大利亚储备银行的 Ryan(2007)分别总结了各国宏观压力测试系统构建经验。近年来,国外宏观压力测试的研究文献主要集中于研究银行间市场传染效应(Contagion Effects or Domino Effects)、回馈效应(Feedback Effects)、信贷衍生品市场发展引起的内生性风险和非线性影响等问题。

(二) 国内文献综述

郭春松(2005)、黄璟(2004)、杜亚斌(2005)、陈德胜(2004)、徐光林(2008)、邵彩虹(2009)等学者对压力测试进行了理论上的探讨,但多为国外文献的整理、综述,未能有进一步的发展创新。国内文献大多数介绍压力测试的必要性、目的、作用、方法等,没有采用压力测试方法对稳定性进行评估。

国内用压力测试的方法来测试宏观经济波动对商业银行信用风险的影响的相关文献相对较少,关于压力测试的研究还处于起步阶段。高同裕、陈元富(2006)详细阐述了压力测试的步骤并指出压力测试在我国运用的主要问题;熊波(2006)通过构建 Logit 模型研究了我国银行体系和宏观经济变量之间的内在联系,并试图找到它们之间的内在稳定性,通过情景设定法研究了宏观经济因素 GDP、CPI 等的变动对我国银行系统信用风险造成的影响;华晓龙(2009)用 Logit 函数将我国商业银行不良贷款率转化为中间参数 Y,选取中间参数 Y 替代商业银行不良贷款率作为商业银行不良贷款的指标,利用 2004—2009 年的宏观经济变量与中间参数 Y 做多元回归模型,最后利用压力测试的方法定量分析宏观经济对于商业银行不良贷款率的冲击。周源、施建军(2009)从单个银行角度对压力测试进行研究,采用向量自回归方法,以江苏省的数据为例,实证分析房地产价格、成交量、利率变化对金融机构房地产贷款不良资产的影响,并进行压力测试。

(三) 文献评述

在国内外关于压力测试的研究中,对银行体系存在的风险类型都设计过测试模型和框架,次贷危机后,有学者提出过有必要将信用风险、市场风险和流动性风险整合起来进行宏观压力测试。宏观压力测试则是用于评价金融体系在"罕见但可能发生的"宏观经济冲击下的薄弱和脆弱点的一系列方法和技术。随着各国金融管理部门对系统性风险的日趋重视,压力测试逐渐成为检验一国银行体系的脆弱性、维护金融稳定的重要工具。本章将以 SZ 城商行的数据为例,构建宏观经济运行状态的压力测试模型,对宏观经济数据波动下的银行信用风险进行压力测试研究。

(四) 支持本研究的相关理论及简要分析

研究银行体系风险的产生原因,必须要讨论银行危机理论,因为银行危机是银行风险积聚到严重程度的表现形式,是银行体系不稳定的一种极端形式。除此外,还需要将思路拓展到综述金融系统危机理论,因为银行体系在金融体系中依旧处于核心位置,多数关于金融体系的理论实际就是银行体系理论。

1. 马克思的银行体系内在脆弱性假说理论

关于银行体系稳定性根源的研究最早可以追溯到马克思针对 1877 年经济危机中银行大批倒闭的现象提出的"银行体系内在脆弱性"的理论假说,马克思认为经济危机爆发的表现包括银行信用急剧膨胀、脱离产业发展导致信用危机,最终引发金融危机。资本主义经济危机是资本主义根本矛盾的产物,生产过度扩张、生产资料所有权高度集中、社会分布及交换关系扭曲导致产能过剩,最终决定了银行信用危机无法避免。

2. 凯恩斯的经济周期理论

传统经济理论把银行危机等同于货币信用危机,因此对银行风险的影响因素研究往往和经济周期理论结合起来。凯恩斯认为危机的产生不只是投资过度引起的,而是从事投资的环境不稳定、不持久,人们的偏好状态灵活改变等引起的。凯恩斯引进了预期和不确定性,从宏观角度研究了银行危机发生的机理。

3. 明斯基的金融不稳定假说理论

美国经济学家海曼·P. 明斯基(Hyman·P. Minsky)提出的"金融不稳定假说"开创了金融脆弱性理论研究的先河,他坚持认为,资本主义的本性决定了金融体系的不稳定,金融危机以及金融危机对经济运行的危害难以避免,不稳定性是现代金融制度的基本特征。明斯基把金融危机很大程度上归于经济的周期波动,更重要的是指出,金融机构的内在特性及金融中介职能才是金融危机产生的重要原因。

4. 资产价格波动理论

资产价格的下降会降低债权人持有的押品价值,使借款人资产财富缩水,借款人资产急剧下降,会使银行资产出现不稳定状况,甚至导致银行危机发生。金融资产价格的不正常或过度波动,积累了大量的金融风险,极易爆发危机。一般来说,价格稳定与金融稳定是一致的,价格的大幅波动是金融稳定的主要威胁。

以上各种观点从宏观经济角度阐述了银行体系不稳定的原因。在经济扩张阶段,金融领域内的信用膨胀推动经济走向繁荣;在经济过热阶段,金融因素不断推动资产价格上升,助长投资风潮;在经济危机阶段,整个银行体系遭到大范围的破坏,呈现脆弱的状态。金融危机反过来进一步加深了经济危机的程度,拉长了经济紧缩的周期。种种理论都证实宏观经济因素波动在各国银行中扮演着重要角色,宏观经济变量成为影响银行稳定的重要因素。

三、商业银行信用风险压力测试的理论分析

(一)商业银行信用风险理论

1. 商业银行信用风险的概念和特征

商业银行拥有未来预期为正的稳定现金流,由于经营不善或其他原因导致债务人或交易对手方无法正常支付而导致违约,造成的预期现金流不能全

部偿付的风险称为商业银行信用风险。商业银行信用风险来源于零售贷款的信用风险、中小企业贷款的信用风险、大型企业贷款的信用风险、交易对手信用风险和主权信用风险。对国内大多数商业银行而言,信用风险比市场风险和操作风险更加重要,信用风险是商业银行经营管理过程中所要面临的首要风险。主要原因在于各家商业银行依然以传统的信贷业务为主,董事会和高级管理层更加关注信贷业务产生的风险。

根据银监会《商业银行市场风险管理指引》,市场风险是指因市场价格(利率、汇率、股票价格和商品价格)的不利变动导致的商业银行表内和表外业务发生损失的风险。根据银监会《商业银行操作风险管理指引》,操作风险是指由于不完善或有问题的内部程序、员工、信息科技系统以及外部事件造成损失的风险。操作风险包括法律风险,但不包括策略风险和声誉风险。因此,信用风险与市场风险、操作风险存在着较大的区别。信用风险比较关注债务人未能履约的风险:有时,债务人未能履约是由道德品质造成的(有钱但是故意不偿还应付的债务);有时,债务人未能履约是由还款能力造成的(想偿还应付债务但是没有现金流);有时,债务人未能履约是由一些特殊的非自然因素造成的(债务人突然死亡);有时,债务人未能履约是由整个宏观经济不景气造成的(如1998年的亚洲金融危机、2008年的次贷危机和2013年的钱荒等)。而市场风险和操作风险的关注点分别是交易性金融资产受汇率和利率波动给资产价值带来波动的风险和操作流程设计不当给商业银行带来的风险。

2. 现代商业银行信用风险计量模型

国内外商业银行在管理的多年实践中,逐渐形成了一套相对比较成熟的信用风险度量的技巧和方法,如对信用风险损失的定义和评估,对信用损失与资产价值、资本之间联系的评价。对商业银行而言,信用风险需要计量一般和特别贷款损失准备金的充足率,以及一般和特别贷款损失准备金的提取额度。商业银行之所以需要计提贷款损失准备金,一个主要的出发点就在于:如果未来某个时间点,商业银行信贷资产组合的债务人出现不能履约的风险,可以利用损失准备金吸收信用风险所带来的贷款损失,从而为商业银行的风险管控和防范提供一定的缓冲地带。

根据《商业银行资本管理办法(试行)》的相关要求,信用风险损失是指由于债务人或者交易对手方违约而给商业银行资本金造成的损失。为了能够对某一时段内的信用风险损失进行量化管理,信用定价模型主要识别四个关键的参数因子,包括违约概率、违约损失率、违约风险暴露和期限。违约概率(Probability of Default,PD)是指债务人(借款人)无法在给定时间内全额偿还或及时偿还需要支付的经济债务的可能性;违约损失率(Loss Given Default,LGD)是指当债务人(借款人)发生债务违约后给商业银行相应贷款造成的实际损失率;违约风险暴露(Exposure at Default,EAD)是指当债务人(借款人)发生债务违约后商业银行相应贷款的风险敞口;期限(Maturity,M)是指预期债务人(借款人)发生违约的平均时间。

(1) 违约概率

商业银行用来计算债务人违约概率的信用评估模型大致有以下几种。

① 因果模型

因果模型主要通过分析造成债务人可能违约的动因,并分别评估各因素发生的概率,利用条件概率分布确定债务人最终的违约概率。例如,个人住房按揭贷款违约只有在债务人所供的房屋市场价值低于其所要支付的贷款价值,并且债务人失业的情况下才可能发生。如果个人住房市场价值下降的概率为 P_1,债务人失业的概率为 P_2,那么个人住房按揭贷款发生违约的概率将为 $P_1 \times P_2$。

② 历史频率模型

历史频率模型主要根据债务人(借款人)的特点对债务人进行聚类分析,将具有同质性的债务人归类到对应的债务人类别中,然后以相同类别债务人的历史违约频率为基础来评估债务人的违约概率。一般来说,分类的标准包括职业特点、产业特征、区域特征和公司的规模等。

(2) 违约损失率

根据 Moody 的研究结果,在债务人发生违约的情况下,违约损失率的主要影响因素是:债务类型和债务的优先级、宏观经济环境、行业类型和公司持有的资本结构。一般来说,违约损失率 LGD 与信贷资产的质量、抵质押物的价值和债务人的还款来源具有紧密的联系,优先级债务的违约损失率要比劣后级债务的违约损失率低,而宏观经济环境和行业类型都会影响抵质押物的价值,从而对违约损失率产生直接影响,公司持有的资本数量直接影响债务人利用自有资本偿还债务的能力。

(3) 期限

信贷资产的违约期限是指预期债务人可能发生违约的时间。对于一笔有期的贷款而言,如果第 1 年债务人预期发生违约的概率为 P_1,第 2 年债务人预期发生违约的概率为 P_2……第 n 年债务人预期发生违约的概率为 P_n，那么可以知道 n 期贷款的加权违约期限为 $M = \dfrac{P_1 + 2P_2 + \cdots + nP_n}{P_1 + P_2 + \cdots + P_n}$。

(4) 违约风险暴露

根据巴塞尔新资本协议和中国银监会《商业银行资本管理办法（试行）》要求，采用内部评级法的商业银行信用风险违约风险暴露 EAD 分为主权风险暴露、金融机构风险暴露、企业风险暴露和零售风险暴露。其中，主权风险暴露、金融机构风险暴露、企业风险暴露又合称为非零售风险暴露。

商业银行面临的信用风险损失分为预期损失 EL(Expected Loss)、非预期损失 UL(Unexpected Loss) 和极端损失。假设在 T 时刻预期债务人在 $T+1$ 时刻发生违约的概率为 PD_T，在 T 时刻预期债务人在 $T+1$ 时刻发生违约时信贷资产的损失率为 LGD_T，在 T 时刻预期债务人在 $T+1$ 时刻发生违约时债务人的违约风险敞口为 EAD_T，那么在各变量之间相互独立的情况下可以计算出在 $T+1$ 时刻该笔债务的预期损失等于 $E_T[EL_{T+1}] = PD_T \times LGD_T \times EAD_T$。对于预期损失，可以通过银行定价和准备金进行消化；非预期损失只能通过信用风险资本来抵御并吸收；极端损失是在异常情况下发生的损失，发生概率极低但是造成的损失巨大。因此，巴塞尔新资本协议 III 和银监会《商业银行资本管理（试行）》中明确要求实行内部评级法的商业银行必须定期开展信用风险压力测试，用以评估极端不利的宏观经济情景下信用风险资产所面临的潜在损失，并根据压力测试制定相应的解决方案和应急预案。预期损失、非预期损失和极端损失的关系及其与信用风险的关系如图 7.1 所示。

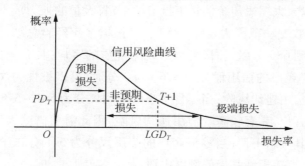

图 7.1　商业银行信用风险损失分布图

（资料来源：相关资料。）

(5) 商业银行信贷资产类型

为了能够更加有效地识别和计量信用风险的 PD、LGD、EAD 和 M，需要对商业银行信贷资产进行分类管理,主要可以分为:零售信贷资产、中小企业信贷资产、企业信贷资产、交易对手信贷资产和其他国家(地区)的信贷资产(主权信贷资产)五大类。

① 零售客户信用风险

一般商业银行的零售客户信用风险包括抵押贷款和无抵押贷款两种类型,如住房按揭贷款和汽车贷款属于抵押贷款类型,助学贷款、信用卡业务和消费金融业务属于无抵押贷款类型。零售客户信用风险有两个典型的特征,分别是零售客户具有同质性和服从大数定律统计规律。零售信用风险常用的定价方法是信用评分模型,包括FICO公司开发的Equifax和TransUnion评分模型以及Scorex公司开发的Experian模型。国际上各大商业银行比较认可的三种信用评分模型评分因素的构成比例大致如表7.1所示。

表7.1 零售客户信用评分各因素和权重对照表

评分因素	权重
零售客户以往消费还款记录	35%
零售客户实际的总债务量和债务余额	30%
零售客户的新贷款	10%
零售客户有效信用记录的长度	15%
零售客户信用贷款的类型	10%

资料来源:David C. Chimko 编著的《信用风险管理》。

综合考虑上面的主要信用评分因素,对申请零售贷款的个人客户进行信用评分,可以大大缩短传统信贷审批流程,节省大量的人力成本,信用评分模型最终的分数变动范围为300~850分。根据多年经验总结,当零售客户的信用评分达到680分以上时,可以被视为优质的客户,具有较低的信用违约风险;当零售客户的信用评分为576~680分时,可以被视为次优质的客户,具有一定的信用违约风险;当零售客户的信用评分为541~575分时,可以被视为一般的客户,具有较高的信用违约风险,因此需要借款人增加担保或干脆直接拒绝其贷款申请;当零售客户的信用评分为541分以下时,可以被视为劣质客户,直接拒绝其授信额度申请。

② 中小企业信用风险

根据巴塞尔新资本协议的相关规定,合并销售额低于5 000万欧元的企业被认为是中小企业。但是,根据不同国家或地区经济形势的区别,在有些国家或地区即使年销售收入低于5 000万欧元或等值币种的企业也有的被视为大型企业。由于中小企业往往是家族型企业或是具有紧密合伙关系的企业，企业数量无法与零售客户数量相比，因此无法对其采用大数定律分析，这些企业的财务报表信息又相对不充分，所以对中小企业的信用风险常常采用积分卡方法进行管理。

③ 大型企业信用风险

对大型企业的信用风险识别和管控模式与前面提到的零售客户、中小企业有较大的区别。由于市场上有较多的关于大型企业尤其是上市公司的公开数据和财务报表，因此商业银行可以较方便地从这些市场信息中收集到优质的资料作为参考和分析。此外，大型企业的行为模式较为理性化，资金的配置和使用都有全局的规划，不像零售客户和中小企业，其行为模式往往不可预见。例如，零售客户行为比较容易受到一些外界因素的影响，如个人由于中了彩票大奖而提前还款，由于国家贷款基准利率上调而提前还款，股票牛市时利用个人消费贷款进入股市投机等。因此，银行往往会对大型企业更加青睐。

巴塞尔新资本协议颁布后，为了有效管控信用风险，节约信用风险加权资本，许多商业银行开始建立自己的内部评级系统，利用大数据分析工具和手段，采用一些定量和定性数据相结合的形式识别和监测客户的信用风险。目前，国内外商业银行用来管控信用风险的模型主要有简化模型和结构化模型。结构化模型主要通过对企业的财务表现、市场价值等数据进行系统性分析，并借助结构化方式来确定导致企业债务违约的因素。最著名的结构化模型包括财务比率 Z 评分模型和 Merton 模型。其中，财务比率 Z 评分模型（也称为信用评分模型）是由著名财务专家 Edward-Altman 利用统计分析的技术设计的，该模型通过对商业银行过去贷款案例进行数理统计分析，挑选出一些对债务人的财务状况和贷款质量具有显著影响的五个变量参数（总资产报酬率、总资产与销售比率、债务权益、营运资金与总资产比率、留存收益与总资产比率）建立起企业财务和企业违约概率之间的数理统计模型，并将该模型灵活应用于贷款申请人的信用评分过程中。Altman 的 Z 评分模型为一个定量分析模型，通常 Z 评分的得分超过 2.99 的企业可以视为财务状况比较稳健，而得分低于 1.81 的企业视为正面临或即将面临财务危机，得分为 1.81～2.99 的企业财务状况不是非常明朗，在进行贷前审查时还需要综合考虑该企业的其他因素。Moody 评级公司在 Z 评分模型的基础上，经过多年的数据收集和研究，为全球非金融和非公用事业企业列出 11 项适用于各行业的主要财务比率,具体情况如表7.2所示。

表7.2　美国Moody公司关键财务比率指标矩阵①

财务比率指标	+/-	相关名词定义	解释说明
(1) 息税前利润/平均资产	+	息税前利润是指未计利息、税项、折旧和摊销前的盈利	该比率反映企业资产的收入水平,比率越高表示企业资产的收入越高
(2) 息税前利润/利息	+	息税前利润与(1)相同,利息是指利息费用	该比率反映企业的偿债能力,比率越高表示企业偿债能力越强
(3) 息税前利润收益率	+	息税前利润除以销售额	该比率反映企业用收入偿还利息的能力,比率越高表示企业用收入偿还利息的能力越强
(4) 营运资金/利息	+	营运资金是指在营运过程中所获得的资金,利息是指利息费用	该比率反映企业日常营运过程中用现金支付利息的能力,比率越高表示企业用现金支付利息的能力越强
(5) 营运资金/债务	+	债务是指企业短期债务和长期债务之和	该比率反映企业日常营运过程中用现金偿还债务的能力,比率越高表示企业用现金偿还债务的能力越强
(6) 营运收益率	+	营运收益率是指企业的息税前利润与营运收益之间的比率	该比率反映企业的折旧和摊销
(7) 留存现金/净债务	-	留存现金是指企业营运过程中获得的现金减去企业分红	—
(8) 债务/息税前利润	-	债务同(5),息税前利润同(1)	—
(9) 债务/账面资本	+	账面资本是指根据会计准则企业合并后资产负债表中资产减去负债的余额部分	—
(10) 资本性支出/折旧	-	资本性支出是指资金和固定资产的投入	该比率超过1表示对资本债券具替代性
(11) 收益波动	-	5年平均收益率标准差/5年平均净收益	—

资料来源:美国Moody公司官方网站 https://www.moodys.com/。

---

① "+/-"一列表示评级较高的公司在该财务比率指标项下可以获得更高的统计分值(+)还是较低的分值(-)。

无论是 Altman 的 Z 评分模型还是 Moody 改良后的财务比率矩阵方法,都不依赖于市场指标(如企业股票的价值、市盈率指标等),主要依靠企业过去的财务指标数据。也就是说,企业动态的市场信息没有能够很好用于企业信用评级的模型中。正是由于上面的缺陷,著名经济学家、诺贝尔奖获得者 Merton 于 1974 年将 Black-choles-Merton 期权定价模型应用于企业债务违约的结构化动态模型中,从而建立起著名的 Merton 违约距离理论。Merton 理论基于三个影响因素来研究和判断一家企业一年内的违约情况:资产的市场价值、违约临界点和资产市场价值的波动性。Merton 将持有一家企业的资产看作持有一份看涨的欧式期权,期权的敲定价格等于该企业的负债。那么当企业资产 A_T 大于企业负债 D 时,资产与负债之间的差额体现了所有者权益(股权)E 的大小;当企业资产 A_T 小于企业负债 D 时,企业的所有者(股东)可以选择放弃股权,即相当于企业违约,不偿还所欠的贷款。企业资产、企业负债与所有者权益之间的关系如图 7.2 所示,企业资产增加会使所有者权益增加;企业资产减少会使所有者权益减少;企业负债增加会使所有者权益减少;企业负债减少会使所有者权益增加;企业资产增加会使企业负债增加;企业资产减少会使企业负债减少;所有者权益增加会使企业资产增加、企业负债减少;所有者权益减少会使企业资产减少、企业负债增加。

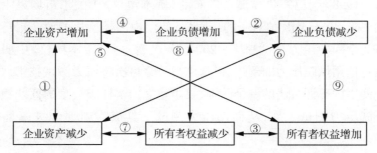

图 7.2　企业资产、企业负债与所有者权益之间的关系示意图

(资料来源:相关参考资料。)

④ 交易对手信用风险

商业银行与同业交易对手签订一份金融资产合约,但是合约到期后由于交易对手未能按照合同约定进行履约而造成的信用风险称为交易对手信用风险。交易对手违约风险一般发生在与同业开展交易性金融资产的交割过程中,与传统的信用风险存在着显著的区别。

第一,信用风险敞口通常采用净额结算的方式计算。

第二,信用风险敞口受市场风险因子的影响而发生动态变化。

第三,交易对手信用风险具有双向性。

第四,违约风险敞口和违约概率可能存在负相关关系。

第五,主权信用风险。

商业银行由于持有主权国家(地区)的债务、持有以外币计价的外国企业或政府发行的资产而面临的信用风险称为主权信用风险。

根据穆迪主权债务违约的风险报告,2007年的次贷危机直接导致2008年厄瓜多尔和塞舌尔的主权信用违约。而到了2010年,发生主权债务危机的国家更是大幅度上升,包括冰岛、希腊、西班牙等。

(二)商业银行压力测试理论

1. 国内外商业银行压力测试概述

20世纪70年代布雷顿森林体系解体,打破了美元与黄金直接挂钩的货币体系,国际经济形势日益复杂,金融体系波动性日趋增强。金融市场的参与主体,包括大型商业银行、投资银行、各类监管机构等都对各自的风险管理能力提出了更高的要求。20世纪末,国际上比较先进的大型商业银行逐步开始借助压力测试技术来评估其承受"极端但可能发生的小概率事件"冲击的能力。1998年,巴塞尔委员会颁布的《资本协议》中关于市场风险的修订案明确要求,鉴于VaR值自身的局限性,使用内部模型法的商业银行必须要有严格而全面的压力测试程序。2004年,巴塞尔《新资本协议》中明确给出商业银行信用风险压力的阐述,巴塞尔委员会再次将压力测试技术认定为商业银行使用内部评级法的一个前提,要求建立内部评级模型的商业银行必须定期开展压力测试工作,从而使压力测试工具成为内部评级模型的必要补充。

其后,各类风险监管国际标准先后对压力测试的运用提出了要求。在总结亚洲金融危机教训的基础上,国际货币基金组织(IMF)与世界银行(WB)联合推出"金融部门评估规划(Financial Sector Assessment Program,FSAP)",以加强对成员国金融部门脆弱性的评估和监测。FSAP体系的评估方法包括金融稳健性指标分析(Financial Soundness Indicators,FSI)、压力测试国际标准和评估准则。压力测试时FSAP为评判金融体系稳定性的一个重要工具,这里要求的压力测试偏重于宏观经济压力情景下的测试和对一国金融体系稳健性的评估。巴塞尔银行监管委员会(BCBS)对压力测试高度重视,2009年出台了《稳健的压力测试实践和监管原则》,分别从商业银行的角度(原则

1～原则15)和监管的角度(原则16～原则21)对各成员国压力测试工作提出了具体的要求。经历过2008年次贷危机后,美国监管机构推出了一系列统一组织的压力测试:2009年的监管资本评估计划(SCAP)、2010年和2011年的综合资本分析评估(CCAR)等。2013年CCAR发展到Dodd-Frank Act(DFAST),成为相当广泛的压力测试工具,100亿美元以上的银行都被要求开展压力测试。2014年监管部门出台的《对银行控股公司和外国银行机构的强化审慎监管规则》正式对资产超过500亿美元的外国银行提出压力测试要求。欧洲银行监督委员会(CEBS)于2010年发布了银行压力测试最终准则,完善了银行压力测试需要遵循的22条准则,旨在对压力测试方式、方法、监测与评估等进行规范。欧洲银行业监管局(EBA)对欧洲银行业进行了多轮压力测试,测试涵盖信用风险、市场风险和欧洲主权债务敞口风险。2014年欧洲中央银行(ECB)会同欧洲银行监管局对银行业金融机构开展综合评估,评估范围囊括了19个国家中资产规模最大的130家银行,评估内容包括资产质量审查和压力测试两个部分。香港金融监管局在金融危机后认识到压力测试对于银行风险管理以及银行体系稳定的重要性,于2012年出台了《监管政策手册:压力测试》。

2007年年末,我国银监会颁布了《商业银行压力测试指引》,对商业银行开展压力测试工作给出了指导性意见。但从国内压力测试开展情况来看,压力测试工作并没有引起大部分商业银行行内管理层的高度重视,甚至50%的银行尚未具备开展压力测试的人员、信息系统和数据基础。就外部监管而言,尚未将压力测试纳入常规的非现场监管工作中,对压力测试的情景假设、模型方法、数据基础和内部应用等方面与银行的讨论交流远远不够;此外,银监会只针对房地产贷款组织统一的压力测试,由于人才储备的不足尚未对银行整体风险组织统一的压力测试工作。

2. 商业银行信用风险的压力测试基本框架

对商业银行而言,高级管理层或业务经营部门经常关心如下的问题:假设GDP增速下降,对银行相关贷款有何影响？假设房价下跌,对银行房贷资产质量有何影响？假设授信集中的企业和主要交易对手违约,对银行相关贷款和交易性金融资产有何影响？自20世纪90年代以来,商业银行信用风险压力测试在全球金融机构,如世界银行、国际货币基金组织和国际清算银行中应用越来越频繁。而宏观压力测试一度成为国际货币基金组织和世界银行指定的金融部门评估计划FSAP的重要组成部分,并作为评估金融机构和金融体系稳健性的重要工具。现阶段,因为国内商业银行主要资产组合依然是信贷类资产,所以对中国银行业而言信用风险管理和信用风险压力测试尤为重要。

根据《商业银行压力测试指引》的相关规定,商业银行需要建立起完整的信用风险压力测试框架,包括以下几个主要的流程:选择压力测试目标业务或信贷资产组合,确定承压对象和承压指标,分析压力因素和压力指标,设计压力情景,收集压力测试相关数据,设定假设条件,确定压力测试方法,开展压力测试,分析测试结果,确定潜在风险和脆弱环节,汇报测试结果,采取改进措施等。其中,最基本的要素为压力因子和压力情景生成模型、压力传导机制、承压指标的计量三个部分。综上所述,商业银行信用风险压力测试需要解决如下一系列问题。

(1)信用风险压力测试目标

众所周知,商业银行是一个有经营风险的机构。与市场风险和操作风险相比,信用风险无疑是传统商业银行经营管理过程中将要面临的首要风险。鉴于此,信用风险压力测试也是商业银行信用风险压力测试的主要内容,也必然成为商业银行信用风险管理的一个重要手段和工具。在具体的压力测试工作中,作为测试工作的实施主体,需要结合外部监管机构的要求和自身风险管理的需要确定压力测试目标和测试内容。其中绝大部分商业银行信用风险的表现形式都是债务人出现违约不偿还贷款债务或交易对手不履行交易合同。所以,商业银行信用风险压力测试用于分析假定的、极端但可能发生的不利宏观经济情景对银行信贷资产组合的冲击程度(包括违约概率、违约损失率和违约风险敞口的变化),进而评估商业银行盈利能力、资本水平和流动性的负面影响。商业银行信用风险压力测试,有助于外部监管部门和商业银行高级管理层对银行体系的脆弱性做出评估和判断,并制定必要的应急措施和预案。

(2)信用风险压力测试承压对象和承压指标

就当下国内商业银行信用风险管理现状来看,信用风险压力测试的承压对象大致可以分为整体类承压对象、信贷组合类承压对象和交易对手类承压对象三类。整体类承压对象是指商业银行的全部信贷资产,信用风险压力测试需要由总行风险管理部门组织开展和实施;信贷组合类承压对象是指商业银行不同纬度的信贷资产组合,如大型企业信贷资产组合、中小企业信贷资产组合、零售信贷资产组合、主权信贷资产组合,或者不同行业信贷资产组合、不同区域信贷资产组合等,信用风险压力测试可以由不同的业务部门根据自身的实际需要在总行风险管理部门的指导下实施开展;交易对手类承压对象是指商业银行开展的证券投资交易业务、衍生产品交易业务等交易对手的信用风险暴露情况,交易对手信用风险压力测试一般只能由金融市场业务部门在总行风险管理部门的指导下实施。

根据信用风险承压对象的特点不同,承压指标分为技术性承压指标和管理型承压指标。信用风险承压对象和承压指标之间一般的对应关系如表7.3所示。

表7.3 商业银行信用风险压力测试承压对象和承压指标对照表

承压对象分类	技术性承压指标	管理型承压指标
整体类承压对象	宏观违约概率(MPD)①、贷款损失、风险暴露(EAD)、预期损失(EL)等	不良贷款、不良贷款率、监管资本、经济资本、利润、利润率、资本充足率等
信贷组合类承压对象	违约概率(PD)、相关性(Correlation)、违约损失率(LGD)、违约风险暴露(EAD)、预期损失(EL)、非预期损失(UEL)等	资产价值准备、评级、评分、经济资本、不良贷款、不良贷款率、风险调整后收益率(RAROC)、表外业务垫款率等
交易对手类承压对象	违约概率(PD)、相关性(Correlation)、违约损失率(LGD)、违约风险暴露(EAD)、预期损失(EL)、非预期损失(UEL)等	交易对手的销售利润率、资产负债率、净资产收益率、流动性比率、杠杆比率等财务指标

资料来源:商业银行信用风险管理实践和中国银行业监督管理委员会2015年签发的49号文《商业银行压力测试指引》。

(3)信用风险压力测试压力风险因素和压力指标

根据信用风险管理的经验,商业银行信用风险压力测试的压力因素大致分为宏观周期性压力因素、重大事件压力因素和集中度压力因素。其中,宏观周期性压力因素是指对商业银行整体信贷资产长期性产生较大影响的压力因素,例如,一个国家或地区宏观经济长期衰退、房价周期性下跌、贷款利率上调和货币大幅贬值等。重大事件压力因素是指对商业银行信贷资产组合产生突发性和剧烈性不利影响的压力因素,例如,"三鹿奶粉事件"对相关奶制品行业信贷资产信用风险产生的不利影响。集中度压力因素是指由于信贷资产投放的行业过于集中、区域过于集中、客户过于集中等对商业银行

---

① 宏观违约概率(Macroscopic Probability of Default)是指期初正常客户数与当期内违约的客户数之比,或期初正常的信贷余额与当期内违约的信贷余额之比。

信用风险造成极端损失的压力因素,例如,个人住房抵押贷款过于集中使得信用风险压力测试对个人住房价格指数压力因素过于敏感。

在信用风险压力测试中,压力测试工作的实施主体一般都会根据压力测试的目标将压力因素和承压对象、承压指标一起确定。原则上,压力因素既要能够体现对被测试商业银行信贷资产影响的重要程度,也要能够体现出其与承压对象之间的内在关联性。商业银行开展宏观经济压力测试时,不同的压力因素将对应不同的压力指标体系,宏观经济压力测试常用的压力指标如表7.4所示。

表7.4 宏观经济信用风险压力指标

压力因素分类	压力指标分类	注释
宏观经济风险	国内生产总值(GDP)、消费者物价指数(CPI)、货币发行量(M2)、上证综合指数、存贷款基准利率、房价指数、行业综合指数、财政收支指数、美元兑人民币汇率、居民收支指数	外部指标一般来源于财政部、国家统计局、人民银行、证监会等国家权威机构,指标的标准化程度相对较高,多数指标获取比较容易
重大事件风险	国内生产总值(GDP)、消费者物价指数(CPI)、财政收支指数、固定资产投资指标、居民收支指数、反映客户生产经营情况的财务指标	该类指标具有较强的针对性,由于重大事件的不同,往往需要选择与重大事件相关的指标,如某地区的GDP、某行业的进出口指标或某类客户的财务指标等
集中度风险	信贷占比、不同行业贷款的相关性、单户集中度、同质抵押品的占比等	宏观经济压力测试中,需要将该类指标和上面两种类型指标结合使用

资料来源:商业银行信用风险管理实践和中国银行业监督管理委员会2015年签发的49号文《商业银行压力测试指引》。

(4)信用风险压力测试情景设计

商业银行普遍使用的信用风险压力情景包括但不限于以下几个方面:国内或国际主要经济体宏观经济增长下滑,房地产价格出现较大幅度向下波动,贷款质量和抵押品质量恶化,授信较为集中的企业和主要交易对手信用等级下降甚至违约,部分行业出现集中违约,部分国际业务敞口面临国别风险或转移风险。信用风险压力情景设计的关键是要平衡情景的"极端但可能"属性。在实际操作中,如何界定"极端"和"可能"是各家商业银行开展信用风险压力测试的一个难题。各家商业银行,如国有商业银行、全国性股份制商业银行、城市商业银行、农村商业银行等,由于信贷资产组合存在着较大的差异,压力测试情景的设计也不尽相同。一般来说,信用风险压力情景产生方法分为历史情景法和假设情景法(专家判断法)。

① 利用历史情景设计压力测试情景

利用历史情景设计压力测试情景是指选择在信用风险压力测试中需要考虑的宏观经济指标,采集相应的宏观经济指标的历史数据,分析和研究历史数据的变化规律,结合历史数据的分布特征设计极端压力测试情景。历史情景法最简单直接的就是让历史重现,即采用历史上曾经出现的事件作为压力测试下的极端情景。例如,通过研究我国国内生产总值 GDP 数据可以发现,从 2006 年第一季度至 2016 年第二季度的约 10 年中,我国 GDP 增长率最大值为 2007 年第三季度的 14.2%,最小值为 2009 年第一季度的 6.2%。因此采用历史情景法设计我国 GDP 增长率压力测试情景时可以以 6.2% 作为轻度压力测试情景,然后再根据历史数据中 GDP 增长率变动的幅度设计中度和重度压力测试情景。我国国内 GDP 增长率走势如图 7.3 所示。

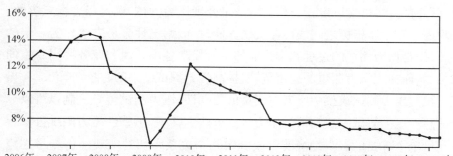

图 7.3 2006 年第一季度至 2016 年第二季度国内 GDP 增长率走势
(资料来源:中国人民银行官网 http://www.pbc.gov.cn/。)

另一种利用历史情景法生成压力测试情景的方法是 VaR 值法。对于某个宏观经济变量设置压力测试情景时,可以先收集相关变量的历史数据,然后计算历史数据的波动幅度,再根据商业银行风险偏好和风险容忍度取不同置信水平的 VaR 值来设置轻度、中度和重度压力测试情景(例如置信水平 90%、95% 和 99% 分别对应轻度、中度和重度压力情景),将波动幅度按照从小到大的顺序排列,则可以取第 $(n-1) \cdot 10\%$、$(n-1) \cdot 5\%$、$(n-1) \cdot 1\%$ 个分位数的情况作为轻度、中度和重度情景下的宏观经济变量的波动幅度。

② 利用专家判断设计压力测试情景

专家判断法又称为假设性情景法。用专家判断法设计压力情景需要结合业务条线的专家经验进行综合设计。比较合理的专家判断法需要兼顾两个主要的方面,一方面是国内外权威研究机构或研究专家对与信用风险相关的宏观经济变量进行的预测和研究;另一方面是银行内部各业务部门、各条线专家对与商业银行信用风险相关的宏观经济变量的主观分析和预测。只有两个方面兼顾的假设性压力测试情景才比较合理,压力测试结果才具有可靠性和有效性。

(5)商业银行信用风险压力测试模型选择和构建

根据《商业银行压力测试指引》,商业银行信用风险压力测试包括定性分析和定量分析。定性分析是指结合商业银行信用资产质量、信用风险资产规模等特点,综合判断未来可能面临哪些极端风险因子的冲击及冲击下可以采取的降低风险及节约资本的措施。定量分析是通过对风险因子压力情景参数的设置,辅助以一定的计量方法和传导模型,测算极端情景下信贷资产组合对本行资本基础的影响和银行资本对极端风险损失承受的能力。一般来说,商业银行尽可能以定量分析的方法来开展压力测试,确定压力情景参数、风险因子和承压指标之间的传导机制。同时,应用定性分析方法作为一定的补充,使得压力测试的过程和结论能够综合反映各个条线和业务部门专家的意见,从而拓宽压力测试的适用范围,提高压力测试结果的有效期。

根据压力测试模型中所考虑变量的复杂性,压力测试传导机制也可以分为敏感性压力测试方法和情景压力测试方法。其中,敏感性压力测试方法旨在测量单个重要的宏观经济变量或少数几个关系密切的宏观经济变量在轻度、中度和重度压力情景下对商业银行信用风险违约概率、违约损失率和违约风险暴露的影响。情景压力测试方法旨在分析多个宏观经济变量同时在轻度、中度和重度压力情景下对商业银行信用风险违约概率、违约损失率和违约风险暴露的影响。信用风险压力测试传导模型是压力测试流程中最为关键也是最复杂的部分。从数据使用的角度出发,构建压力测试模型的常用方法包括自上而下的方法、自下而上的方法以及自上而下和自下而上相结合的方法。自上而下的方法是指宏观经济信用风险压力测试过程中信贷资产组合的内部结构不是非常清晰的情况下,往往先建立起整个资产组合与宏观经济变量(GDP、CPI、$M2$、R 等)之间的压力测试模型,计算轻度、中度和重度压力情景下整个信贷资产组合的违约概率: $PD = f(GDP, CPI, M2, R, \cdots)$、违约损失率 $LGD = g(GDP, CPI, M2, R, \cdots)$、违约风险暴露 $EAD = h(GDP, CPI, M2, R, \cdots)$、预期损失和非预期损失,最后利用边际分布评估信贷资产组合中各个信贷资产的违约分布。自下而上的方法是指信用风险压力测试过程中通过建立信贷自资产组合中单个测试对象 j 与宏观经济变量（GDP、CPI、$M2$、R 等）之间的压力测试模型，计算轻度、中度和重度压力情景下单个测试对象的违约概率 $PD_j = f_j(GDP, CPI, M2, R, \cdots)$、违约损失率 $LGD_j = g_j(GDP, CPI, M2, R, \cdots)$ 和违约风险暴露 $EAD_j = h_j(GDP, CPI, M2, R, \cdots)$，然后对每个测试对象进行相关性分析汇总得到整个信贷资产组合的违约概率、违约损失率和违约风险暴露。常用的财务模型和结构化模型都使用自下而上的方法构建压力测试传导机制。如财务模型中，商业银行风险经理和客户经理通过对债务人进行逐一分析和判断，评估债务人在宏观经济发生假设的极端不利变化时盈利能力和现金流量的变化，从而测算债务的违约概率、违约损失率和违约风险暴露，最后将计量结果进行汇总，得到整体信用风险的分布情况。

各家商业银行开展信用风险压力测试时，应根据测试的目标、数据和系统支持条件、银行信贷资产组合的实际情况等，选取合理的压力测试方法，构建适当的压力传导模型。信用风险压力测试常用模型包括统计计量模型、结构化模型和财务模型三类。统计计量模型一般将可能影响债务人违约的宏观经济变量和违约概率、违约损失率、违约风险暴露之间借助统计分析工具和手段建立起量化模型，如 Wilson 模型是一个使用较为广泛的统计计量模型；结构化模型主要针对已经上市的大中型企业，对这些企业可以通过其公司股票价值的市场表现来计算其发生违约的临界点，当公司股票价值低于该临界点时可以视为公司将发生违约；财务模型直接利用债务人各项财务指标的变化与承压对象建立传导模型，从而评估债务人财务指标的变化给银行信贷资产违约造成的影响。商业银行应结合压力测试的目标、业务发展、风险状况和压力测试对象的复杂程度，确定具体的测试方法。

① Wilson 模型

1997 年，著名风险管理专家 Wilson Thomas C. 在世界著名的风险杂志 Risk 上发表论文"Portfolio Credit Risk（Ⅰ）""Portfolio Credit Risk（Ⅱ）"，这两篇论文成为目前国际上大型商业银行芬兰银行（Bank of Finland）、英格兰银行（Bank of England）和香港金融管理局最常用的压力测试模型主要框架的依据和理论基础。基于该理论的模型包含复杂模型和简化模型两种形式，也是麦肯锡（McKinsey）公司信用风险模型 Credit Portfolio View 的基础。其中，复杂 Wilson 模型是一种集中的测试模型，主要用于宏观经济信用风险压力测试，研究分析宏观经济变量在轻度、中度和重度压力情景下对商业银行信贷资产的违约概率、违约损失率和违约风险暴露的影响。简化 Wilson 模型是一种分段的测试模型,主要用于一些专项信贷资产信用风险的压力测试,如个人消费抵押贷款信用风险压力测试。

Wilson 宏观经济信用风险压力测试模型的基本框架如下:商业银行根据自身业务和信贷资产组合的分布和风险特点,将压力测试目标(信贷资产组合)切分成 J 个主要部分。这里,可以根据不同的行业(房地产行业、三农、绿色金融等)、不同的业务品种(个人住房抵押贷款、个人经营性贷款、中小企业贷款等)来划分信贷组合,也可以将整个信贷资产组合视为一个统一的整体开展压力测试。令 $p_{j,t}$ 表示 t 期间 J 组合的信贷资产的贷款违约率,其中 $J=1,2,3,\cdots,n$。对贷款违约率 $p_{j,t}$ 进行 log 变换,得到

$$y_{j,t} = \log \frac{p_{j,t}}{1-p_{j,t}}$$

作为回归分析的因变量。由于 $p_{j,t}$ 表示不良贷款率或实际违约概率,所以 $p_{j,t}$ 的取值范围为 0~1,从而可以知道 $\frac{p_{j,t}}{1-p_{j,t}} > 0$,利用对数运算可以知道 $y_{j,t}$ 的范围为 $-\infty \sim \infty$,且新变量 $y_{j,t}$ 与不良贷款率或实际违约概率 $p_{j,t}$ 具有相同的单调性。

令 $Y_t = (y_{1,t}, y_{2,t}, \cdots, y_{j,t})$,将其设计为包括 Y_t 滞后项及 M 个宏观经济变量的现值与滞后项之间的线性回归方程:

$$Y_t = \boldsymbol{\Phi}_1 Y_{t-1} + \cdots + \boldsymbol{\Phi}_k Y_{t-k} + A_1 X_t + A_2 Y_{t-1} + \cdots + A_{s+1} X_{t-s} + m + \boldsymbol{\varepsilon}_t$$

其中,m 是一个 $J \times 1$ 的截距向量,$\boldsymbol{\varepsilon}_t$ 是一个 $J \times 1$ 的误差向量,X_t 是一个 $M \times 1$ 的宏观经济变量向量,$A_1, \cdots, A_{t+1}$ 是一些 $J \times M$ 的系数矩阵,$\boldsymbol{\Phi}_1, \cdots, \boldsymbol{\Phi}_k$ 是一些系数矩阵。

② Merton 模型

Merton(1973)在经典的 Black-Scholes 期权定价模型基础上进一步研究了公司资产的期望方差估计,从而得出一套新的信用风险计量体系:在假设公司资产的收益率服从正态分布的前提下,认为当公司资产的市场价值低于其负债总额时,公司将会违约,且违约风险是公司资产与负债差值的函数。Merton 压力测试模型是巴塞尔新资本协议Ⅲ内部评级法中根据违约风险和宏观经济风险计算资本计提时所采用的经典模型。基于该模型建立起来的压力测试理论框架也是目前国外商业银行使用的主流方法和工具。巴塞尔新资本协议中内部评级法的理论基础是单因素模型,即以随机变量 Z_n 表示某个公司 n 的资产收益率,参数 G 为系统性风险指数,随机变量 ε_n 表示公司 n 的特有风险,参数 ρ 表示资产组合中两家公司资产收益率的相关系数,并

假设

$$Z_n = \sqrt{\rho}G + \sqrt{1-\rho}\varepsilon_n$$

其中,$G \sim N(0,1)$,$\varepsilon_n \sim N(0,1)$,且 G, ε_n 为两个独立同分布随机变量。当资产收益率小于负债总额 x 时,将会发生违约的情况,因此可以定义违约概率

$$PD = P(Z_i < x) = \Phi(x)$$

这里 $\Phi(x)$ 是标准正态分布函数 $\Phi(x) = \int_{-\infty}^{x} \frac{1}{\sqrt{2\pi}} e^{-\frac{1}{2}t^2} dt$。

根据上面的关系式,可以知道 $x = \varphi^{-1}(PD)$。换言之,当 $Z_n < \Phi^{-1}(PD)$ 时公司可能发生违约。Merton 模型的基本公式如下:

$$DD_{average} = \sqrt{\rho} \cdot (-G) + \sqrt{1-\rho} \cdot DD_{stress}$$

其中,$DD_{average} = \Phi^{-1}(PD_{average})$,表示正常宏观经济条件下公司资产的临界值,即违约距离;$DD_{stress} = \Phi^{-1}(PD_{stress})$ 表示宏观经济压力情景下公司的违约距离;参数 ρ 为新资本协议约定的违约相关系数;G 为系统性风险指数。

3. 商业银行信用风险压力测试结果的分析和应对措施

商业银行信用风险压力测试报告需要包括压力测试结果的分析和应急预案的制定两个方面。

(1) 信用风险压力测试结果分析

信用风险压力测试结果分析包括压力测试模型的分析和说明、压力测试模型的显著性检验和不同压力情景(轻度压力情景、中度压力情景和重度压力情景)下承压指标的变化。其中,最主要的内容是不同压力情景下承压指标的变动说明,对相关承压指标的变动所反映的商业银行信用风险管理上的潜在风险点的分析。

(2) 信用风险压力测试应对措施

商业银行宏观经济信用风险压力测试结果可应用于商业银行的各项经营、管理和决策中,包括但不限于制定战略性业务发展规划、落实信用风险管理政策、设定信用风险偏好、调整信用风险限额、管理组合信贷资产、修正内部评级模型、开展内部资本充足和流动性评估。

一般来说,如果压力测试结果和分析报告显示银行信贷资产组合的质量受到宏观经济变化的影响较为明显,即宏观经济下滑导致商业银行不良贷款率乃至违约概率显著上升,则商业银行董事会和高级管理层需要结合对未来宏观经济变化的预期制定以下切实可行的应对措施:调整整体信贷资产质量的经营目标,包括控制不良贷款率、做减值准备等;调整新增贷款投放的增长

规划;改善资本结构,提高资本充足率。

商业银行信贷资产限额管理的主要目的是减少商业银行集中度信用风险。如果在信用风险压力测试结果中发现某一个压力因素的极端不利变动导致一系列相关行业的信贷资产都受到较大的冲击,可以将这一系列的行业作为一个集中度信用风险进行管理,并且纳入行业贷款限额的制定和调整中重点考虑和监控。

根据巴塞尔新资本和我国银监会《商业银行资本管理办法(试行)》的有关要求,为了节约监管资本,大部分国内商业银行正在积极推进内部评级体系的建设。商业银行信用风险压力测试结果可以为内部评级模型提供重要的参考,对内部评级下的违约概率、违约损失率和违约风险暴露等方面可以起到一定的修正作用。例如,在个人住房抵押贷款的信用风险压力测试结果中发现的一些显著性指标可以纳入内部评级模型的评分卡体系中;在宏观经济压力测试中可以根据压力情景下的违约概率表现对主要行业进行分类,以作为客户评级模型中一个重要的考虑因素。

四、SZ 城商行宏观经济信用风险压力测试的实证研究

(一) SZ 城商行信用风险现状分析

1. 银行不良贷款总额数量大

近年,SZ 城商行信用风险呈加快暴露趋势,潜在风险不容忽视,资产质量存在一定下行压力,自 2014 年年末以来,制造行业的不景气、实体经济下行引起了银行业不良贷款的骤增。截至 2015 年 9 月 30 日,SZ 城商行不良贷款客户数为 490 户,不良贷款余额为 12.47 亿元,分别较年初增长 193 户、3.32亿元,增幅分别达 64.98%、36.28%;不良贷款率为 1.48%,较年初上升 0.15 个百分点。

2. 信用风险集中程度高

SZ 城商行长期秉持"以小为美,以民为美"的理念,服务中小企业。从行业投向上看,SZ 城商行贷款主要投向制造业及批发零售业等,制造业中又以纺织业较多,行业集中度较高,导致对系统性风险的抵抗力不够强。

3. 银行资本充足率情况良好

截至 2015 年 9 月 30 日数据,SZ 城商行贷款损失准备金为 24.67 亿元,拨备覆盖率为 197.83%,拨贷比为 2.93%,资本充足率情况良好。

4. 信用风险管理体系不完善

由于 SZ 城商行是 2010 年由农商行改制而来的,故信用风险管理体系并

不完善,过去并未进行太多压力测试的实际操作,对于未来小概率事件影响的估量及准备并不充分。

(二) SZ 城商行压力测试分析

1. SZ 城商行信用风险压力测试目的

根据 2016 年中国银监会统一组织的整体风险压力测试规定,以 2015 年 9 月 30 日数据为基础,对 SZ 城商行进行了信用风险压力测试。信用风险压力测试的目的是按照银监会统一设定的压力情景,采用"自上而下"的压力测试流程,借助 Wilson 模型和 ComStar 系统分析经济增长率下降、生产价格指数下降、房地产价格持续下降、美元兑人民币汇率升值、上海银行间 7 天同业拆放利率上升等不利情景对 SZ 城商行信用风险的冲击程度和预计损失情况,进而评估上述不利情景对 SZ 城商行不良贷款、市场价值和资本充足率水平造成的负面影响。

2. SZ 城商行压力因素、压力指标、承压对象和承压指标

(1) 压力因素

根据 2016 年中国银监会下发的《商业银行整体风险压力测试方案》,本轮信用风险压力测试的压力因素主要是宏观经济变量。

(2) 压力指标

根据银监会下发的《整体风险压力测试方案》,本轮信用风险压力测试的压力指标包括经济增长率(GDP)、生产价格指数(PPI)、房地产价格、美元兑人民币中间价和上海银行间 7 天同业拆放利率(7D SHIBOR)。

(3) 承压对象

本轮信用风险压力测试承压对象是截至 2015 年 9 月 30 日 SZ 城商行各项贷款以及其中的房地产行业贷款。

(4) 承压指标

本轮信用风险压力测试承压指标包括不良贷款率、贷款损失金额和资本充足率。

3. 变量和数据选取

(1) 信用风险压力测试情景设计

本章中,对开展宏观经济信用风险压力测试的模型设置借鉴了中国银监会的统一标准。根据银监会下发的《整体风险压力测试方案》,本轮信用风险压力测试主要选取经济增长率(GDP)、生产价格指数(PPI)、汇率水平和房地产市场状况等风险因素,相关轻度、中度和重度压力测试情景分别如表 7.5 所示。

表 7.5 信用风险压力测试压力情景参数

风险因素	轻度压力	中度压力	重度压力
GDP	6.5%	5.5%	4.5%
PPI	下降 6.5%	下降 7.0%	下降 7.5%
房地产价格	下降 10%	下降 20%	下降 30%
美元兑人民币中间价	上升 10%	上升 15%	上升 20%

资料来源:中国银行业监督管理委员会 2015 年《商业银行整体风险压力测试方案》。

(2) 信贷资产组合数据

截至 2015 年 9 月 30 日,SZ 城商行各项贷款余额为 8 297 053.11 万元,不良贷款余额为 124 756.94 万元,不良贷款率为 1.50%。其中,房地产行业贷款余额为 868 755.22 万元,不良贷款余额为 964.91 万元,不良贷款率为 0.11%。由于本轮压力测试的部分宏观经济变量只有季度统计数据,因此 SZ 城商行开展的信用风险压力测试中的不良贷款率也将采用季度数据作为样本。详细数据如表 7.6 所示。

表 7.6 2012 年 3 月至 2015 年 9 月各季度贷款不良率统计

时间	各项贷款不良率	房地产行业贷款不良率
2012 年 3 月	0.82%	0.55%
2012 年 6 月	0.73%	0.59%
2012 年 9 月	0.82%	0.58%
2012 年 12 月	0.87%	0.61%
2013 年 3 月	0.76%	0.58%
2013 年 6 月	0.78%	0.67%
2013 年 9 月	0.55%	0.63%
2013 年 12 月	0.88%	0.04%
2014 年 3 月	0.96%	0.14%
2014 年 6 月	0.97%	0.15%
2014 年 9 月	1.19%	0.18%
2014 年 12 月	1.33%	0.15%
2015 年 3 月	1.32%	0.12%
2015 年 6 月	1.48%	0.10%
2015 年 9 月	1.50%	0.11%

资料来源:SZ 城商行 2015 年 1104 监管统计报表。

4. 信用风险压力测试模型构建

诸如香港金融管理局、芬兰银行、英格兰银行、工商银行、建设银行等机构在内的各大金融组织广泛采用 Wilson 模型进行宏观经济压力测试。同时，鉴于银行内评系统尚未正式上线，缺乏违约概率样本数据，莫顿（Merton）模型难以实施，本轮信用风险压力测试将建立 Wilson 模型作为压力测试传导机制。利用多元统计分析和 R 语言进行编程建模，具体步骤如下。

第一步：收集 SZ 城商行从 2012 年 3 月至 2015 年 9 月每个季度的各项贷款余额、房地产行业贷款余额、各项不良贷款余额、房地产行业不良贷款余额，并分别计算各项贷款不良率和房地产行业贷款不良率。

以 $p_{1,t}$ 表示 2012 年 3 月至 2015 年 9 月期间各项贷款的季度不良贷款率，其中 $t=1,2,3,\cdots,15$；由于银行 2012 年 3 月至 2013 年 6 月房地产行业不良贷款余额数据没有发生变化，其间房地产行业不良贷款受宏观经济影响不显著，所以用 $p_{2,t}$ 表示 2013 年 6 月至 2015 年 9 月期间房地产行业季度不良贷款率，其中 $t=1,2,3,\cdots,10$；考虑到宏观经济变量可能会有一定的时滞效应，以 gdp_t 表示 2011 年 9 月至 2015 年 9 月期间各季度经济增长率，$t=1,2,3,\cdots,17$；ppi_t 表示 2011 年 9 月至 2015 年 9 月期间各季度生产价格指数，$t=1,2,3,\cdots,17$；rep_t 表示 2011 年 9 月至 2015 年 9 月期间各季度房地产价格，$t=1,2,3,\cdots,17$；usd_t 表示 2011 年 9 月至 2015 年 9 月期间各季度美元兑人民币汇率中间价，$t=1,2,3,\cdots,17$。

第二步：对不良贷款率数据 $p_{i,t}$，$i=1,2$，进行 Logit 变化，作为多元统计分析的因变量，即

$$y_{1,t}=\ln\left(\frac{p_{1,t}}{1-p_{1,t}}\right),\ t=1,2,3,\cdots,15$$

$$y_{2,t}=\ln\left(\frac{p_{2,t}}{1-p_{2,t}}\right),\ t=1,2,3,\cdots,10$$

第三步：收集从 2011 年 9 月至 2015 年 9 月每个季度宏观经济变量数据，并考虑宏观经济变量对贷款不良率的时滞效应，从而得到与贷款不良率相匹配的当期宏观经济变量和滞后宏观经济变量数据。

第四步：利用 R 语言计算贷款不良率与宏观经济变量的相关系数，建立各项贷款不良率和房地产行业贷款不良率与宏观经济变量之间的 Wilson 模型，并对模型进行方差分析和回归系数的 t 检验，可以得到

$$y_{1,t}=-1.079-56.07gdp_t-3.539gdp_{t-2}+0.000\,074\,29rep_t$$
$$-0.000\,65rep_{t-1}+0.000\,67rep_{t-2}+\varepsilon_t$$

$$y_{2,t}=6.797\,40-0.648\,0y_{2,t-1}+214.53gdp_t$$
$$-0.003\,09rep_t+0.000\,336\,1rep_{t-2}+\varepsilon_t$$

5. 压力测试结果分析

鉴于SZ城商行产能过剩行业贷款和地方融资平台贷款未出现不良,因此贷款不良率没有样本数据,无法通过历史数据进行统计建模,本轮压力测试仅对各项贷款和房地产行业贷款进行相关压力测试。压力测试结果如表7.7所示。

表7.7 各项贷款和房地产行业贷款信用风险压力测试结果统计

压力情景	项目	各项贷款	其中房地产行业贷款
基准情形	不良贷款余额	124 756.94万元	964.91万元
	贷款余额	8 297 053.11万元	868 755.22万元
	不良贷款率	1.50%	0.11%
轻度压力	不良贷款余额	481 229.08万元	24 325.15万元
	贷款余额	8 297 053.11万元	868 755.22万元
	不良贷款率	5.80%	2.80%
中度压力	不良贷款余额	7 60 010.06万元	77 579.84万元
	贷款余额	8 297 053.11万元	868 755.22万元
	不良贷款率	9.16%	8.93%
重度压力	不良贷款余额	1 185 648.89万元	226 397.61万元
	贷款余额	8 297 053.11万元	868 755.22万元
	不良贷款率	14.29%	26.06%

资料来源:通过信用风险压力测试Wilson模型计算所得数据。

根据银监会下发的《整体风险压力测试方案》要求,压力测试下的资本充足率采用如下方式进行计算:信用风险压力测试中,不同压力情景下的新增不良贷款按照40%的比例计算各相应贷款减值准备并扣减资本,同时在风险加权资产中扣减相应的新增拨备;市场风险压力测试中,不同压力情景下的市值损失全额扣减资本。基于SZ城商行2015年9月末资本净额2 319 089.85万元,风险加权资产15 911 383.94万元,分别测算出未来一年轻度、中度和重度压力情景下资本充足率分别为13.47%、12.49%和11.01%,比SZ城商行2015年9月末资本充足率分别下降了1.10、2.09和3.56个百分点。具体数据如表7.8所示。

表7.8 整体压力测试资本充足率统计数据

	基准数据	轻度压力	中度压力	重度压力
信用风险损失金额总计(万元)	—	237 866.21	402 358.99	646 467.02
资本净额(万元)	2 319 089.85	2 131 126.41	1 966 633.64	1 722 525.61
风险加权资产(万元)	15 911 383.94	1 582 0971.48	15 750 263.92	15 642 308.63
资本充足率	14.58%	13.47%	12.49%	11.01%

注：信用风险和市场风险不同压力情景下的损失金额总计等于不同压力情景下不良贷款余额×40%＋不同压力情景下市场价值损失全额。

资料来源：SZ城商行2015年1104监管统计报表。

6. 信用风险压力测试结果对SZ城商行信用风险管理的借鉴作用

信用风险压力测试可以作为SZ城商行常规信用风险管理基础上的一个辅助工具。信用风险压力测试结果可以为资本充足率评估、信用风险限额设置、信用风险偏好设定、贷款政策制定和战略决策提供数据支持和技术参考。

通过对信用压力测试结果的分析，可以了解SZ城商行相关信贷业务未来面临的风险来源、风险大小和风险特点，及时向各业务部门或条线发出风险预警。

通过本次信用风险压力测试结果可以发现在经济下行期，尤其是房地产价格下降幅度较大的情景下，SZ城商行房地产行业不良贷款率将达到26.06%。因此，SZ城商行须高度关注房地产市场走势，科学地安排房地产开发贷款。鉴于房地产市场变化及发展趋势都有较大的差异化，SZ城商行可在地区性分支机构开展相关的房地产市场研究，密切关注各区域房地产市场变化对SZ城商行房地产信贷业务的影响，特别是做好客户精细化区分，关注房价下行时不同信用等级客户的差别化管理，以确保信贷业务安全。

根据信用风险压力测试结果，应通过风险限额管理不断优化调整SZ城商行信贷资产的结构，加强业务创新，形成自己的业务特色，降低房地产行业贷款集中度，同时加强和规范SZ城商行相关的制度建设，如加强贷前审查、贷中监控和贷后管理，这样才能提高SZ城商行的竞争能力和信用风险的抵御能力。

五、SZ城商行信用风险压力测试的现状与问题分析

为了准确把握国内商业银行开展信用风险压力测试的实际情况，中国银

行业监督管理委员会于2015年对部分银行开展过一次抽样问卷调研。除了5家国有银行①和12家全国股份制银行②外,同时抽取了10家城市商业银行、10家农村商业银行和10家外资银行,共计47家银行参与问卷调研。调研结果表明,全国性银行与中小城商行、农商行之间的差别很大,大部分中小型银行的信用风险压力测试工作还处于起步阶段。其中,大部分全国性银行于2011年之前就完成了信用风险压力测试制度建立,而7家城商行和4家农商行截至问卷调研结束还没有建立相关压力测试制度。大部分全国性银行在2011年之前就先后完成了宏观经济信用风险压力测试,甚至参与了欧美监管局开展的FASP压力测试,而问卷中超过50%的城商行和农商行没有开展过任何形式的信用风险压力测试。

作为国内商业银行中城商行序列的一员,SZ城商行2015年首次正式参与银监会组织的统一信用风险压力测试,通过参加统一的信用风险压力测试,弥补了该行传统信用风险计量方法的不足,一定程度上提升了该行信用风险管理水平。但是,通过开展宏观经济变量主导下的信用风险压力测试,也充分暴露了SZ城商行信用风险压力测试工作与其他商业银行之间存在的差距。

(一)压力测试体系不健全

商业银行完善的信用风险压力测试体系应该涵盖董事会与高级管理层的积极参与、压力测试管理制度的制定、压力测试组织架构的搭建、压力测试专业团队的组建、压力测试信息系统的建设和压力测试方法的定期独立评估等。

根据中国银行业监督管理委员会新修订的《商业银行压力测试指引》相关要求,我国境内依法设立的商业银行,包括国有商业银行、邮政储蓄银行、全国性股份制商业银行、城市商业银行、农村商业银行等中资商业银行、外商独资银行和中外合作银行都需要建立与自身资产规模、业务复杂程度和风险管理状况相适应的信用风险压力测试体系,提升信用风险压力测试能力,定期开展信用风险压力测试并确保信用风险压力测试结果得到有效应用,从而进一步健全信用风险管理体系乃至全面风险管理体系。然而,就SZ城商行

---

① 5家国有银行分别指中国工商银行、中国农业银行、中国银行、中国建设银行和中国交通银行。

② 12家全国性股份制银行分别指招商银行、浦发银行、中信银行、中国光大银行、华夏银行、中国民生银行、广东发展银行、兴业银行、平安银行、恒丰银行、浙江商业银行、渤海银行。

的管理体系来看,SZ 城商行在 2015 年之前从未对信用风险开展宏观经济压力测试,该行也未将宏观经济压力测试作为信用风险管理的必要辅助工具,甚至该行尚未正式建立起信用风险压力测试管理制度。换言之,SZ 城商行的董事会、高级管理层和风险管理部门并未意识到宏观经济压力测试在信用风险管理中的重要性。

按照《商业银行压力测试指引》的规定,SZ 城商行董事会对信用风险压力测试负最终责任,高级管理层负责具体信用风险压力测试的实施、管理和监督,董事会和高级管理层应该了解该行信用风险压力测试工作的情况,包括审议宏观经济压力情景的设计、关注压力测试的结果和影响、制定风险缓释方案,将信用风险压力测试结果运用到银行的各项经营决策中。事实上,SZ 城商行董事会和高级管理层在宏观经济信用风险压力测试中的参与程度远远不够,未能够借助信用风险压力测试来制定风险偏好、确定风险限额、规划该行的资本和调整该行的发展战略。从 SZ 城商行的信用风险管理体系来看,董事会、高级管理层和风险管理部负责人均未意识到信用风险压力测试的必要性,即使开展信用风险压力测试也只是为了应付监管检查和相关要求。因此,SZ 城商行尚处于被动开展信用风险压力测试阶段,还没有能够转变为主动定期开展信用风险压力测试来进行信用风险管理和识别,提前做出预警。正因为如此,SZ 城商行管理团队中并未设置专门的压力测试组织架构和压力测试团队。

(二) 开展信用风险压力测试数据质量不高

从第三部分的论述中不难发现:信用风险管理和信用风险计量关注的主要风险参数指标是违约概率 PD、违约损失率 LGD 和违约风险暴露 EAD。原则上,信用风险压力测试工作应该关注在宏观经济发生"极端但可能变化"时对 SZ 城商行违约概率、违约损失率和违约风险暴露所产生的影响。但是,由于 SZ 城商行现阶段的内部评级系统尚未正式上线,信贷资产的违约概率、违约损失率和违约风险暴露数据比较欠缺,因此 SZ 城商行利用不良贷款率代替违约概率建立压力传导机制来评估轻度、中度和重度压力情景下对信贷资产造成的影响,测算结果上将存在一定的差距。主要原因在于违约概率与不良贷款率虽然有联系但是也有区别:

第一,不良贷款率的适用对象是贷款,而违约概率适用的对象是客户。

第二,不良贷款率是有关时间点的概念,而违约概率是有关时间段的概念。

第三,一般来说,不良贷款率要比违约概率高,进入不良状态的贷款,最终贷款人不一定会发生违约,而贷款人发生违约的贷款一定会被划入不良贷款。

第四,当银行不良贷款上升时,信贷资产违约率也会上升,但两者不是同比例增加的关系。

此外,就不良贷款率而言,SZ城商行的不良率数据质量也存在一定的问题。由于该行2012年才翻牌,从原来的农商行序列跨入城商行序列中,业务规模较小,数据保存不够完善,能够收集到的不良率数据较少,因此信用风险压力测试建模过程中发现部分宏观经济变量与SZ城商行不良贷款率之间的回归关系不是非常显著。

(三)信用风险压力测试系统尚未搭建

在中国银行业监督管理委员会2015年开展的问卷调研工作中发现,47家参与调研的国内外商业银行中有仅有7家全国性银行已经采用专用的软件系统支持信用风险压力测试,绝大多数商业银行依赖Excel表格开展信用风险压力测试。SZ城商行信用风险压力测试也同样处于刚刚起步阶段,尚没有任何相关的压力测试信息系统,信用风险压力测试全部通过线下操作,需要花费大量的时间,模型相关参数和预测能力尚需要进一步完善和调整。

由于没有信息系统的有效支撑,采用历史数据生成宏观经济压力测试情景难度很大,因此开展信用风险测试工作只能被动采用专家分析法产生轻度、中度和重度压力情景,无法用历史数据进行检验,带有一定的主观性。此外,因为信息系统缺乏,无法建立起复杂的压力传导机制模型,开展情景分析法下的压力测试工作,分析多个宏观经济变量同时发生极端变化时给信贷资产组合造成的损失,所以只能采用敏感性分析法考虑单因素变动下的压力测试结果。最后,按照《商业银行压力测试指引》的规定,采用模型法开展信用风险压力测试的商业银行必须定期开展反向压力测试工作。SZ城商行目前完全靠手工方式开展的信用风险压力测试根本无法达到外部监管这项要求。

(四)信用风险压力测试人才稀缺

现阶段,SZ城商行完全没有建立起信用风险压力测试专业化团队,信用风险管理方法还仅仅停留在传统的信贷管理思维上,即采用贷前审查、贷中审批和贷后监测及对贷款进行五级和十级分类的管理方法,仅对信贷资产的相关统计报表进行分析,风险管理部员工不熟悉信用风险压力测试的相关理论和技术。SZ城商行采取在风险管理部信用风险监测中心下安排人员兼岗的形式,一旦外部监管机构需要开展信用压力测试工作,则由兼岗人员临时实施,由于兼岗人员从未经过专业化培训,所以专业化水平远远达不到开展信用风险压力测试的水平。

六、建立和完善 SZ 城商行信用风险压力测试政策建议

信用风险压力测试将逐渐成为 SZ 城商行信用风险识别、计量和监测体系中不可缺少的一部分,压力测试是对常规信用风险管理方式的必要补充,并为该行高级管理层设置风险偏好、计提信用风险加权资本提供理论依据和数据支持。为了能够更好地开展信用风险压力测试,加强信用风险管控,防止极端事件引发重大信用风险损失的发生;为了能够充分发挥宏观经济信用风险压力测试的积极作用,有效用好压力测试工具来管理 SZ 城商行的信用风险,使得信用风险压力测试结果可以用于 SZ 城商行的信用风险政策、信用风险限额管理、信贷资产组合风险管理、内部评级法等多个领域,结合第五章中提出的问题,对 SZ 城商行的信用风险压力测试工作提出如下几个政策建议。

(一)需要搭建信用风险压力测试体系

SZ 城商行需要进一步完善行内压力测试组织架构,制定适合自身业务发展规模和风险管理水平的信用风险压力测试管理制度,明确董事会、监事会、高级管理层、风险管理部和信用风险前台业务部门在信用风险压力测试中的相关职责分工,让董事会和高级管理层意识到开展宏观经济压力测试的重要性和紧迫性,了解到压力测试可被主动用于行内的信用风险管控和各项经营管理决策中,而不只是用于给外部监管机构交一份报告。

SZ 城商行还需要进一步让公司银行总部和零售银行总部各事业部、风险授信部积极参与到信用风险压力测试过程中,针对不同的业务条线特征建立起各具特征的信用风险压力测试模型,从而更全面地反映出风险所在,为行内信用风险政策制度的制定提供更多的参照信息。

(二)需要完善信用风险数据质量,加快内部评级系统建设

SZ 城商行需要进一步加强数据治理,提高数据质量和行内信用风险管理有效数据的积累,为信用风险压力测试工作的顺利开展提供充分的数据资源保障和支持。同时,SZ 城商行需要加强宏观经济数据和行业统计分析研究,将企业和个人信用风险早期预警与信用风险压力测试之间建立起互补的关系。只有建立起早期预警和压力测试之间的辅助关系,才有可能帮助我们

走出"不知道的因素成为'引爆点'"和"泡沫破灭后才知道泡沫"的困境,现阶段对房地产行业、产能过剩行业等贷款规模的限制,就是对"引爆点"进行识别和监测的结果。

此外,SZ 城商行需要进一步积极推进内部评级体系的建设,收集信贷资产的违约概率和违约损失率数据,在内部评级体系下考虑宏观经济温和和衰退情景下的信用风险压力测试结果,从而评估其对 SZ 城商行的违约概率 PD、违约风险暴露 EAD 和违约损失率 LGD 所带来的影响。

(三)需要开发信用风险压力测试信息系统

SZ 城商行应该积极与外部咨询公司合作开发以莫顿模型和 Wilson 模型为基础的压力测试方法和压力测试系统(包括零售和非零售压力测试系统),实现数据收集、宏观情景维护、莫顿模型分析等功能,从而形成"自下而上"与"自上而下"相结合的敏感性测试方法和情景测试方法。原则上,SZ 城商行信用风险压力测试信息系统应具备如下几个功能:第一,支持采用历史数据法生成轻度、中度和重度压力情景;第二,支持完成信贷资产组合和不同业务条线等不同层面的压力测试;第三,支持单个宏观经济变量和多个宏观经济变量不同压力情景下对不良贷款率、违约概率、违约损失率的冲击;第四,支持信用风险压力测试相关数据的抽取、转换和加载,并保证测试过程的可复制性;第五,支持开展反向信用风险压力测试工作。

在具备建立信用风险压力测试信息系统的条件下,SZ 城商行可以建立起动态的信用风险压力测试模型,简单的信用风险压力测试一般预设施压期间信贷资产组合规模和结构不再发生变化和施压期间压力不变等条件,然而这些条件与银行实际经营不相符合,因此需要建立起模拟银行在压力情景下的真实运营情况的动态传导机制,从而提高压力测试结果的有效性,更好地指导管理和决策。

(四)需要培养信用风险压力测试人才队伍

SZ 城商行需要进一步加强压力测试技术基础工作建设,加快专业化团队和专业人才队伍的培养,定期对压力测试程序的有效性开展独立评估,评估内容包括如下几个方面:第一,评估信用风险压力测试方案是否有效地满足了既定的目标;第二,评估信用风险压力测试方法的可靠性;第三,评估信用风险压力测试压力"极端但可能"的情景假设是否合理;第四,评估用于开展信用风险压力测试的数据质量是否准确;第五,评估信用风险压力测试模型、信息系统等是否有效。

参考文献

[1] Chu P Y, Lee G Y, Chao Y. Service quality, customer satisfaction, customer trust, and loyalty in an E-banking context[J]. Social Behavior and Personality, 2012, 40(8):1271 – 1283.

[2] Kshetri N. Cybercrime and cyber-security issues associated with China: some economic and institutional considerations[J]. Electronic Commerce Research, 2013, 13(1):41 – 69.

[3] Dahlberg T, Mallat N, Ondrus J, et al. Past, present and future of mobile payments research: a literature review [J]. Electronic Commerce Research and Applications, 2008,7(1 – 4):165 – 181.

[4] Andrea Bellucci, Alexander Borisov, Alberto Zazzaro. Do banks price discriminate spatially? evidence from small business lending in local credit markets [J]. Journal of Banking and Finance, 2013, 37(11):4183 – 4197.

[5] Allen Berger N, Christa H S Bouwman. How does capital affect bank performance during financial crises? [J]. Journal of Financial Economics, 2013, 109(1):146 – 176.

[6] Chris Humphrey, Katharina Michaelowa. Shopping for development: multilateral lending, shareholder composition and borrower peferences[J]. World Development, 2013, 44: 142 – 155.

[7] Stefan Buehlera, Justus Haucapc. Strategic outsourcing revisited[J]. Journal of Economic Behavior Organization, 2006, 61(3):325 – 338.

[8] Wade, Will. Georgian bank outsourcing to harland[J]. American Banker, 2006, 171 (62):9.

[9] Michael E Porter. Competitive Advantage[M]. New York: Free Press, 1985.

[10] Prahalad C K, Hamel G. The core competence of the corporation [J]. Harvard Business Review, 1990, 68(3):79 – 91.

[11] Porter, Michael E. The Competitive Advantage of Nations [M]. New York: Free Press, 1990.

[12] Arnoud Boot W A, Anjan V Thakor. Can relationship banking survive competition? [J]. Journal of Finance, 2000, 55(2):679.

[13] Page Alfred N. The variation of mortgage interest rates[J]. Journal of Business, 1964,37(3):280-294.

[14] Archer Wayne R, Elmer Peter J, Harrison David M, et al. Determinants of multifamily mortgage default[J]. The Real Estate Economics, 2002,30(3):445.

[15] Spring Thomas M, Neil G Waller. Lender forbearance: evidence from mortgage delinquency patterns[J]. Real Estate Economics, 1993,21(1):27-46.

[16] Case Karl E, Shiller Robert J. Mortgage default risk and real estate prices: the use of index-based futures and options in real estate[J]. Journal of Housing Research, 1996,7(2):243-258.

[17] Gau George W. A taxonomic model for the risk-rating of residential mortgages[J]. The Journal of Business, 1978,51(4):687-706.

[18] 刘畅. 基于以电商平台为核心的互联网金融研究——以商业银行为例[J]. 经营管理者,2015(18):280-281.

[19] 刘世成. 我国银行系电商平台发展特点及 SWOT 分析[J]. 西南金融,2015(11):32-35.

[20] 庞学媛. 商业银行和电商平台结合——一种新的互联网金融模式[J]. 全国商情(经济理论研究),2016(12):23-24.

[21] 王佳颖,王觉民. 商业银行电子商务平台发展研究[J]. 金融纵横,2013(6):86-91.

[22] 何虹,沈惠钦,魏永军. 商业银行发展电子商务平台的困境及对策[J]. 吉林金融研究,2014(2):46-48.

[23] 邱勋. 余额宝对商业银行的影响和启示[J]. 新金融,2013(9):50-54.

[24] 蔡维斯. 浅析电子商务贸易融资平台创新研究[J]. 中小企业管理与科技(下旬刊),2012(12):271-272.

[25] 廖愉平. 我国互联网金融发展及其风险监管研究——以P2P平台、余额宝、第三方支付为例[J]. 经济与管理,2015(2):51-57.

[26] 许明,李征征,闫旻. 构建立体第三方支付金融风险防范体系[J]. 合作经济与科技,2013(5):66-67.

[27] 杨彪,李冀申. 第三方支付的宏观经济风险及宏观审慎监管[J]. 财经科学,2012(4):44-52.

[28] 李互武. 第三方支付的金融监管研究[J]. 经济研究导刊,2015(17):210-211.

[29] G. 维克托·霍尔曼,杰利·S. 诺森布鲁门. 个人理财计划[M].6版. 何自云,何永晨,译. 北京:中国财政经济出版社,2003.

[30] 夸克·霍,克里斯·罗宾逊. 个人理财策划[M]. 陈晓燕,徐克恩,译. 北京:中国金融出版社,2003.

[31] 玛丽·安娜·佩苏略.银行家市场营销[M].张云,何易,译.北京:中国计划出版社,2001.

[32] 杰克·R.卡普尔,李·R.德拉贝,罗伯特·J.休斯.个人理财[M].上海传神翻译服务有限公司,译.上海:上海人民出版社,2011.

[33] 易世德,刘曦.我国商业银行个人理财业务发展探讨[J].现代商业,2011(27):43-44.

[34] 周田新,刘丽.我国商业银行发展个人理财业务的状况评价及策略选择[J].青岛科技大学学报(社会科学版),2004,20(2):69-71,112.

[35] 姜晓兵,罗剑朝,温小霓.个人理财业务的发展现状、前景与策略分析[J].生产力研究,2007(3):37-40.

[36] 张琳娜,赵剑锋,张靖琳,等.我国奇业银行个人理财业务现状及发展策略[J].商业文化(学术版),2010(6):105.

[37] 韩一婧.我国商业银行个人理财业务现状[J].合作经济与科技,2009(5):76-77.

[38] 张娜.我国商业银行个人理财业务的现状及发展建议[J].金融经济(学术版),2012(9):25-27.

[39] 马荣镖.浅谈我国商业银行个人理财业务发展现状与对策[J].技术与市场,2008(6):55-57.

[40] 胡维波.我国商业银行个人理财业务的发展瓶颈及其突破[J].金融与经济,2004(5):37-39.

[41] 王洪敏.我国商业银行个人理财业务发展探析[J].经济研究导刊,2008(16):47-48.

[42] 程艳.银行个人理财业务发展问题探讨[J].消费导刊,2008(3):86.

[43] 师一鸣.我国商业银行个人理财业务存在问题及策略分析[J].商业文化(下半月),2012(9):132.

[44] 刘小娟.我国商业银行个人理财业务发展中的问题与对策[J].辽宁经济职业技术学院、辽宁经济管理干部学院学报,2008(2):9-10.

[45] 张志卫.我国商业银行个人理财业务存在问题与对策探讨[J].赤峰学院学报(自然科学版),2015,31(9):112-114.

[46] 赵书阳.当前我国商业银行个人理财业务的竞争策略研究[J].卷宗,2015,5(2):160-161.

[47] 迈克尔·波特.竞争战略[M].陈小悦,译.北京:华夏出版社,2005.

[48] 马蔚华.银行个人业务营销技巧[M].北京:清华大学出版社,2008.

[49] 何开宇.国外个人金融业务创新[M].北京:中国金融出版社,2013.

[50] 万建华.金融e时代:数字化时代的金融变局[M].北京:中信出版社,2013.

[51] 曹彤,张秋林.中国私人银行[M].北京:中信出版社,2011.

[52] 金维虹.现代商业银行个人银行业务[M].2版.北京:中国金融出版社,2009.

[53] 虞月君,李文,黄兴海.国外商业银行零售业务经营战略[M].北京:中国金融出版社,2003.

[54] 刘凤军,张屾.刍论金融产品创新与银行营销模式变革[J].中国软科学,2008(2):65-75.

[55] 陈谊.中外资银行零售业务营销策略对比分析[J].中外企业家,2007(12):85-88.

[56] 何德旭,张雪兰.营销学视角中的金融服务创新:文献评述[J].经济研究,2009,44(3):138-154.

[57] 王小平.我国商业银行个人业务营销策略选择[J].甘肃金融,2004(12):47-49.

[58] 聂雪飞.关于商业银行个人银行业务开展外部营销的几点思考——三门峡某银行开展外部营销活动的启示[J].金融理论与实践,2012(12):109-111.

[59] 其其格.国内外商业银行个人金融业务发展的比较分析[J].北方经济,2012(13):90-92.

[60] 张庆伟.商业银行个人业务顾客满意度研究——以宁波银行为例[J].浙江万里学院学报,2011(3):6-9,13.

[61] 梁克和.建设最大最强个人业务银行的实践与思考[J].现代金融,2011(2):42.

[62] 张岩,王瑞岩,吕清泉.商业银行个人金融业务发展策略[J].河北金融,2009(5):45-46.

[63] 岳根菡.商业银行如何发展个人业务[J].现代金融,2009(7):22.

[64] 王瑞莉,陈晶璞.商业银行网上个人业务营销策略探析[J].陕西行政学院学报,2009(2):112-114.

[65] 喻晓梅,连剑平.非均衡协同发展战略下的浦发银行个人业务研究[J].北方经济,2008(13):78-80.

[66] 王群.商业银行个人业务营销的现状及对策[J].经济师,2007(9):265-266.

[67] 崔惠芳,赵伟.利率市场化的国际经验与中国选择[J].华中师范大学学报(人文社会科学版),2014(4):29-36.

[68] 曾刚.经济新常态下的商业银行转型研究[J].农村金融研究,2015(1):6-11.

[69] 李仁杰.新常态下银行的经营转型[J].中国金融,2014(20):16-18.

[70] 陆岷峰,汪祖刚,李振国.关于城市商业银行应对经济"新常态"的发展战略研究[J].大连干部学刊,2015,31(1):30-33.

[71] 苏捷.宁波银行核心竞争力分析——波特5力分析法[J].市场周刊(理论研究版),2014(7):77-78.

[72]唐丹.经济新常态下商业银行的应变与转型[J].金融经济,2015(6):148-149.

[73]邹吉艳.利率市场化对中小商业银行的影响及对策研究[J].怀化学院学报,2015,34(2):24-27.

[74]卢静,王善君.浅议利率市场化趋势下银行内部资金转移定价[J].浙江金融,2014(4):47-50.

[75]陈爱华.利率市场化对我国中小银行的影响——基于中小银行与大型银行的比较分析[J].绍兴文理学院学报(自然科学),2015(1):71-75.

[76]李振宇.利率市场化与商业银行定价机制——以建设银行青海省分行为例[J].青海金融,2015(4):29-32.

[77]毛亚社.以互联网思维改革中小银行发展模式[J].西部金融,2014(10):20-22.

[78]林孝悌.新常态下中小银行的转型:温州银行案例[J].南方金融,2015(6):50-54.

[79]周益敏,彭迪云."新常态"下我国中小银行发展的对策分析[J].科技广场,2015(5):179-183.

[80]陈民扬.浅谈我国社区银行发展现状和发展策略[J].商场现代化,2015(28):138-139.

[81]叶亚飞,陶士贵.利率市场化对我国中小银行的影响及对策[J].西南金融,2014(9):63-68.

[82]李志军.次贷危机下基于融资效率的中小企业融资问题研究[M].北京:经济科学出版社,2014.

[83]罗长青,王帅.信息不对称视角下的中小企业信贷风险研究[M].北京:知识产权出版社,2015.

[84]金雪军.纾解中小企业融资困境策略研究[M].北京:科学出版社,2015.

[85]杨海平.商业银行小微企业批量授信管理,产品、流程、案例、风控[M].北京:中国金融出版社,2015.

[86]孙秀峰.中国商业银行规模扩张下的风险管理问题研究[M].北京:知识产权出版社,2013.

[87]陈四清.商业银行风险管理通论[M].北京:中国金融出版社,2006.

[88]邓世敏.商业银行信贷业务[M].北京:中国金融出版社,2001.

[89]江其务.银行信贷管理学[M].北京:中国金融出版社,1994.

[90]布莱恩·W.克拉克.国际信贷管理手册[M].李月评,译.北京:机械工业出版社,2003.

[91]施继元,吴良.银行信贷管理实验教程[M].上海:上海财经大学出版社,2014.

[92]阎敏.银行信贷风险管理案例分析[M].北京:清华大学出版社,2015.

[93] 乔治·E. 鲁斯. 贷款管理[M]. 石召奎, 译. 北京: 中国计划出版社, 2001.

[94] 孔德兰. 构建中小企业政策性金融支持体系的迫切性与策略选择[J]. 浙江金融, 2007(12): 25-26.

[95] 许圣道, 韩学广, 许浩然. 金融缺口、金融创新: 中小企业融资难的理论解释及对策分析[J]. 金融理论与实践, 2011(4): 17-21.

[96] 赵亚明, 卫红江. 突破小微企业融资困境的对策探讨[J]. 经济纵横, 2012(11): 56-59.

[97] 陈四清. 全球金融危机下中国商业银行竞争策略的若干选择[J]. 国际金融研究, 2009(6): 4-11.

[98] 王晓春. 小微企业风险测度、不良容忍度及其风险控制研究[J]. 金融发展研究, 2012(11): 7-11.

[99] 陈晓红, 郭声琨. 中小企业融资[M]. 北京: 经济科学出版社, 2000.

[100] 周晓燕. 中小企业融资问题探析[J]. 科技创业月刊, 2012(5): 41-42.

[101] 高正平. 中小企业融资新论[M]. 北京: 中国金融出版社, 2004.

[102] 杨星, 麦元勋. 住房贷款违约风险定量分析初探[J]. 中央财经大学学报, 2003(5): 38-43.

[103] 王重润, 赵冬暖, 王浩润. 信息非对称对住房抵押市场的影响[J]. 中国房地产金融, 2003(11): 6-10.

[104] 王福林. 个人住房抵押贷款违约风险影响因素实证研究[M]. 北京: 经济科学出版社, 2005.

[105] 张梅. 宏观经济因素、信用风险与压力测试[J]. 科技和产业, 2012(1): 119-124.

[106] 王冬. 商业银行市场风险压力测试研究[J]. 上海金融, 2011(1): 56-60.

[107] 陆静, 汪宇. 商业银行市场风险压力测试的实证研究[J]. 经济管理, 2011(9): 140-152.

[108] 朱元倩. 流动性风险压力测试的理论与实践[J]. 金融评论, 2012(4): 96-103.

[109] 朱元倩. 后危机时代的流动性风险压力测试[J]. 中国金融, 2012(22): 50-52.

[110] 刘鹰, 宋延玲. 基于中国商业银行的个人住房贷款风险管理研究[J]. 金融经济, 2010(9): 96-97.

[111] 刘昕雨. 我国商业银行个人住房贷款风险表现及应对措施[J]. 前沿, 2012(14): 101-102.

[112] 艾丽, 刘明彦. 透视美国银行业压力测试[J]. 银行家, 2009(6): 90-93.

[113] 郭春松. 商业银行压力测试研究[J]. 福建金融, 2005(10): 18-20.

[114] 孙连友. 商业银行信用风险压力测试[J]. 广西金融研究, 2007(11): 19-22.

[115] 任宇航, 孙孝坤, 程功, 等. 信用风险压力测试方法与应用研究[J]. 统计与决

策,2007(14):101-103.

[116] 徐光林.我国银行业金融机构资产规模的宏观压力测试[J].新金融,2008(11):21-25.

[117] 巴曙松,朱元倩.压力测试在银行风险管理中的应用[J].经济学家,2010(2):70-79.

[118] 杨晓奇,吴栋.基于向量误差修正模型的商业银行宏观压力测试模型研究[J].金融理论与实践,2010(8):3-8.

[119] 华晓龙.基于宏观压力测试方法的商业银行体系信用风险评估[J].数量经济技术经济研究,2009,26(4):117-128.

[120] 谭晓红,樊纲治.我国商业银行宏观压力测试研究:基于四类银行的SUR模型[J].投资研究,2011,30(12):3-16.

[121] 王玉玲,马军海,王晶.VaR模型及其在金融风险管理中的应用[J].现代管理科学,2009(7):118.

[122] 南汉馨.信用风险量化模型与我国商业银行信用风险管理[J].金融理论与实践,2005(5):73-75.

[123] 曹道胜,何明升.商业银行信用风险模型的比较及其借鉴[J].金融研究,2006(10):90-97.

[124] 程鹏,吴冲锋.信用风险度量与我国商业银行信用风险管理[J].上海金融,2000(8):17-18.

[125] 李江,刘丽平.中国商业银行体系信用风险评估——基于宏观压力测试的研究[J].当代经济科学,2008(6):66-73.

[126] 汤婷婷,方兆本.商业银行信用风险与宏观经济——基于压力测试的研究[J].当代经济科学,2011(4):66-71.

[127] 黄彦琳,邓可欣,彭建刚.我国银行业信用风险宏观压力测试研究[J].海南金融,2011(4):4-9.

[128] 盛斌,石静雅.厚尾事件度量和压力测试在我国商业银行的应用研究[J].财经问题研究,2010(2):43-47.

[129] 郑良芳.论我国银行业信用风险的有效管理[J].南方金融,2008(8):58-60.

后　记

本书是"China Knowledge：金融与管理系列丛书"中的一本，该系列丛书由编辑组成员合作完成，法国SKEMA商学院（SKEMA BUSINESS SCHOOL）苏州分校前校长李志森教授担任主编，编辑组成员包括：李志森（主编）、陈作章（副主编，总编）、于宝山（副主编）、胡怡彤（副主编）、陈奕君、戴子一、邹嘉琪和史佳铭等。

本书共七章，陈作章、于宝山和胡怡彤参与了全书的撰写、修改、总纂及定稿工作，第一章由陈诗依和戴子一撰写，第二章由俞卉和戴子一撰写，第三章由朱伟撰写，第四章由吴鸿权撰写，第五章由华俊民和陈作章撰写，第六章由杨嘉佳和于宝山撰写，第七章由王恬恬和陈作章撰写。在本书的研讨与撰写过程中，得到了苏州大学商学院、苏州大学出版社有关领导与专家的支持和帮助，得到了各位撰写者的支持和帮助，在此一并表示感谢！

本书研究中国特色社会主义市场经济发展中商业银行业务竞争与风险防范问题，以理论联系实际、实事求是的研究态度，透过现象看本质的指导思想，问题导向的研究思路，针对中国银行业发展中存在的实际问题深入研究，因此，该研究成果具有较高的理论参考和实际应用价值。本书可作为中外金融机构高管、中外高等院校教师、研究生和MBA学员研究的参考资料使用。

由于著者水平有限，书中难免存在疏漏和错误之处，恳请各位专家和学者批评指正。

著者

附：

关于中盛

中盛集团致力于为全世界投资者提供中国市场的商业资讯、投资咨询以及其他相关产品的服务。中盛集新闻、出版、在线、传媒、研究和咨询服务于一体,为在中国投资的海外客户提供一站式服务。同时,中盛也为中国国内的客户提供产品和服务,帮助中国政府机构和企业在海外扩大影响及开拓国际市场。

中盛独有的商业模式以及具有强大优势的产品集合,不仅满足了客户对基本投资信息的需要,更在错综复杂的执行层面上为投资者提供服务。

专业出版

中盛出版致力于为全球的投资者、银行家、专家学者等提供高质量、有深度的专业出版物。在经常性的市场调研和对客户深入了解的基础上,中盛在世界上首次推出了一系列以行业划分的专业商务指南。这些出版物在形式和内容上的创新,为中盛赢得了广泛赞誉。

中盛出版依托其母公司新加坡中盛集团,将出版物发行到四大洲,40多个国家。

市场调研

中盛集团的行业研究处于国际领先水平,为有意投资中国市场的投资者提供深入、广泛的行业信息。中盛的研究咨询服务始终保持全面、高品质的优势。

时至今日,中盛的研究领域已经扩大到中国的40多个行业。散布于中国众多城市的高素质的研究团队,始终为客户提供高品质的研究服务,在各种投资项目中扮演着重要角色。

中盛的研究报告也可以通过汤姆森咨询(Thomson Corporation)、彭博通讯社(Bloomberg)、路透社(Reuters)或众多在线分销商获得。

新闻专线

中盛新闻提供及时、深入报道中国经济的付费新闻服务。中盛新闻通过众多平台发布,覆盖了平面媒体、电台、电视台以及网络等媒体的广大受众。众多全球知名的资讯提供商都在使用中盛新闻来丰富其信息资源。

近几年,世界上众多大型的传媒机构、新闻提供商以及研究机构纷纷采用中盛的新闻。例如彭博社(Bloomberg)、道琼斯路透资讯(Factiva)、律商联讯(Lexis Nexis)、汤姆森资讯、FactSet以及欧洲货币的ISI新兴市场、香港贸发局等。

中盛针对中国重大的经济和金融事件发表独特、深入的评论,受到传媒业内人士、客户和读者的好评。每天,中盛的新闻和评论都能及时到达追求高质量报道的读者手中。

咨询服务

中盛咨询致力于为在中国市场的外国投资者提供全方位、有深度的投资咨询服务;同时也为中国政府和企业提供投资海外的咨询服务。

中盛咨询之所以能帮助客户在较短时间内解决投资过程中遇到的各种复杂问题,并得到他们的信任,在于它对中国的行业发展有着深入的研究,并了解外商在中国投资的程序和具体事宜。中盛的业务已经扩大到中国的众多省份。几年来,中盛咨询以财经顾问的身份参与了众多大中型投资项目,为这些项目的实施提出了大量有价值的建议。

中盛咨询的团队成员敬业乐业、充满激情,深受客户的信任,并随时准备迎接新的挑战,为客户创造更大的价值。

Appendix:

About China Knowledge

China Knowledge is in the business of providing business solutions and products on China. Within the Group, we have publishing, newswires, research, online and a wide range of consulting services offer to foreign businesses seeking opportunities in China. Our products and services also serve domestic clients which include governments, ministries, state-owned and private enterprises seeking to market to the global markets.

Our business model is unique and powerful as it seeks to fulfill the most basic informational needs to complex execution services.

Professional Publishing

China Knowledge Press is a leading provider of high-quality and in-depth contents to professional, investors, bankers and academia worldwide. We constantly research the markets to understand the needs of our clients. As a pioneer in publishing some of trendsetter guidebooks have earned us the reputation of being the first in numerous industries and sectors.

Since its inception into China Knowledge Group, the products have reached out to more than 40 countries across 4 continents.

Market Research

Our research reports pioneer in publishing some of the world's first industry intelligence. We seek to deliver in-depth and objective information, and offer services to global businesses seeking opportunities in China, and pride ourselves on maintaining the highest standards of quality and integrity in our research and consulting service.

Today, our research capability covers more than 40 industries across China. Our teams of research analysts based in numerous Chinese cities are highly qualified and excel in providing the highest quality business intelligence that is business practical. The analysts are often engaged in collaborative consulting relationships with our clients to make executable strategies in meeting business and financial objectives.

The contents are also available in Thomson Corporation, Bloomberg, Reuters and many other online resellers.

Newswires

China Knowledge Newswires is a premium brand on quality, in-depth and timely news covering China. Our newswires is featured on a variety of platforms and reaches an extensive audience on print, radio, TV and the Internet. The global content providers and news aggregators have been relying on our news to enhance their content and extend their sources.

Over the years, the world's largest media groups, news providers and research vendors use our newswires to add to their product lines. For example, China Knowledge's newswires is resold in Dow Jones & Company's Factiva, Lexis Nexis, FactSet, Thomson Corporation's Dialog, ThomsonOne, Euromoney's ISI and many other similar businesses are negotiating for our newswires.

Consulting

China Knowledge Consulting has been the most dynamic and complete in terms of consulting services to foreign companies seeking business opportunities in China. On the outward, we offer the most complete services to local Chinese government departments and companies in pitching their services to overseas businesses.

We have become a trusted name in executing complex tasks required by our clients in many parts of leveraging on our extensive operations. We have unparallel depth of both functional and industry expertise as well as breath of geographical reaches in China. Over the years, our consulting has evolved into one that adds tremendous values in areas of financial advisory services capable of executing mid to large size transactions.

At heart, we are a big family who are passionate about taking immense challenges that create values and trusted relationship with our clients.